KOMPAKTKURS
ZEICHEN

Enrico Maddalena hat Biologie studiert und mehrere Jahre an höheren Schulen unterrichtet. Er begeistert sich für alles, was mit Bildern und Natur zu tun hat, und ist Mitglied im Dipartimento Didattica und im Dipartimento Cultura der Federazione Italiana Associazioni Fotografiche. Er hat mehrere Bücher über Fotografie verfasst und leitet Kurse und Workshops über Fotografie und Zeichnen in der Natur. Er war Gründer der ersten Urban-Sketchers-Gruppe in den Abruzzen.

Impressum

Originalausgabe unter dem Titel
I segreti e le tecniche del DISEGNO DAL VIVO
(2019) erschienen bei:

Fotos und Zeichnungen: Enrico Maddalena
Layout und Satz: Giralacarta, Milano

Für die deutsche Ausgabe:
Verantwortlich: Maria Möllenkamp
Produktmanagement und Lektorat:
ZweiKonzept GmbH
Übersetzung: Dr. Katrin Korch
Satz: Medienservice Feuerer
Umschlaggestaltung: Andreas Kersten
Herstellung: Kathleen Baumann
Printed in Slovenia by Florjancic

★★★★★

Sind Sie mit diesem Titel zufrieden? Dann würden wir uns über Ihre Weiterempfehlung freuen. Erzählen Sie es im Freundeskreis, berichten Sie Ihrem Buchhändler oder bewerten Sie bei Onlinekauf. Und wenn Sie Kritik, Korrekturen, Aktualisierungen haben, freuen wir uns über Ihre Nachricht an:
Christian Verlag, Postfach 40 02 09,
D-80702 München
oder per E-Mail an lektorat@verlagshaus.de.

Unser komplettes Programm finden Sie unter

www.christophorus-verlag.de

Die Deutsche Nationalbibliothek verzeichnet diese Publikation in der Deutschen Nationalbibliografie; detaillierte bibliografische Daten sind im Internet über http://dnb.d-nb.de abrufbar.

ISBN 978-3-86230-446-2

Besuchen Sie uns im Internet:
www.christophorus-verlag.de

Enrico Maddalena

KOMPAKTKURS ZEICHEN

Menschen, Alltagsgegenstände, Gebäude, Landschaften realistisch darstellen

CV

Meiner Frau Lucia
und meinen Kindern Riccardo, Simona und Patrizia

Einleitung

Meine Leidenschaft für das Zeichnen währt schon lange. Als ich ein Kind war, hat meine Tante Lina mir häufig Bücher gekauft und das Erste, was ich sie immer gefragt habe, bevor ich die Bücher aufschlug, war: „Sind Bilder darin?“
In der Schule war mein Tisch stets voller Bleistiftzeichnungen. Ich kaufte mir damals Bücher über Maler, vor allem über Impressionisten und über die Macchiaoli, eine florentinische Künstlergruppe aus dem 19. Jdh., deren Werke mich faszinierten. Ich habe mir immer alles ganz genau angesehen und darüber nachgedacht, wie man es auf die Leinwand bringt.
Aber kommen wir zu der Frage, wie man zeichnen lernen kann. Viele glauben, dass sie keine Begabung dafür haben, aber meist hat niemand wirklich versucht, es ihnen beizubringen. Meine eigenen Erfahrungen aus der Schule sind jedenfalls ziemlich negativ. Die Zeichenlehrer ließen uns immer Papier und Farben kaufen und uns malen, was wir wollten, so wie es jeder konnte. Sie haben uns nicht viel beigebracht. Um wirklich zeichnen zu lernen, muss man ein Motiv haben, und ich erinnere mich nicht, dass in der Schule irgendjemand uns das gezeigt hätte. Ich habe das zu Hause für mich selbst ausprobiert und Stillleben oder die Gesichter meiner Verwandten oder auch die Natur gezeichnet, wenn ich mit dem Fahrrad unterwegs war.
Dies ist ein Kurs zum Zeichnen nach einem Motiv. Wir zeichnen die Realität und entdecken den Zauber von dem, was wir jeden Tag vor unseren Augen haben und oft gar nicht richtig bemerken. Dieser Zauber und diese Schönheit liegen auch in den kleinen Dingen. Wir zeichnen Stadtansichten, also Ecken, Winkel von Dörfern und Städten, Szenen des Alltagslebens, leere oder mit Menschen gefüllte Innenräume und alltägliche, nicht in einem Atelier komponierte Stillleben.
Zeichnen lehrt uns, in die Tiefe zu blicken und mit der Welt in Verbindung zu kommen. Wir entdecken dabei die Schönheit um uns herum, wobei das Gewöhnliche zu etwas Besonderem wird. Beim Zeichnen vergisst man die Alltagsprobleme und arbeitet entspannt. Man kommt zur Ruhe.
Jeder kann zeichnen lernen und das umso mehr, je größer das Interesse daran, die Geduld und die Ausdauer sind.
Zeichnen ist eine dankbare Tätigkeit: Man zeichnet für sich selbst, dabei gehört die Genugtuung zum kreativen Akt. Das Skizzenbuch ist ein intimer, persönlicher

Raum. Der Wettbewerb oder Applaus anderer interessiert uns nicht. Die Menschen, die gegenüber dem Fotografen misstrauisch sind, sind es dem Zeichnenden gegenüber nicht. Sie hegen vielmehr Sympathie und spontane Bewunderung, das habe ich oft beim Zeichnen in der Öffentlichkeit erfahren.

Worin liegt aber der Unterschied zwischen einer Skizze und einem Bild? Und zwischen einer Zeichnung und einem Gemälde?

Die Skizze ist eine Zeichnung, auch eine farbige, die in wenigen Minuten oder etwas mehr als einer Stunde angefertigt wird, während ein Bild stunden- oder gar tagelange Arbeit benötigt. Die Skizze hat den Vorteil der Spontaneität und Frische. Viele Maler fertigen für ihre Bilder vorbereitende Skizzen an. Und diese sind manchmal sogar schöner und ausdrucksstärker als das eigentliche Werk.

In einer Zeichnung überwiegen oft die Linie, Spuren des Bleistifts oder der Feder. Sie ist auch ohne Farbe lebendig. Ein Gemälde hat immer eine Grundlage, ein Fundament, die Zeichnung. Aber es lebt durch die Farben und die Oberfläche, wo die Linie quasi unter den Farbtönen, Formen und dem Licht verschwindet.

Beim Zeichnenlernen lernen wir auch die Grundlagen der Malerei und vielleicht werden auch manche von Ihnen morgen …

Wie ist dieser Kurs aufgebaut? In den ersten und meisten Kapiteln konzentrieren wir uns auf die Zeichnung und gehen in den letzten zur Farbe und zum Aquarell über. Das Aquarell ist in der Tat die Maltechnik, die in Reisestudien am meisten verwendet wird. Auch wenn das keine einfache Technik ist, ihre unvergleichliche Leuchtkraft ist am besten geeignet, die Atmosphäre eines Ortes wiederzugeben. Nehmen Sie daher immer einen kleinen Kasten mit Aquarellfarben mit. Wer möchte, kann auch Bunt- oder Aquarellstifte verwenden, aber ich selbst arbeite nicht so gerne damit.

Sie lernen, das zu zeichnen, was Sie sehen, und nicht, was Sie wissen oder zu wissen glauben. Sie werden Meister der Farbtöne und Texturen, Sie lernen Techniken zum Messen und Vergleichen sowie zur Wiedergabe von Licht und Schatten, Tiefe und Perspektive. Und Sie erlernen die Kunst der Komposition und das Erfassen der Proportionen des Gesichts und der menschlichen Figur.

Bevor Sie dieses Buch lesen, versuchen Sie eine Minute, einen sechseckigen Bleistift zu zeichnen. Es reicht, wenn Sie die Spitze zeichnen. Blättern Sie dann zu Seite 206 und vergleichen Sie die Zeichnungen. Dann können Sie endlich mit der Lektüre beginnen.

Viel Spaß dabei!

Die Urban Sketchers

Urban Sketchers gibt es auf der ganzen Welt. Das sind Menschen, die das Alltagsleben, die Ecken der eigenen Stadt oder anderer Orte, die sie besucht haben, zeichnen. Diese Bewegung setzt das Erbe der Reiseskizzen fort, in der Tradition von Oscar Wilde, Vincent van Gogh, Pablo Picasso, Ernest Hemingway und Henri Matisse, und widmet sich dem „Bild eines Ortes". In den letzten Jahren fand sie starke Verbreitung. Man zeichnet vor Ort, zusammen mit anderen, und teilt seine Skizzen dann im Internet. Dafür reichen ein Stück Papier und ein Bleistift. Häufiger werden Skizzenbücher und ein kleiner Aquarellfarbkasten verwendet. Der Begründer dieser Online Community ist der in Seattle lebende spanischstämmige Journalist und Illustrator Gabriel Campanario. Er berichtet, dass er wegen seiner Arbeit oft umgezogen ist. Beim Umzug hatte er immer ein kleines Trauma, weil er sich plötzlich in einer neuen, unbekannten Umgebung wiederfand. Durch Zeichnen hat er sich diese dann angeeignet. Und in der Tat, wenn man zeichnet, gerät man richtig mit dem Motiv in Kontakt, sei es über die Reflexion oder die Gefühle dafür.

„Um auf der Straße zu zeichnen, braucht man keine akademische Vorbildung oder teures Material."

Gabriel Campanario

„Eine Stadt zu zeichnen, heißt nicht nur, sie auf Papier zu bringen. Das bedeutet vor allem, sie kennenzulernen, zu verstehen, sich zu Hause zu fühlen."

Nina Johansson

„Zeichnen ist eine Zen-Erfahrung, weil man das Gefühl für die Zeit verliert und einen Gegenstand oder eine Szene mit solcher Aufmerksamkeit betrachtet, dass man ihre Essenz wahrhaft durchdringt."

Matthew Cencich

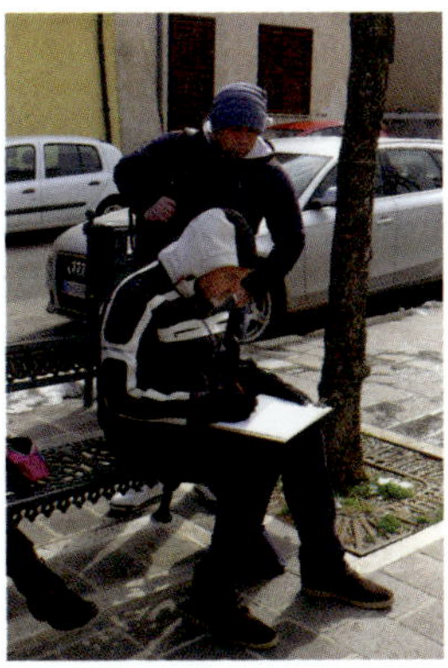

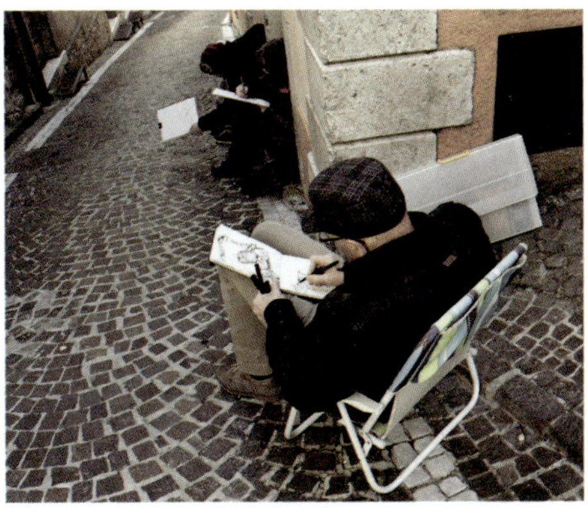

Manifest der Urban Sketchers

www.urbansketchers.org

1. Wir zeichnen vor Ort, drinnen oder draußen, nach direkter Beobachtung.
2. Unsere Zeichnungen erzählen die Geschichte unserer Umgebung, der Orte, an denen wir leben oder zu denen wir reisen.
3. Unsere Zeichnungen sind eine Aufzeichnung der Zeit und des Ortes.
4. Wir bezeugen unsere Umwelt wahrhaftig.
5. Wir benutzen alle Arten von Medien.
6. Wir unterstützen einander und zeichnen zusammen.
7. Wir veröffentlichen unsere Zeichnungen online.
8. Wir zeigen die Welt, Zeichnung für Zeichnung.

Material und Werkzeug

1

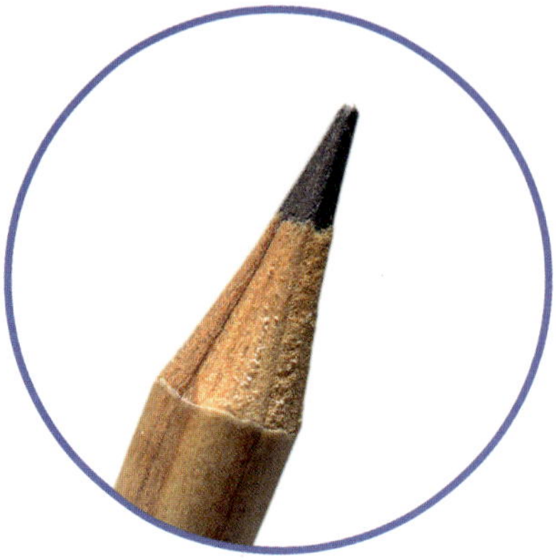

Feste Farbpigmente

Die Werkzeuge, mit denen man auf einen Untergrund, meist Papier, zeichnen kann, lassen sich in zwei Gruppen unterteilen: solche mit festen Farbpigmenten (etwa Grafit, Kohlestift, Zeichenkohle, Pastellfarben, Buntstifte) und solche mit flüssigen Pigmenten (wie Tinte und Aquarellfarben). Betrachten wir zuerst die Zeichenwerkzeuge mit festen Farbpigmenten.

Grafit

1. Grafitstift in Holz (klassischer Bleistift).

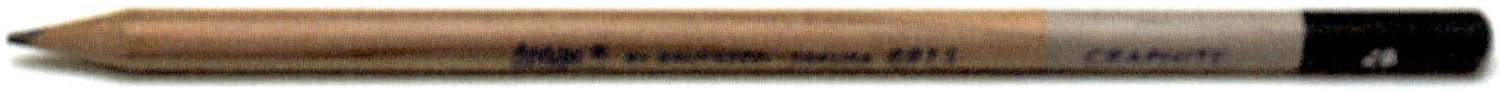

2. Druckbleistift mit einer Mine mit 0,7 mm Stärke (es gibt sie auch mit 0,5 und 0,3 mm Stärke). In der Kappe steckt normalerweise ein Radiergummi. Die Mine muss nicht gewärmt werden.

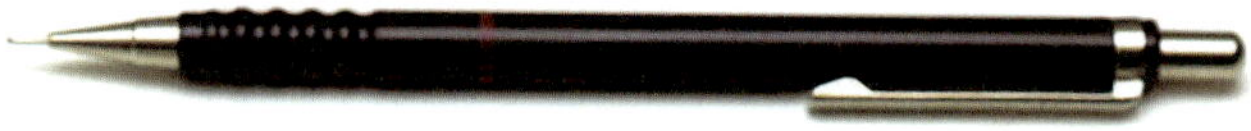

3. Druckbleistift mit einer Mine mit 2 mm Stärke (auch mit 3 mm). Meist kann die Mine in der Kappe angespitzt werden, aber es gibt auch eigene Anspitzer.

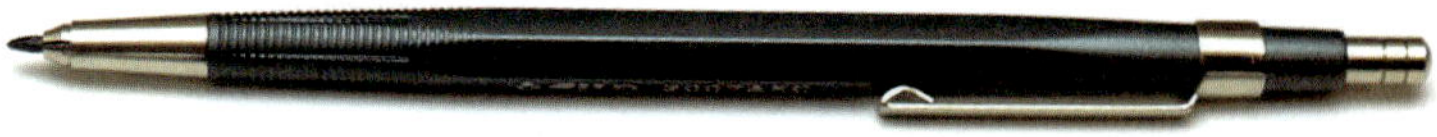

4. Druckbleistift für 5,6 mm starke Minen.

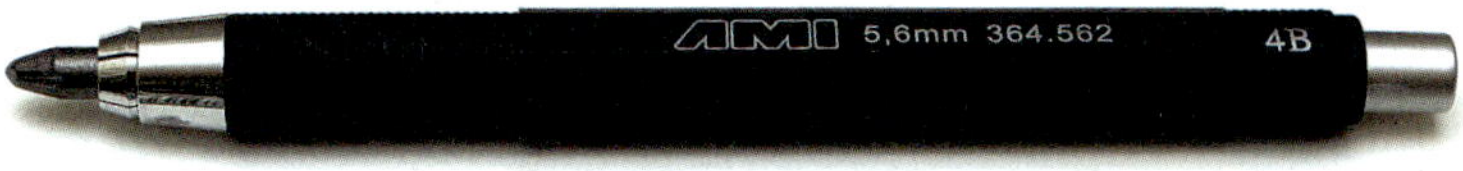

5. Grafitstift: Der nur aus Grafit bestehende Stift ist mit Papier umwickelt, damit man sich die Hände nicht schmutzig macht. Ebenfalls in verschiedenen Härtegraden erhältlich.

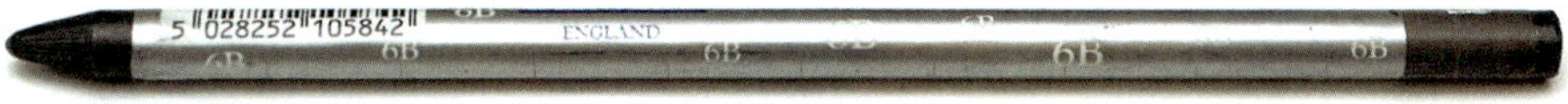

6. Halter: Damit kann man schon fast aufgebrauchte Stifte noch weiterverwenden.

Härtegrad-Skala von Bleistiften

Die Mine von Bleistiften besteht aus einer Mischung von Grafit (aus dem Griechischen γραφειν, grafein, was „schreiben" bedeutet) und Ton. Je größer der Anteil des Tons, desto haltbarer wird der Stift und umgekehrt. Der Härtegrad von Bleistiften wird mit einem numerischen System angegeben. Der Härtegrad F ist der mittlere, zwischen hart und weich.
Etwas weicher ist der Grad HB, der ebenfalls in der Mitte zwischen hart und weich liegt. Die mit H bezeichneten Grade ergeben einen klareren Strich, diese Stifte werden meist für technische Zeichnungen verwendet. Im künstlerischen Bereich bildet man damit die Luftperspektive ab. Die Stifte mit Härtegrad B haben einen umso dunkleren und weicheren Strich, je größer ihre Zahl ist. Der für künstlerische Zeichnungen am häufigsten verwendete Stift ist der mit dem Grad 2B, aber die Wahl wird größtenteils vom Geschmack und Stil des Künstlers bestimmt.
Meist benutzt man mehr als einen Stift, um viele Effekte erzeugen zu können. Die Stifte bestehen oft aus weichem Holz, oft Pappelholz.

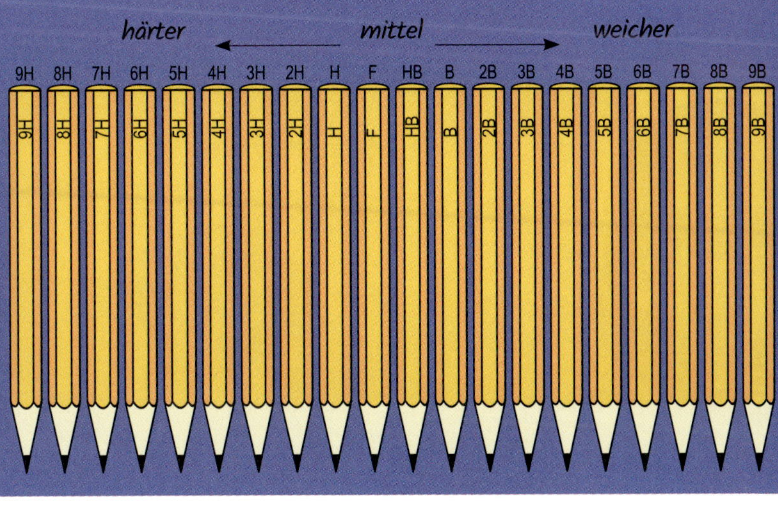

Farbige Aquarellstifte

7. Farbige Aquarellstifte können wie normale Buntstifte trocken benutzt werden oder indem man mit einem angefeuchteten Pinsel über die Zeichnung fährt.

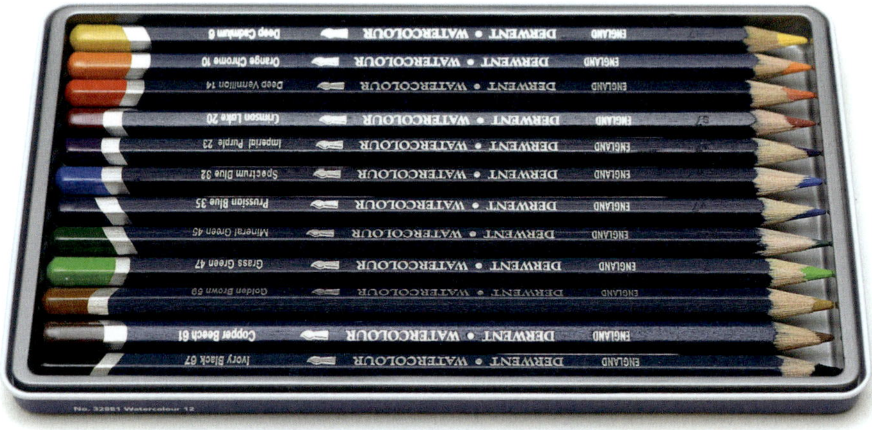

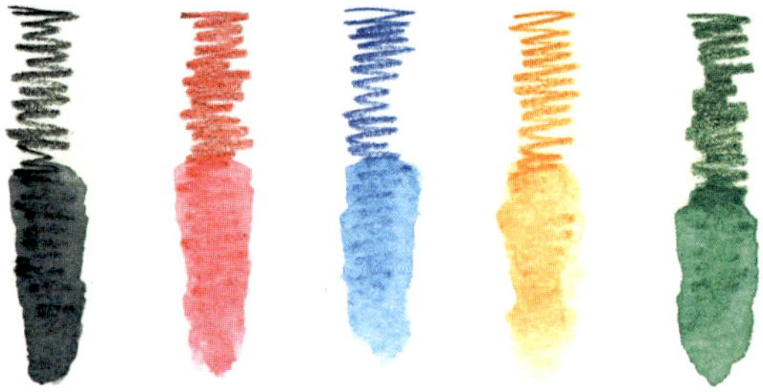

Aquarellstifte: trocken und mit Wasser übermalt.

8. Elektrischer Anspitzer.

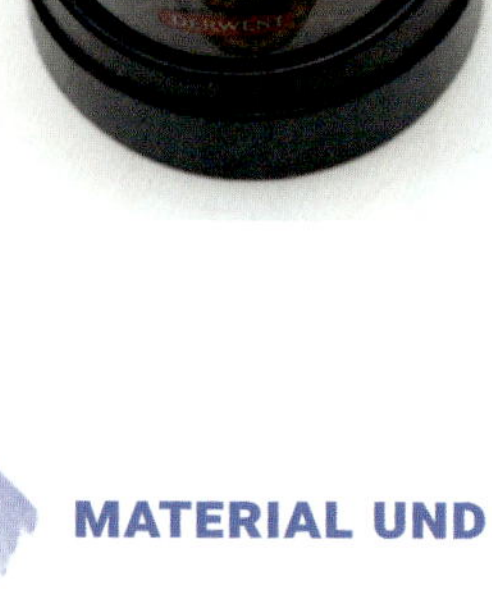

9. Anspitzer.

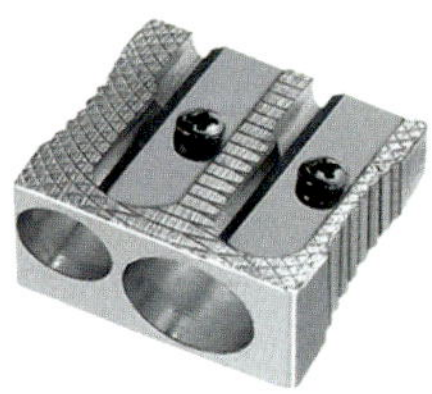

Den Bleistift anspitzen

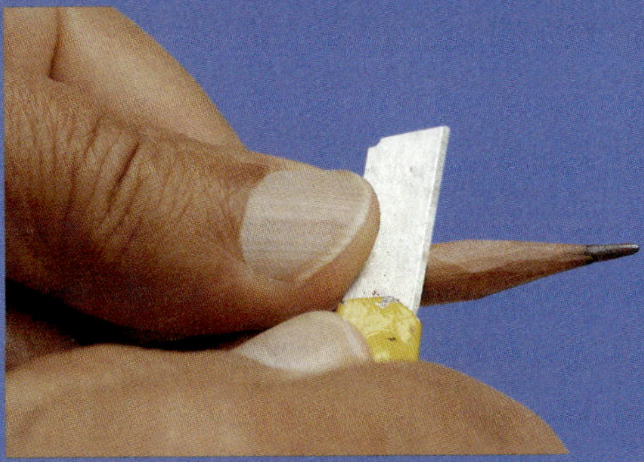

Der Bleistift muss eine lange Spitze haben, mit der man breite Grundierungen anfertigen kann, wenn man ihn fast quer zum Papier hält. Am besten geht das mit einem kleinen Cuttermesser, nicht mit klassischen Anspitzern. Damit das präzise und gleichmäßig gelingt, drückt man die Klinge mit dem Daumen der Hand, die den Stift hält, nach vorne, während die anderen Finger ihn zurückziehen. Vorsicht, dass vor der Klinge kein anderes Körperteil liegt. Ungleichmäßigkeiten lassen sich mit Schmirgelpapier entfernen.

10. Cutter: das beste Werkzeug zum Anspitzen.

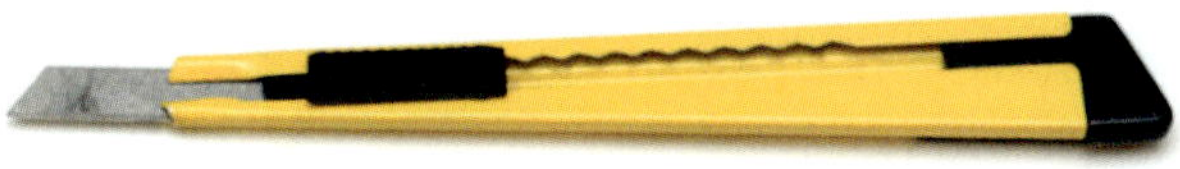

11. Schmirgelpapier zum Spitzen der Bleistifte.

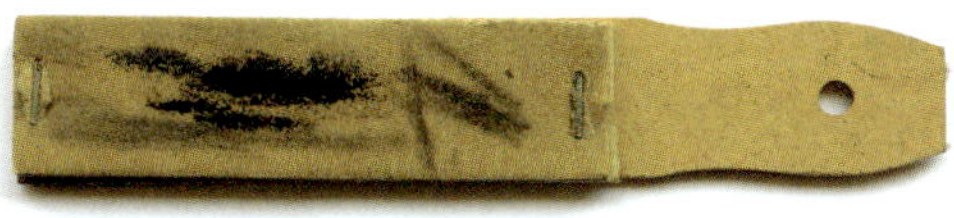

Radieren

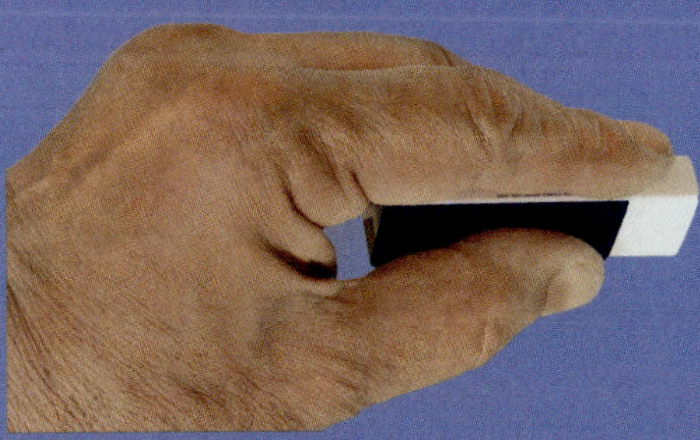

Generell ist der Radiergummi das geeignete Werkzeug zum Entfernen von Fehlern. Eine Skizze oder einen Entwurf für ein Bild beginnt man mit einem leichten Strich. Wenn eine Linie nicht passt, entfernt man sie nicht, weil man daran die Korrektur ausrichtet.
Der Radiergummi ist wichtig, um eine Grundierung aus Grafit aufzuhellen oder Lichteffekte zu erzeugen.

12. Radierstift: Hat eine Mine aus Gummi statt Grafit. An der anderen Seite hat er einen Pinsel, mit dem man Rückstände vom Papier entfernen kann.
13. Elektrischer Radierer: Dreht sich, wenn man auf den schwarzen Knopf drückt.

14. Radiergummi aus Kunststoff: der klassische Radierer.
15. Knetradiergummi: Kann in jede beliebige Form gebracht werden. Beschädigt das Papier nicht. Er wird auch zum Zeichnen verwendet, damit lassen sich Lichteffekte umsetzen. Es wird nicht gerieben, sondern leicht auf das Papier getupft, um den Strich abzuschwächen.
16. Mechanischer Radiergummi, sehr fein. Hilfreich, um etwa Grashalme oder Haare auf dunklem Untergrund herauszuarbeiten.

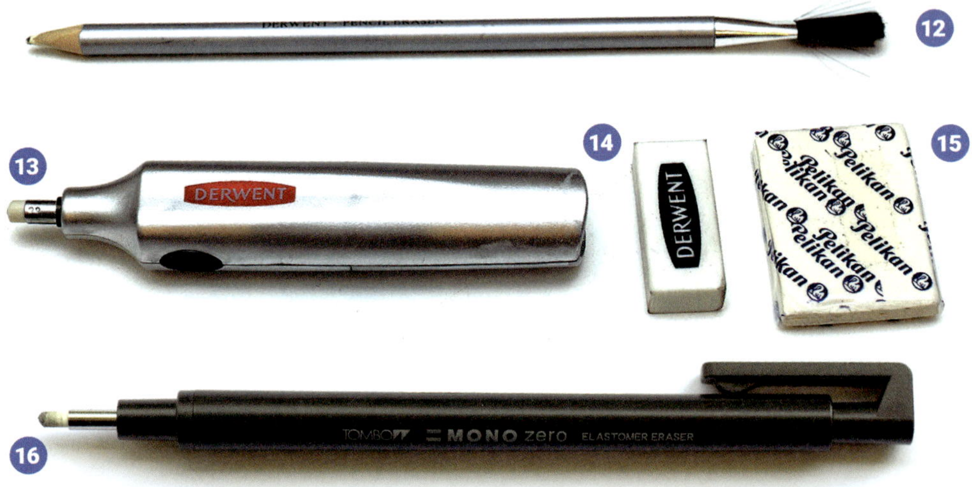

Kohle, Rötel, weiße Kreide

17. Natur-Zeichenkohle aus Weidenholz. Dies ist eines der ältesten Zeichenwerkzeuge. Am besten trägt man auf die fertige Zeichnung ein Fixiermittel auf.

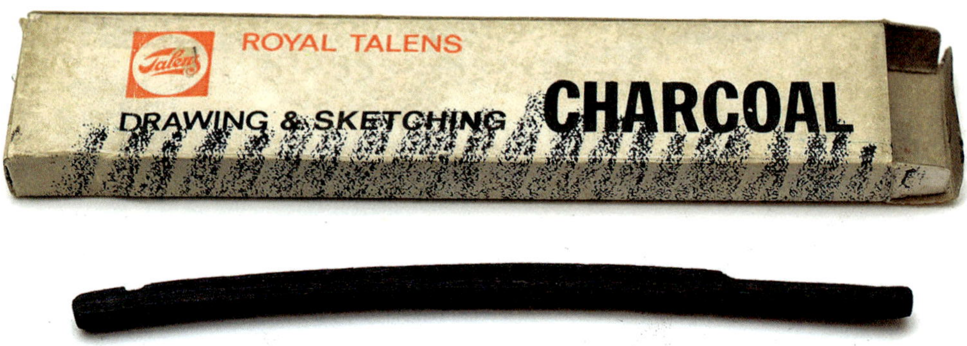

18. Gepresste Zeichenkohle.
19. Rötel (Hämatit, ein Eisenoxid, mit Tonanteilen).
20. Weiße Kreide.
21. Kohlestift (im Gegensatz zu einem Grafitstift hat er einen Kern aus Holzkohle).

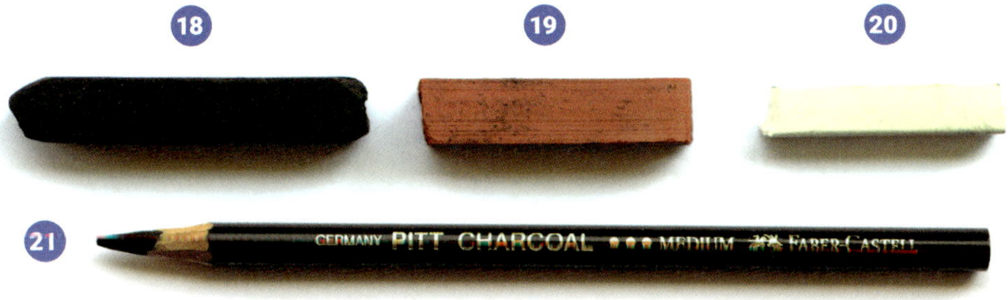

22. Rötelstift.

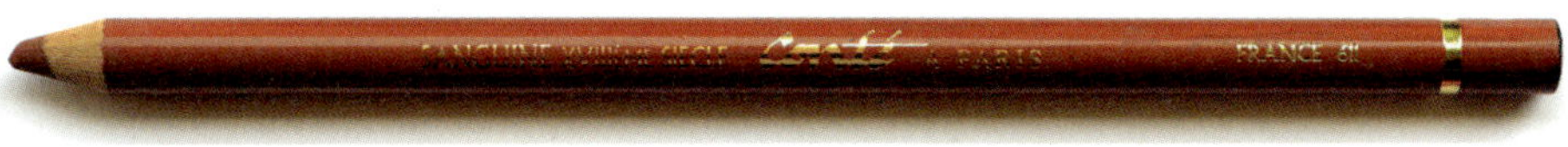

23. Weißer Pastellstift (wie mit weißer Kreide lassen sich damit auf grauem Papier Lichteffekte erarbeiten).

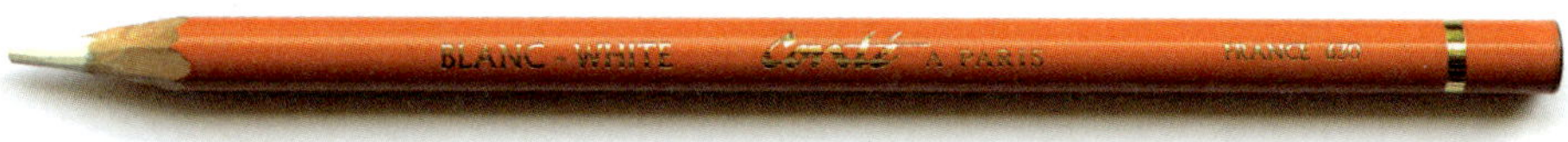

24. Papierwischer. Damit kann man Grafit verwischen und so sanfte Übergänge erzeugen.

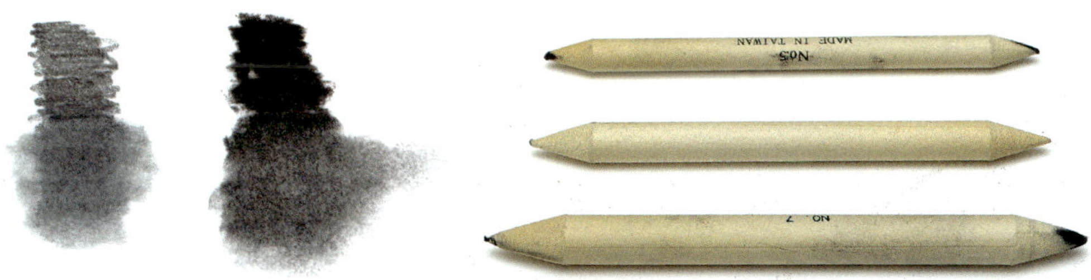

Oben links: Grafit (Stift in Härtegrad B) im unteren Bereich mit einem Papierwischer verwischt.
Rechts: Kohle (Rötel) im unteren Bereich mit einem Papiertaschentuch verwischt. Man sieht, dass der Bleistift silbriger wirkt und die Kohle deutlich dunkler ist. Wenn der Papierwischer durch Farbpigmente verschmutzt ist, kann er auch selbst zum Zeichnen verwendet werden.

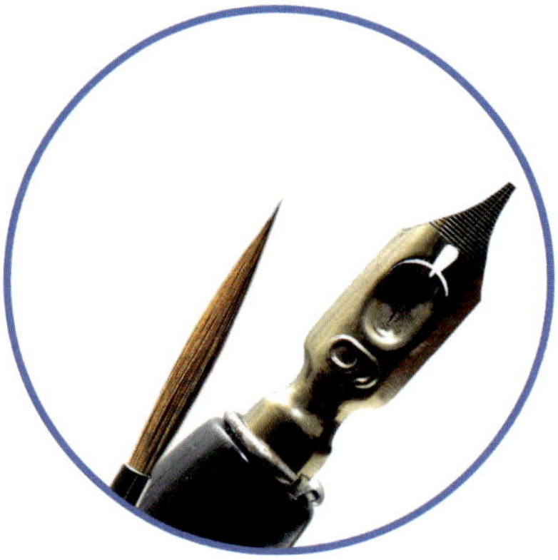

Flüssige Farbpigmente

Zu den flüssigen Farbpigmenten gehören insbesondere Tinte und Aquarellfarben. Tinte wird mit Zeichenfeder, Füller, Filzschreiber, aber auch mit dem Pinsel aufgetragen. Man teilt sie in wasserfeste (waterproof) und wasserlösliche ein. Im künstlerischen Bereich wird am häufigsten schwarze Tinte verwendet, aber es gibt auch farbige. Häufig zeichnet man auch mit Sepiatinte.

Tinte

1. Fass mit chinesischer Tusche.
2. Kalligrafiefedern.

2

1

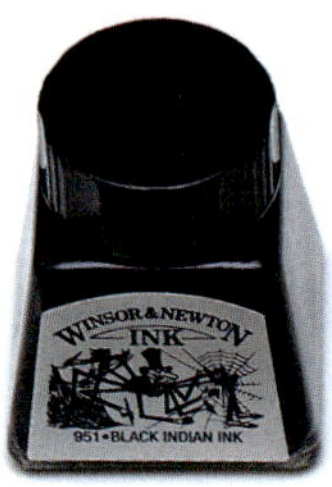

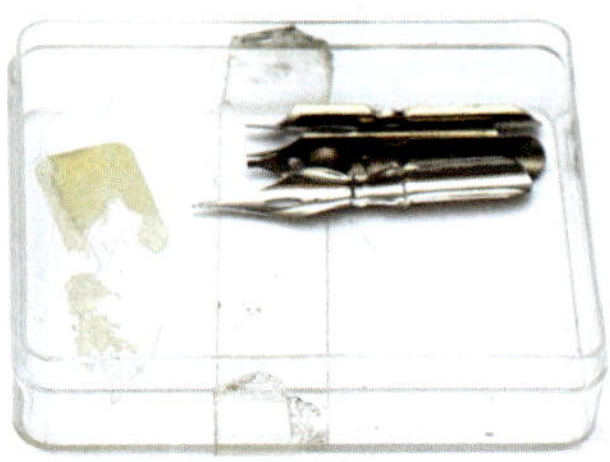

3. Federhalter.

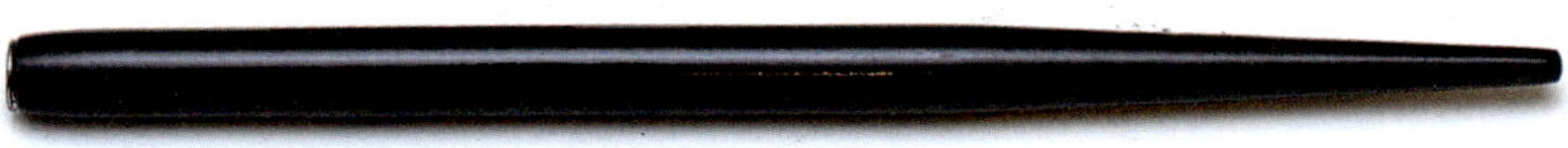

4. Federhalter mit integrierter Feder. Einfach die Feder herausziehen, umdrehen und wieder einstecken, um sie aufzubewahren. Hier ist sie zum Zeichnen eingesteckt.

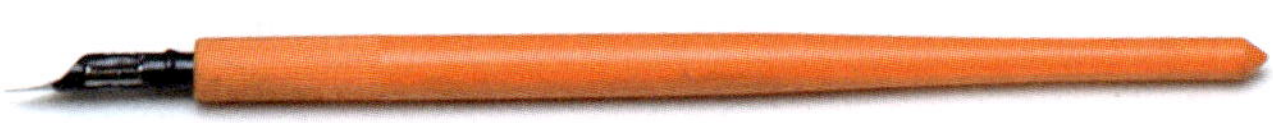

5. Tuschefüller: Stifte mit Tusche, die einen gleichmäßigen Strich ermöglichen. Hier sieht man einen mit einer 0,3 mm und einen mit einer 0,5 mm breiten Spitze.

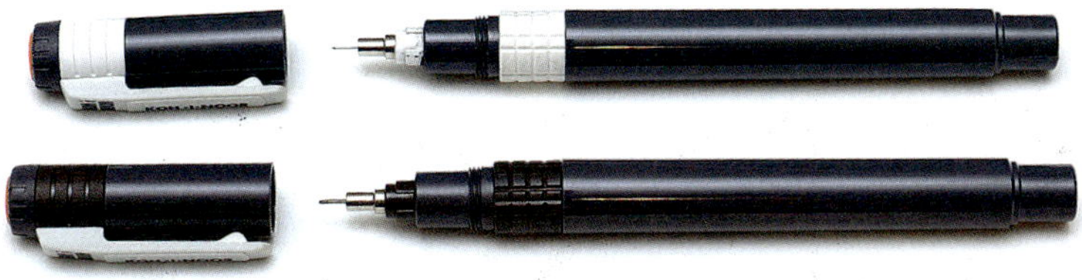

6. Füller. Sehr praktisch, wenn man draußen zeichnen möchte. Der erste ist mit wasserfester Tinte gefüllt, der zweite mit wasserlöslicher.

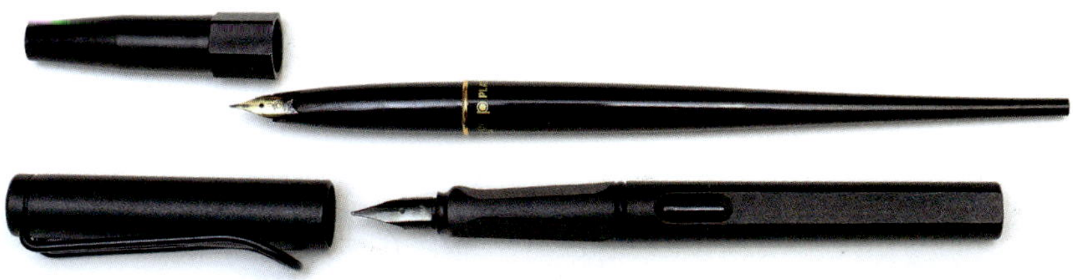

7. Filzschreiber. Es gibt sie mit wasserfester und wasserlöslicher Farbe. Zeichnet man mit letzterer, kann man den Strich anfeuchten, um malerische Effekte zu erzielen.

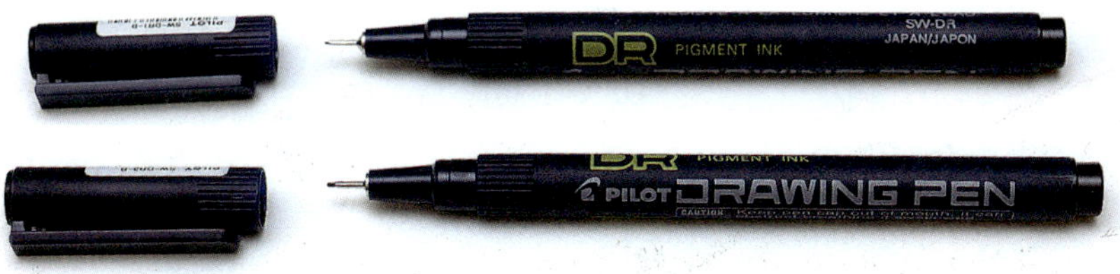

8. Filzschreiber mit Pinselspitze. Mit dieser besonderen Spitze lassen sich unterschiedlich breite Striche auftragen, je nachdem, wie fest man sie auf das Papier drückt.

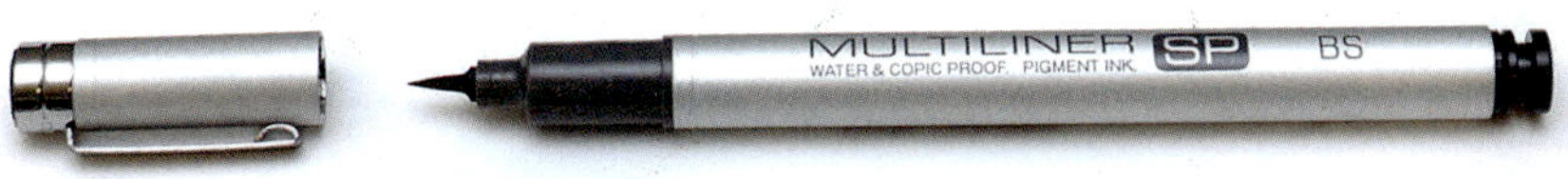

Reinigung von Tinten- und Tuschefüllern

Füller können verstopfen, vor allem wenn man mit wasserfester Tinte zeichnet. Man kann versuchen, sie mit einer Mischung aus Ammoniak und Wasser (im Verhältnis 1:2) zu reinigen. Dabei sollte man jedoch darauf achten, dass das Material der Feder nicht beschädigt wird (Ammoniak greift Aluminium an). Anschließend unter fließendem Wasser auswaschen.

Aquarellfarben

Aquarellfarben werden mit Gummi Arabicum gebunden und sind wasserlöslich. Sie sind transparent und leuchten intensiv, weil das Weiß des Papiers durch sie hindurchscheint. Bei Aquarellfarben unterscheidet man Künstlerfarben mit reinen Pigmenten und leuchtenderen Farben und solche für Schüler, die preiswerter, aber weniger qualitätsvoll sind.

9. Künstler-Aquarellfarben. Der Kasten besteht aus emailliertem Metall und die Deckel fungieren als Mischpalette. Man kann auch einen leeren Kasten kaufen und ganz nach Belieben die Farben einzeln hineinsetzen (es gibt sie als kleine feste Näpfchen). Der abgebildete Pinsel ist ein Martora-Pinsel aus italienischem Rotmarderhaar für Reisen, bei dem die Spitze zum Schutz im Stiel versenkt werden kann.

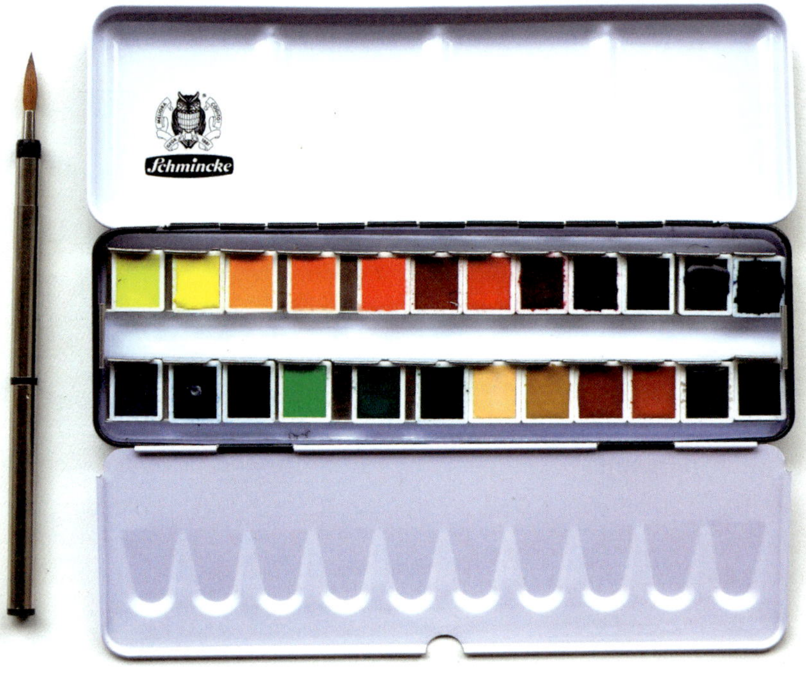

Auf der gegenüberliegenden Seite sieht man eine Farbkarte der im Kasten enthaltenen Farben mit den Farbbezeichnungen in mehreren Sprachen. Am besten legen Sie sich selbst eine Farbkarte an, denn die trockene Farbe entspricht selten der auf dem Papier.
Das ist zumindest dann sehr hilfreich, wenn Sie noch nicht über viel Erfahrung verfügen. Aber auch dann …

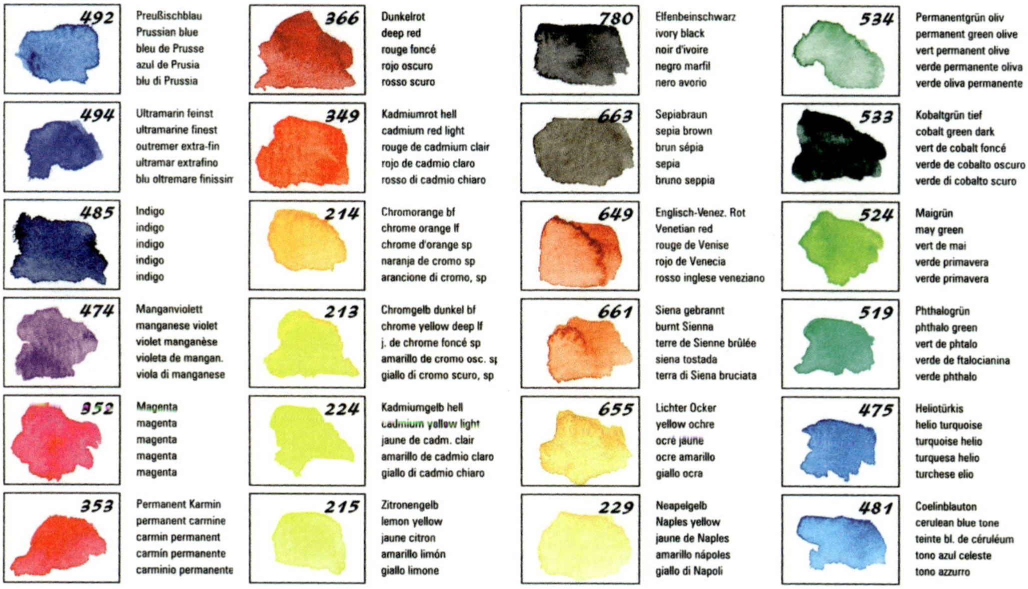

10. Fächerpinsel.

11. Chinesischer Pinsel.

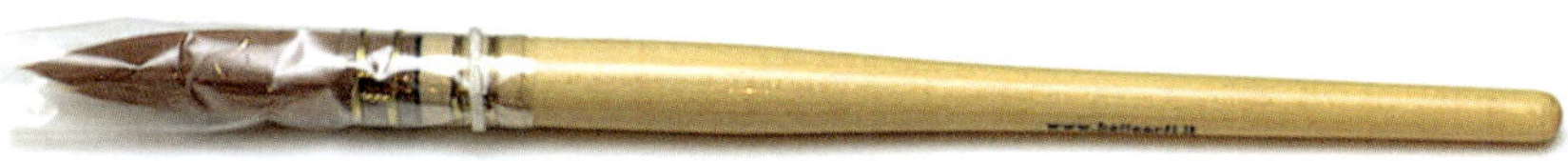

12. Rotmarder-Pinsel (für sehr feine Striche).

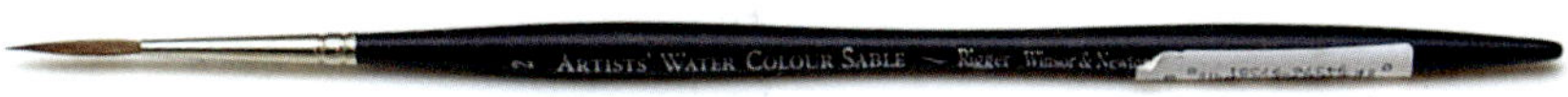

13. Katzenzungen-Pinsel.

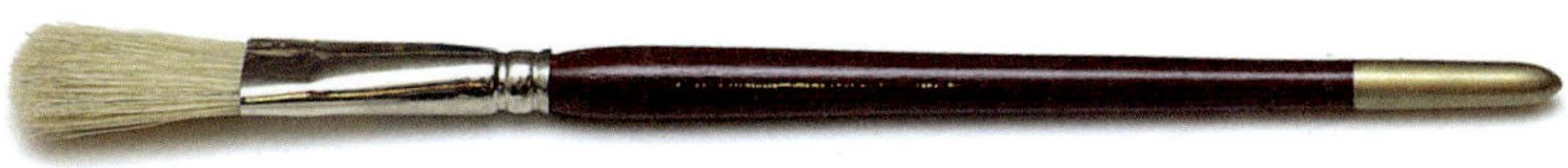

14. Wassertankpinsel, praktisch zum Zeichnen draußen.

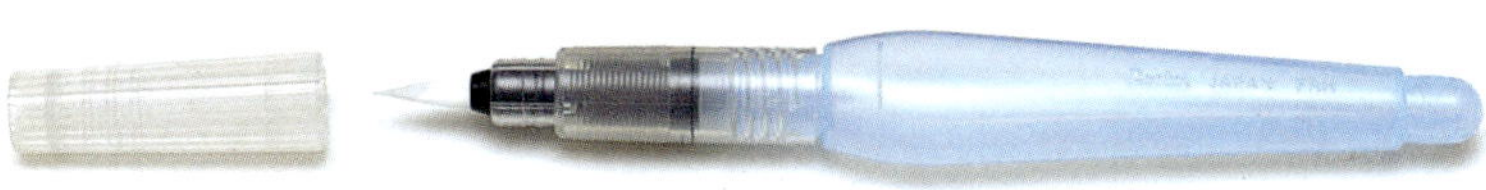

15. Flachpinsel zum Anfeuchten.

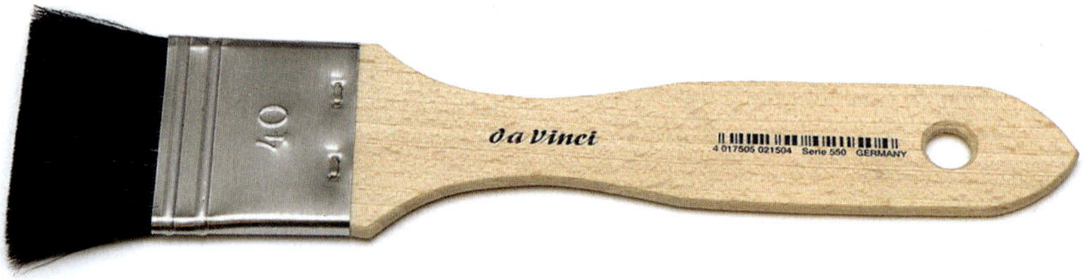

16. Mischpalette aus Keramik. Sie ist zwar zerbrechlich, aber am besten und leicht zu reinigen.
17. Aquarelltuben, ideal für den Gebrauch im Atelier und für große Bilder.
18. Schwamm. Damit lassen sich Effekte auf der Oberfläche erzielen.
19. Pinsel mit Martora-Spitze (Das Haar ist wertvoll und teuer und nimmt die Farbe sehr gut auf. Wenn man ihn sorgsam behandelt, hält er ein Leben lang).

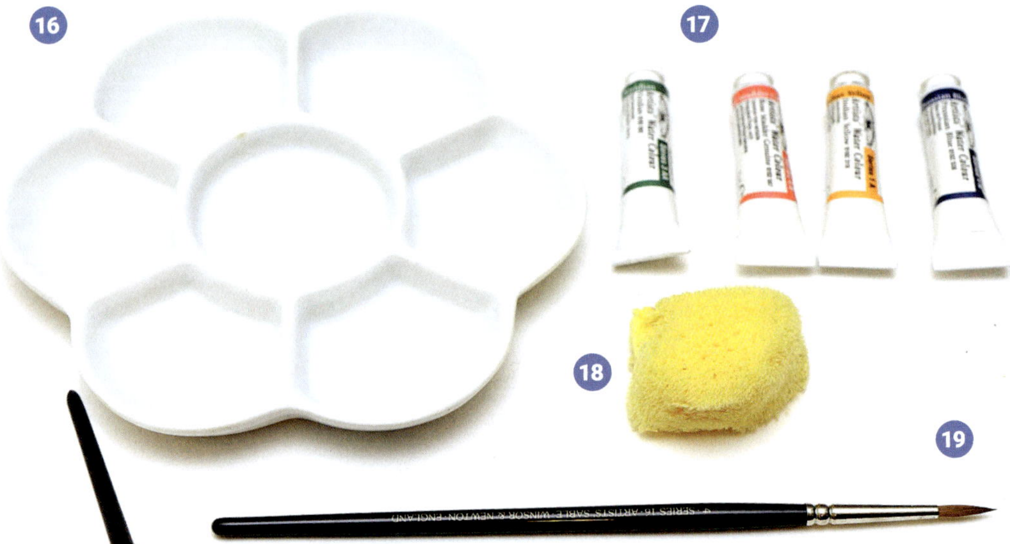

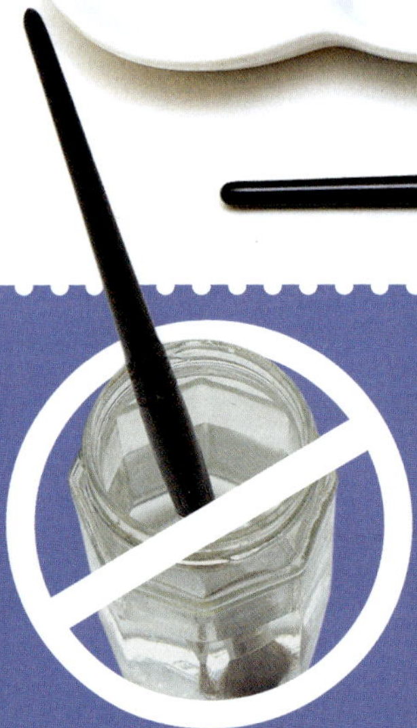

Pflege der Pinsel

Waschen Sie die Pinsel nach Gebrauch in Wasser aus und bringen Sie sie in ihre ursprüngliche Form. Lassen Sie sie niemals mit der Spitze nach unten in einem Gefäß stehen, das würde sie unwiederbringlich beschädigen. Waschen Sie sie ab und zu mit pflanzlicher Seife aus dem Künstlerbedarf aus. Behandeln Sie die Pinsel sorgsam, vor allem die mit Rotmarder-Haar, dann halten sie ein Leben lang.

20. Maskierflüssigkeit (schützt das Weiß des Papiers und kann zum Schluss mit dem Finger oder dem Radiergummi entfernt werden).
21. Gummi Arabicum (lässt die Farbe schneller trocknen und verleiht ihr Glanz).
22. Sprühflasche mit Wasser zum Befeuchten.

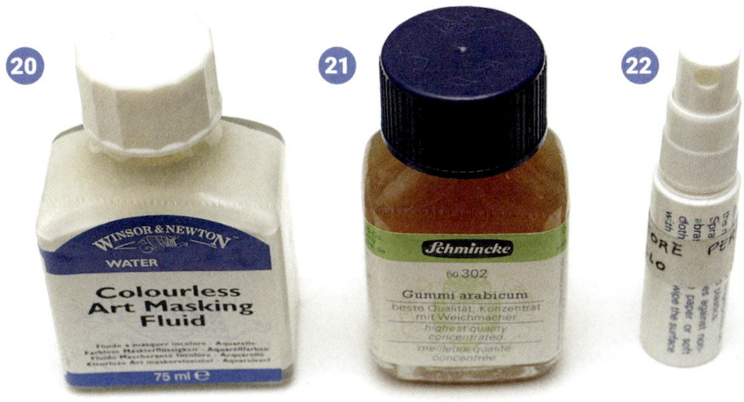

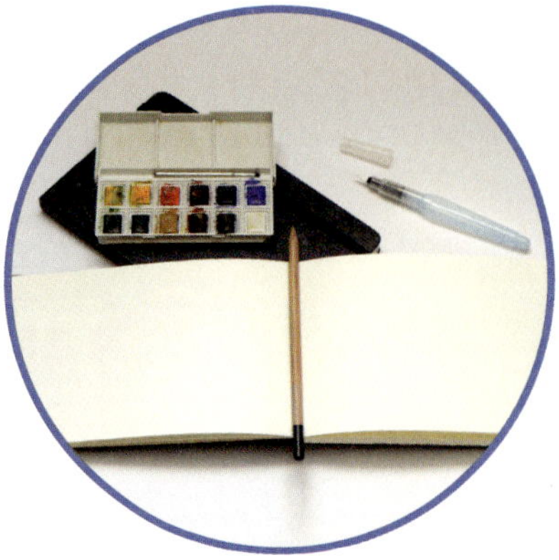

Papier und Skizzenbücher

Es gibt unterschiedliche Papiersorten, die sich durch ihre Grammatur, Oberfläche und Materialzusammensetzung unterscheiden.

Grammatur: Damit bezeichnet man das Gewicht in Gramm pro Quadratmeter des Materials. Für Aquarelle liegt die ideale Grammatur bei 300 g/m² und höher (zumindest bei kleineren Papierbögen).
Papier mit niedrigerer Grammatur sollte aufgespannt werden.

Oberfläche: Es gibt glatte Papiere (heißgepresste), die sich für besonders feine Malereien eignen.
Kaltgepresste Papiere sind nicht ganz so glatt, sie haben eine leichte Körnung. Sie sind ein guter Mittelweg zwischen glattem und grobkörnigem Papier.
Auf grobkörnigem Papier kann man gut Oberflächeneffekte erzielen, weil man die erhabenen Bereiche kolorieren und die Vertiefungen weiß lassen kann (Maltechnik mit trockenem Pinsel).

Materialzusammensetzung: Das beste Papier setzt sich aus Baumwolle, das zweitbeste aus Lumpen zusammen. Am wenigsten gut ist eines aus Holzpaste, da diese mit der Zeit vergilbt.

Papier gibt es in unterschiedlich großen Bögen, in am Rand verklebten Blöcken (bei Aquarellpapier auch an mehreren Rändern verklebt), in Spiralblöcken und in fadengehefteten Blöcken (Aus meiner Sicht sind diese am besten, weil man dabei auf Doppelseiten arbeiten kann, wenn man ein größeres Format benötigt).

Papiersorten

Für meine Arbeiten verwende ich Papiersorten bestimmter Hersteller in folgenden Stärken und Qualitäten. In Klammern habe ich auf Bilder verwiesen, die ich darauf angefertigt habe.

- **a.** Strathmore Skizzenpapier Grey, 118 g/m², säurefrei (siehe Leuchtturm Lindesnes auf S. 49).
- **b.** Fabriano Zeichenpapier matt, 200 g/m² (siehe Termoli auf S. 64 und Streichholzschachtel auf S. 52).
- **c.** Fabriano Zeichenpapier gekörnt, 220 g/m² (siehe die Lampe auf S. 58). Durch die Körnung haftet die Farbe auf den erhabenen Stellen, während die Vertiefungen weiß bleiben. So entstehen Lichteffekte, allerdings kann man nur schlecht kleine Details zeichnen.
- **d.** Fabriano Aquarellpapier kaltgepresst mit feiner Körnung. 100 % Baumwolle, 300 g/m² (siehe farbige Landschaft auf S. 125).
- **e.** Canson Moulin di Roy Aquarellpapier. 100 % Baumwolle, 300 g/m². Gehört neben den Papieren von Arches zu den besten Aquarellpapieren (siehe Kapelle in Val di Sole, aquarellierte Version auf S. 59).
- **f.** Favini Aquarellpapier. Textil, 350 g/m², 20 % Baumwolle. Von eher unregelmäßiger Struktur. Ich verwende es aufgrund der seidigen Oberfläche gerne für Bleistiftzeichnungen (siehe Brescia, historisches Zentrum auf S. 100).
- **g.** Cotman Aquarellpapier, feine Körnung, kaltgepresst, 300 g/m², säurefrei (siehe Zaanse Schans, Holland auf S. 61). Die leichte, gleichmäßige Körnung verleiht der alten Mühle eine ganz besondere Struktur.

In diesem Buch finden sich natürlich viele andere Zeichnungen und Aquarelle, die in Skizzenbüchern auf anderem Papier angefertigt wurden.

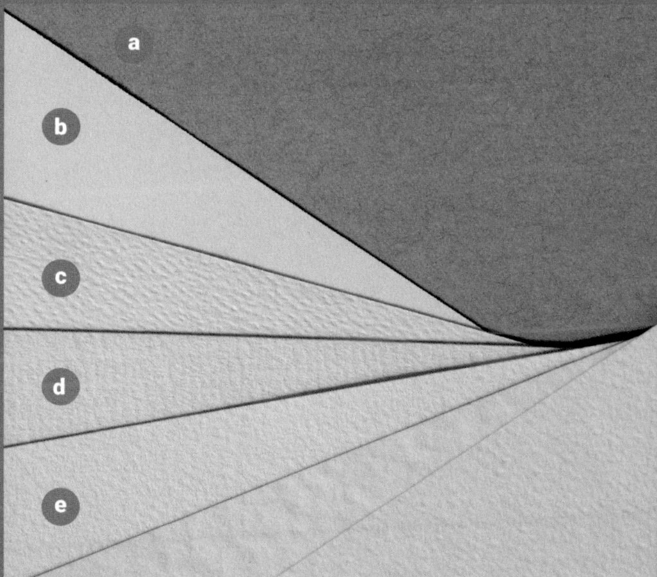

a

b

c

Dies sind zwei Skizzenbücher mit dem Maß 13 x 21 cm (beide von Moleskine, einmal mit glattem Skizzenpapier, auf der langen Seite gebunden, und einmal mit kaltgepresstem Aquarellpapier, 200 g/m², auf der kurzen Seite gebunden). So kann man auf einer Seite oder auch auf einer Doppelseite zeichnen. Bei „a“ hat man ein fast quadratisches Format von 26 x 21 cm, bei dem zweiten eines für quer (b) oder längs (c) angelegte Panoramazeichnungen.

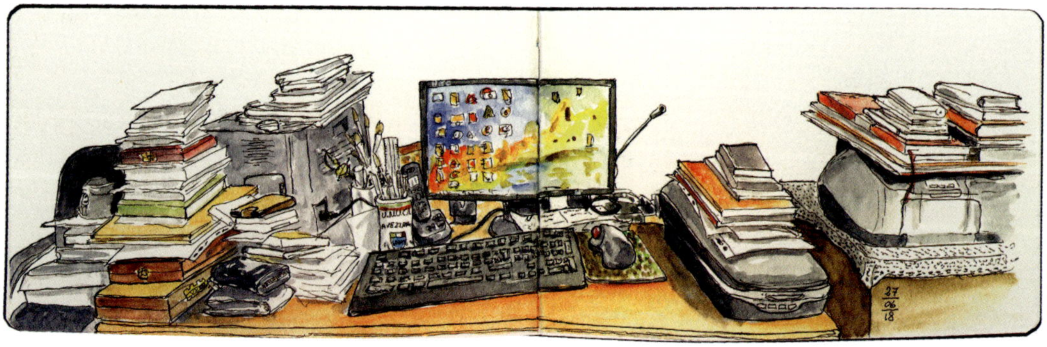

Skizze von meinem Schreibtisch auf einer Doppelseite in einem Skizzenbuch von Moleskine.

So hält man den Bleistift

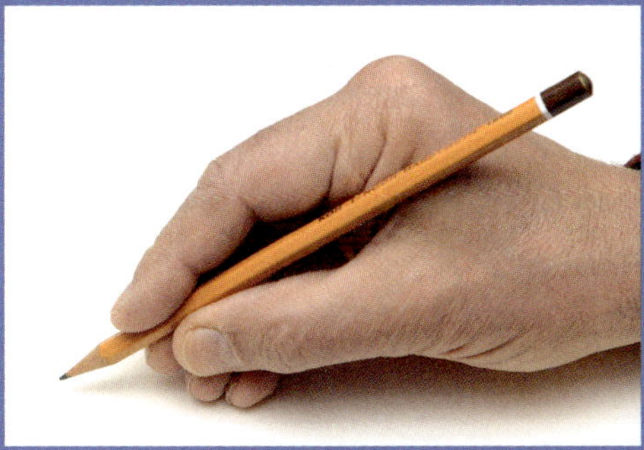

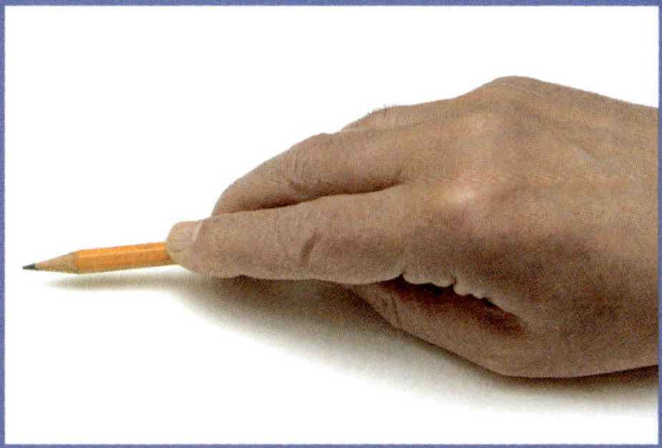

a. Zum Schreiben hält man den Bleistift normalerweise unten über der Spitze, so wie man es in der Schule gelernt hat. So kann man sehr genau zeichnen und kleine Details präzise aufs Papier bringen.

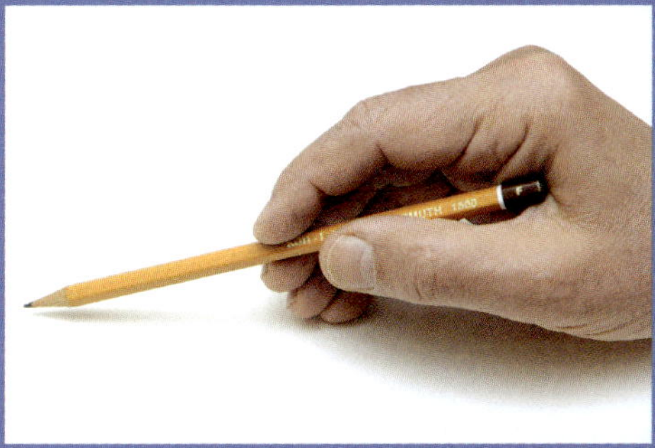

b. Hält man den Stift weit oben, kann man großflächig zeichnen und dabei auch Arm und Schulter einsetzen. Auf dem Foto wird die Hand nur aus fotografischen Gründen auf dem Papier abgestützt. Eigentlich darf sie es nicht berühren.

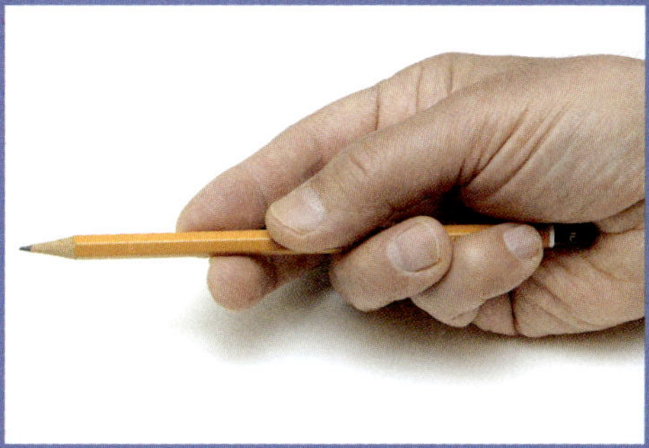

c. Diese Haltung eignet sich zum Grundieren. Dabei kann man unterschiedlich starken Druck ausüben und verschiedene Abtönungen erzeugen. Auf den Fotos oben sieht man dieselbe Haltung von oben und von unten.
Um zu vermeiden, dass die Hand und dadurch auch das Papier schmutzig wird, sollte man immer ein Stück Papier unterlegen.

Nützliche Hilfsmittel

1. Eine **Feldstaffelei** aus Holz (auch aus Metall erhältlich), die man auch quer einstellen kann, wichtig für das Aquarellmalen. Urban Sketchers verwenden so etwas eigentlich nicht. Sie benutzen eher ein kleines Brett, das sie auf die Knie legen. Für gewisse Ansprüche ist eine Staffelei jedoch unerlässlich.
2. Grundsätzlich setzt man sich dorthin, wo man die richtige Perspektive findet: auf eine Bank oder den Bürgersteig. Manche zeichnen auch stehend. Es gibt aber auch leichte **Campinghocker**, die man beliebig ausrichten kann. Zusammengefaltet nehmen sie wenig Platz ein und können gut transportiert werden. Ferner gibt es auch sehr bequeme Klappsessel.

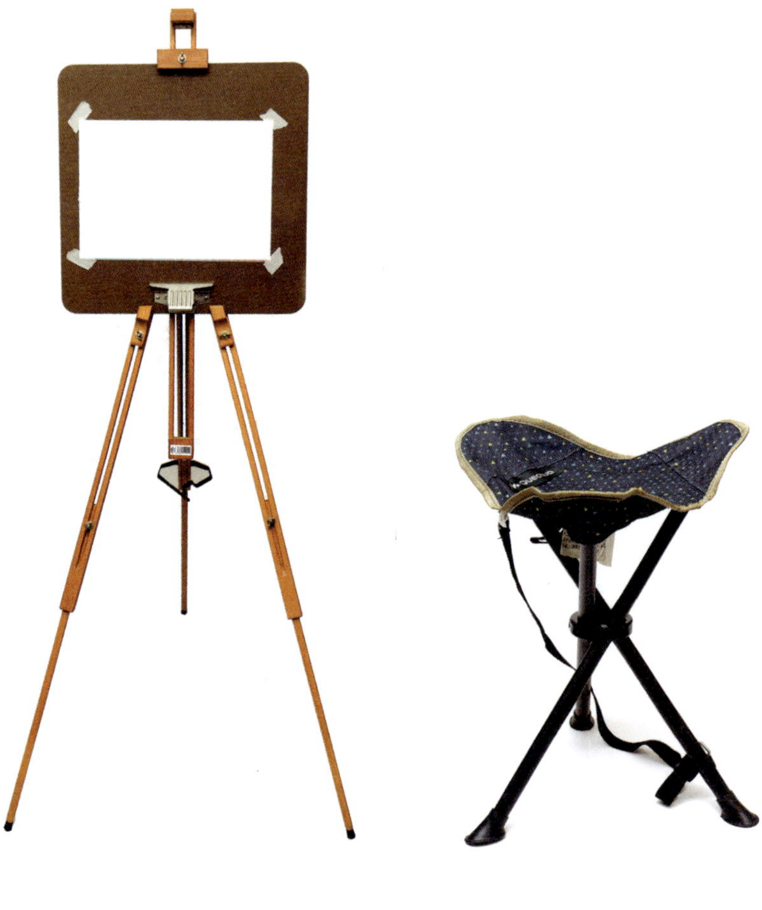

3. Wenn Sie umherziehen oder reisen, ist auch eine **Tasche** nützlich, in der man Stifte, Pinsel, Farben und Skizzenbücher unterbringen kann. Ich habe zwei unterschiedlich große mit vielen Fächern, in denen man die Werkzeuge zum Zeichnen und Malen gut ordentlich verstauen kann.

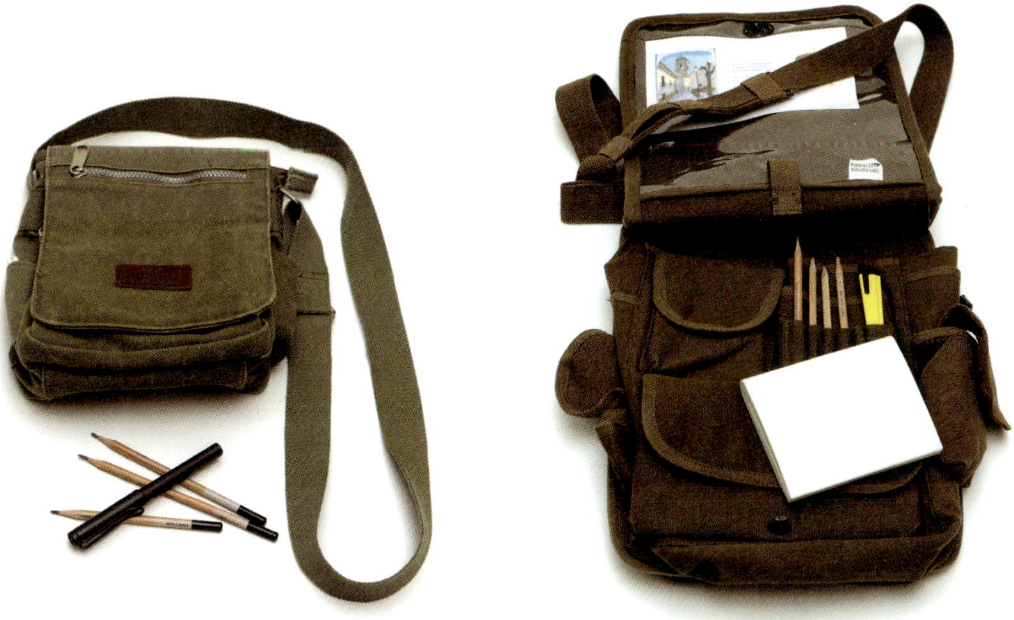

Zeichnen

2

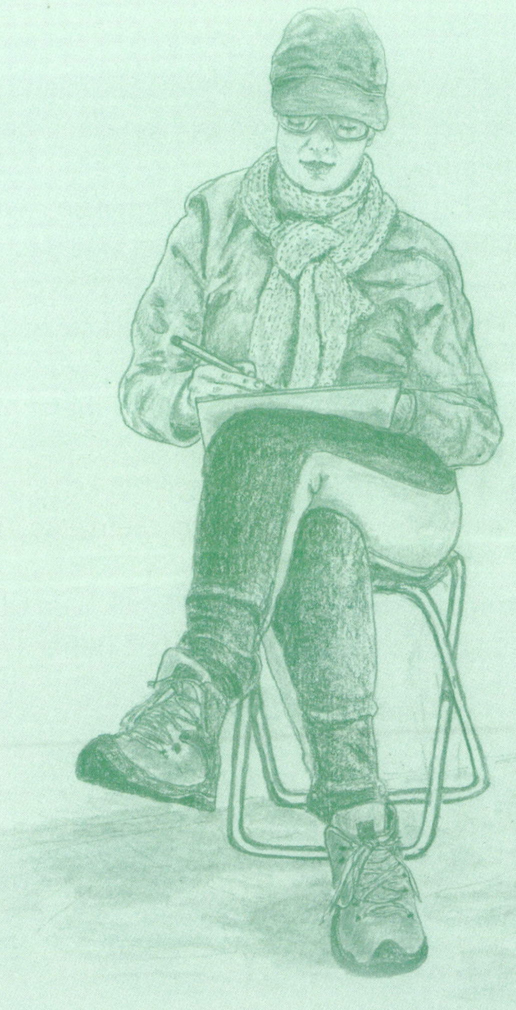

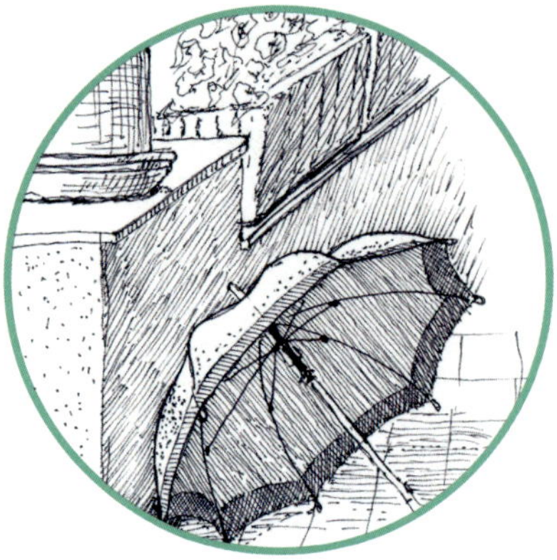

Merkmale von Zeichnungen

Das Wort „zeichnen“ ist verwandt mit dem Wort „Zeichen“, und bedeutet, etwas durch Striche wiederzugeben, die ein von Hand geführtes Werkzeug auf einem Untergrund hinterlässt.
Um zu zeichnen, muss man Zeichen darstellen. Wir widmen uns zunächst hauptsächlich der **Linie**. Damit zeichnen wir Umrisse, die meist eine Sache eingrenzen. Eine Linie ist etwas Abstraktes, eine Vorstellung, die in Wirklichkeit nicht existiert. Geschlossene Linien bilden **Formen**, Oberflächen, durch die sie begrenzt werden. Das reicht schon aus, um eine Zeichnung anzufertigen.
Wir behandeln zudem Formen und Negativräume, die wir meist nicht wahrnehmen, die aber wichtig sind, wenn man zeichnen lernt.
Anschließend befassen wir uns mit **Tönen** oder Hell-Dunkel-Abstufungen, mit denen man die Illusion von Licht und Schatten sowie räumliche Tiefe erzeugen kann.
Wir beschäftigen uns auch mit **Strukturen** oder der „Haptik“ von Oberflächen.
Erst ganz zum Schluss kommt die **Farbe** hinzu, eine letzte Dimension, mit der wir uns der Malerei nähern.

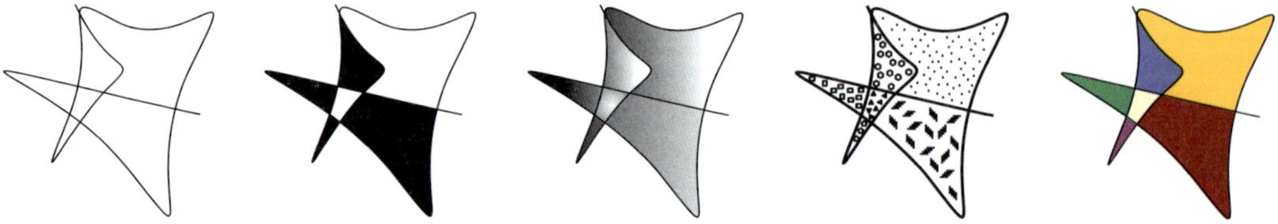

Linien *Formen* *Töne* *Struktur* *Farben*

Wir müssen lernen, die Welt mit diesen fünf Aspekten zu erfassen. Denn wir bilden eigentlich keine Dinge ab, sondern die Linien, Formen, Töne, Strukturen und Farben, aus denen sie bestehen. Und so erzeugen wir, ohne uns dessen bewusst zu werden, auf dem Papier die Vorstellung von Dingen.
Sie werden etwas Geduld und Durchhaltevermögen benötigen, denn die beste Art, zeichnen zu lernen, ist das Zeichnen selbst.
Je mehr man zeichnet, desto besser zeichnet man.
Ideal wäre es, jeden Tag eine Zeichnung anzufertigen. Aber ich erwarte keine Opfer von Ihnen, denn Sie sollten Spaß und reine Freude dabei haben. Das Zeichnen sollte Sie ein Leben lang begleiten und dieses schöner machen.
Ab morgen werden Sie die Welt mit anderen Augen betrachten.

Tipp

Legen Sie sich einen Ordner an und bewahren Sie darin alle Ihre Arbeiten auf. So können Sie Tag für Tag Ihre Fortschritte nachvollziehen und sich dadurch anspornen lassen, weiterzumachen. Am besten verzeichnen Sie auf jeder Zeichnung den Namen, das Datum, den Ort und gegebenenfalls auch die Gelegenheit (etwa eine Reise, ein Fest, eine Begegnung). Diese Hinweise werden mit der Zeit für Sie und für andere sehr wertvoll.

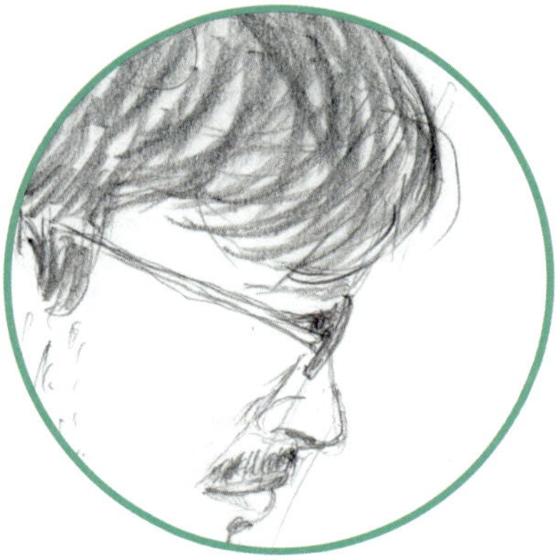

Zeichnen mit Linien

Die Linie ist die einfachste Form. Geben Sie einem Kind einen Bleistift und es wird beginnen, Linien aufs Papier zu bringen und Gegenstände und Personen in der einfachen und naiven Sprache eines Kindes wiederzugeben, die uns besonders fasziniert.
Mit manchen Werkzeugen lassen sich nur gleichmäßig dicke Linien zeichnen (etwa mit Stiften für technische Zeichnungen), mit anderen, etwa mit einem Füller, lässt sich je nach Druck die Breite einer Linie verändern. Mit diesen ausdrucksstärkeren Linien kann man Licht und Schatten darstellen. Man kann auch unterbrochene Linien zeichnen und dem Betrachter die Aufgabe überlassen, sich die Form vorzustellen. Damit lassen sich auch Lichteffekte erzeugen.
Die Linie selbst ist also schon ein Element, das wir vielfältig einsetzen können.

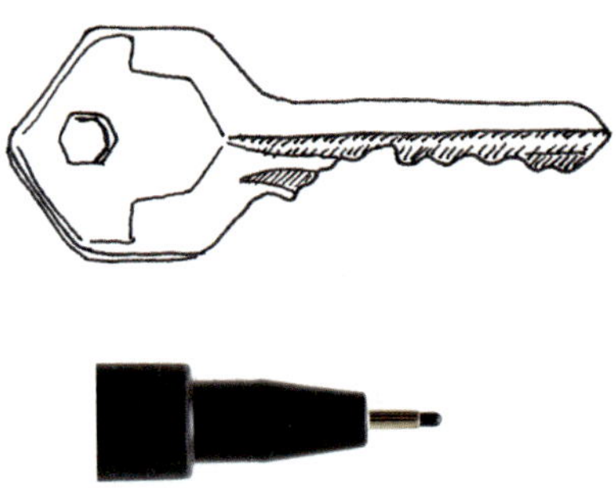

Gleichmäßige Linie.
Zeichnung mit wasserfestem Stift.

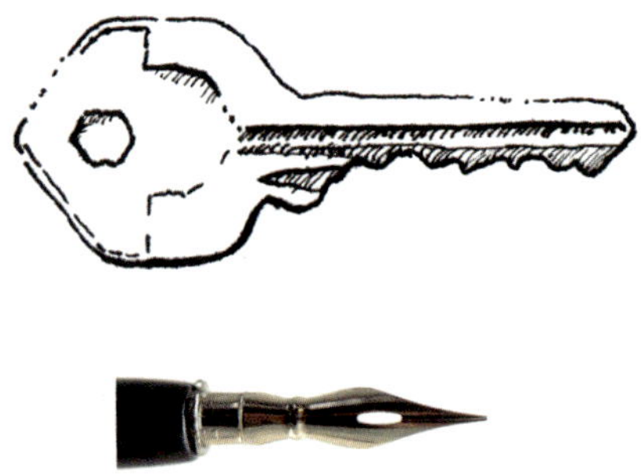

Unterbrochene Linie.
Zeichnung mit Stahlfeder und chinesischer Tusche.

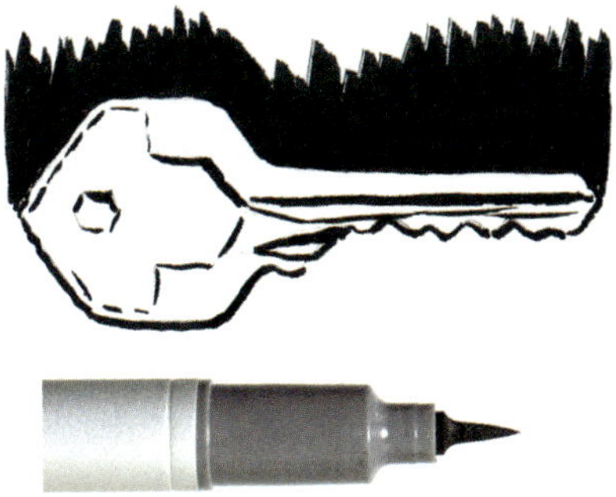

Pinselstift.
Ein richtiger Stift für unterschiedlich breite Linien in Tiefschwarz.

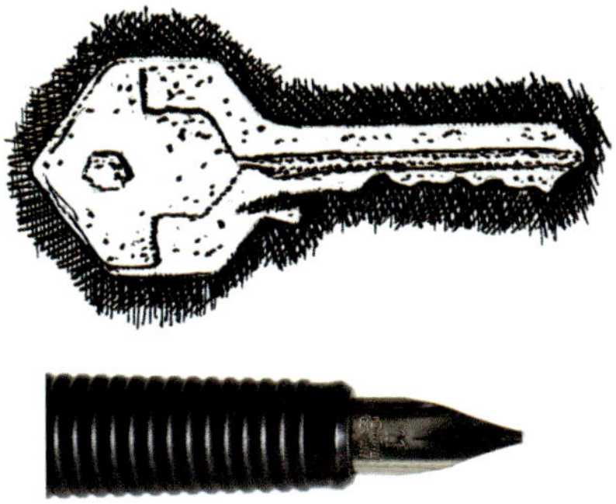

Kalligrafiestift.
Praktisch zum Zeichnen in der Natur, um nicht eine Feder mit Tintenfass mitnehmen zu müssen.

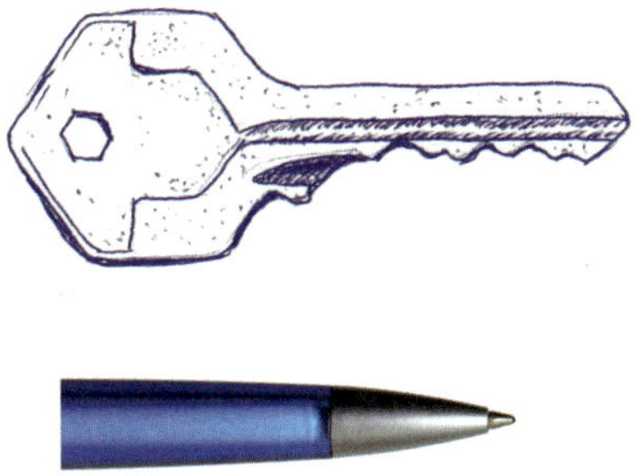

Kugelschreiber.
Auch mit dem Kugelschreiber, den man oft dabei hat, kann man zeichnen. Sein Strich ist wie bei Stiften für technische Zeichnungen immer gleich dick.

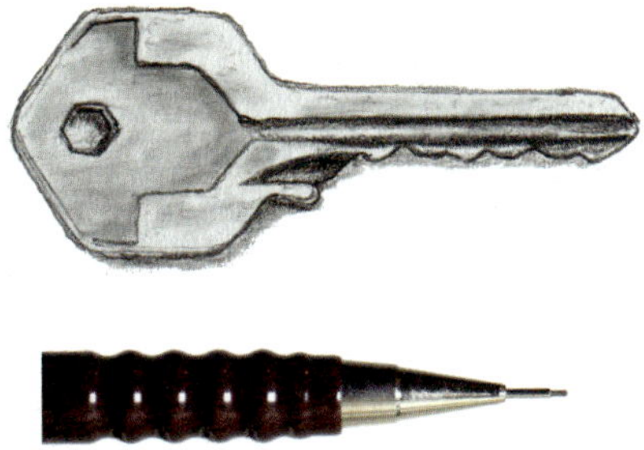

Grafitstift in Stärke 2B mit Wischer.
Damit kann man Abtönungen in verschiedenen Stufen erzielen, was mit Tinte nicht möglich ist.

Unterbrochene Linie

Betrachten Sie das Wort „DRAWING" auf der nächsten Seite. Auch wenn die Buchstaben nicht vollständig ausgeführt sind, kann man das Wort ohne Schwierigkeiten lesen und die fehlenden Linien hinzudenken. Das Gehirn ergänzt, was fehlt. Das gibt dem Zeichner fantastische Möglichkeiten. Auch wenn eine Linie durch kleine Striche oder Punkte ersetzt oder an manchen Stellen unterbrochen wird, bleibt die Zeichnung immer noch lesbar und wird leichter und luftiger. So kann man an diesen Stellen auch Glanz oder Lichtreflexe darstellen.
Auf dem Bild auf der nächsten Seite hat der linke Schornstein keine Umrisse, aber dennoch kann man ihn deutlich erkennen.

Auf dem Buch erzeugt die ausgelassene Linie an der Kante zusammen mit fehlenden Strukturlinien auf dem Deckel einen starken Lichtreflex. Die wenigen Linien für die Seiten markieren deutlich seinen äußeren Rand. Darunter sieht man eine Mauer, bei der jeder Stein nur mit zwei Linien dargestellt ist, die durch den Schatten einer Lichtquelle von links oben entstehen. Man nimmt hier nicht die eigentlich aufgezeichnete Abfolge von querliegenden Ls wahr, sondern eine Mauer aus ganzen Ziegelsteinen.

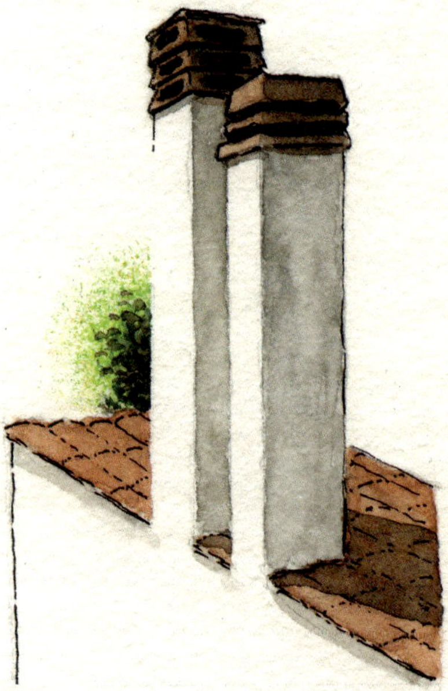

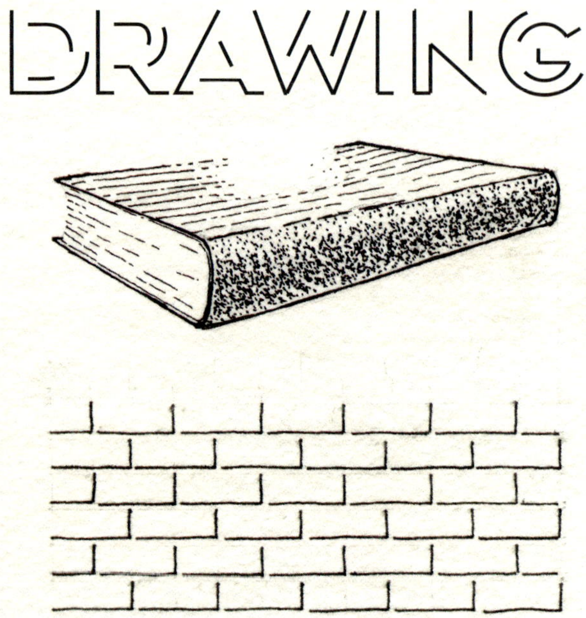

Konzentration auf das Motiv

Wer mit dem Zeichnen beginnt, hat meist das Problem, dass er mehr auf das Papier als auf das Motiv blickt. Ein kurzer Blick zum Motiv und dann konzentriert man sich auf die Arbeit. Das führt dazu, dass man zeichnet, was man weiß (oder zu wissen glaubt), und nicht, was man sieht (erinnern Sie sich an das Experiment mit dem Bleistift vorne auf Seite 6). Man muss diese schlechte Angewohnheit aufgeben und **mehr Zeit für das Motiv als das Papier** verwenden.
Sie sollten nicht so sehr das Motiv, sondern vielmehr seine Formen betrachten. Fragen Sie sich, in welche Richtung seine Linien im Vergleich zu anderen verlaufen, in welcher Höhe eine andere Linie verläuft, wie lang sie im Vergleich zu anderen ist, welche Form ein Abschnitt hat. Bevor Sie beginnen, sollten Sie das Motiv genau analysieren und seine Eigenschaften betrachten. Schauen Sie es an,

prägen Sie sich einen Bereich, einen Strich des Umrisses ein und zeichnen Sie ihn dann. So zeichnen Sie, was Sie sehen und wie Sie es sehen.

1. Zeichnen Sie jetzt mit Linien. Dafür können Sie ein beliebiges Motiv wählen. Sie können auch die Füße aufeinanderlegen und Ihre Schuhe zeichnen. Dabei werden eventuelle Fehler nicht ausradiert, sondern einfach **überzeichnet**. Die erste Linie dient als Grundlage für die Korrektur, so gerät die Zeichnung frischer und dynamischer, da sie auch die „Geschichte" ihrer Entstehung enthält.

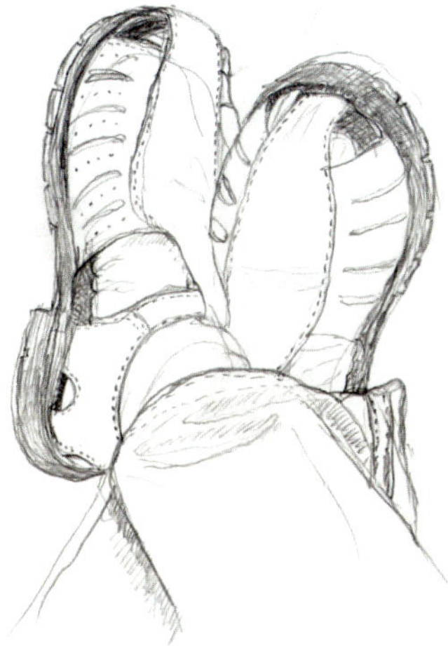

Betrachten, einprägen, zeichnen.

2. Eine andere hilfreiche Übung ist das **Blindzeichnen**, bei dem man nicht auf das Papier schaut, oder nur für einen kurzen Moment, um den Stift richtig anzusetzen. So gewöhnen Sie sich sehr gut an, auf das Motiv zu schauen und Auge und Hand zu koordinieren. Die Realität ist komplex und vielfältig. Die Zeichnung indes ist immer eine Vereinfachung der Realität. Um sich nicht von den zahlreichen Einzelheiten und Übergängen ablenken zu lassen, **kneifen die Künstler gern die Augen zusammen**. So konzentriert sich der Blick auf das Wesentliche, weil viele Einzelheiten verschwinden und auch die Töne deutlicher hervortreten, sodass man das Motiv viel besser wiedergeben kann.

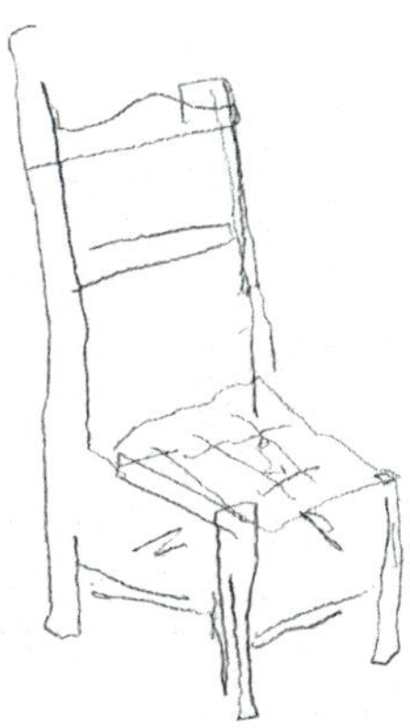

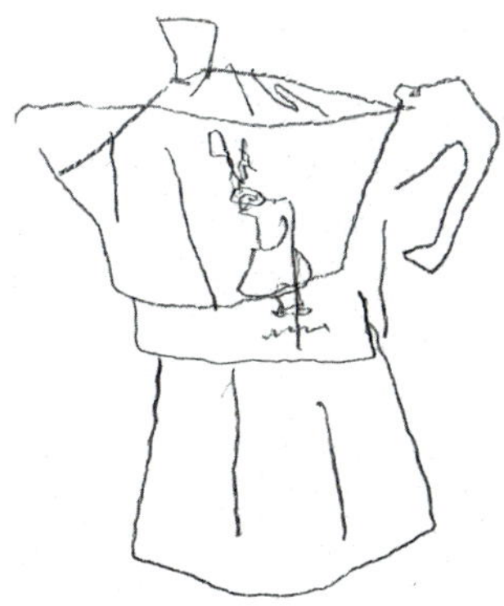

Blindzeichnung, ohne Blick auf das Papier.

3. Die Augen sehen die Wirklichkeit, aber manchmal kann der Kopf einen Umriss oder eine Form seltsam finden und versucht, seine Vorstellung durchzusetzen. Dieses Hindernis muss man überwinden und den eigenen Augen glauben, indem man darstellt, was man sieht. Um das zu üben, können Sie Motive in **ungewohnter Perspektive** zeichnen. Bei der ersten Übung haben wir unsere Füße dargestellt. Jetzt sind unsere Hände das Motiv. Zeichnen Sie sie und betrachten Sie sie dabei aus **verkürzter Perspektive** (also aus ungewohnter Perspektive). Probieren Sie das auch mit anderen Motiven.

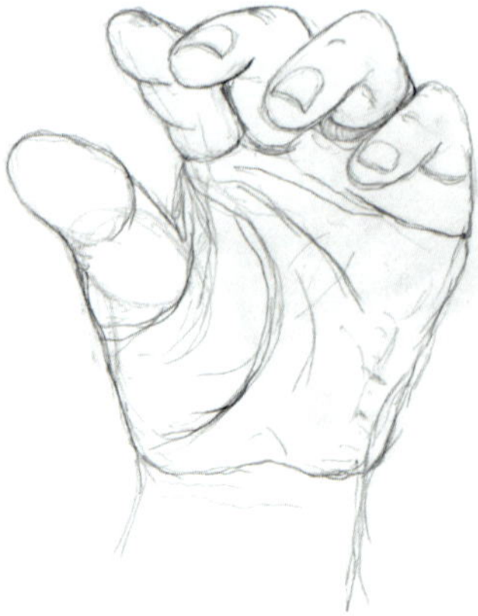

Verkürzte Perspektive.

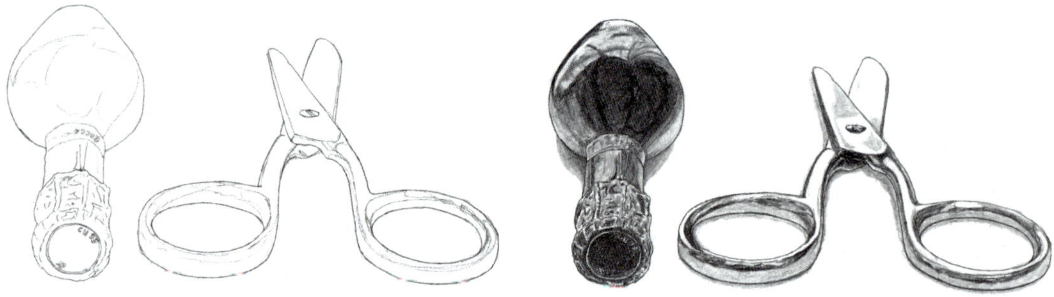

Verkürzte Perspektive. Konzentrieren Sie sich nur auf die Umrisse. Später erkläre ich, was Sie beachten müssen, damit die Zeichnungen wie rechts vollendet werden.

4. Eine andere interessante Übung ist, zu zeichnen, ohne die Hand vom Blatt abzuheben, und das Motiv mit einer **ununterbrochenen Linie** zu zeichnen. Konzentrieren Sie sich dabei immer mehr auf das Motiv als auf das Papier. Zeichnen Sie ziemlich zügig.
5. Bei einer weiteren Übung grenzen Sie Ihre **Zeit** ein. Zeichnen Sie innerhalb von fünf Minuten schnell und ohne Unterbrechung, was Sie vor sich sehen.
6. Probieren Sie dann, in einer Minute **zügig** eine Person zu zeichnen, vielleicht sogar eine, die irgendeine Handlung ausübt. Das Ergebnis ist nicht wichtig: Die Zeichnung soll nicht schön werden, sondern zügig eine Haltung einfangen.

Mit diesen Übungen können Sie Schnelligkeit und Spontaneität erlernen. Sie sind nützlich, wenn Sie etwa sich bewegende Personen zeichnen möchten.

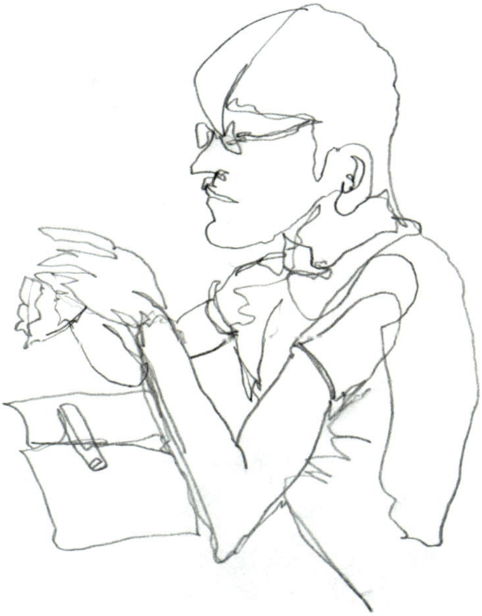

Zeichnung mit fortlaufender Linie.

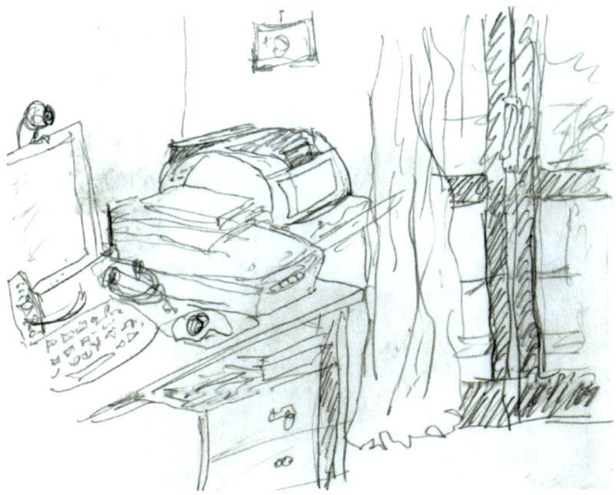

Zeichnung, in vorgegebener Zeit ausgeführt.

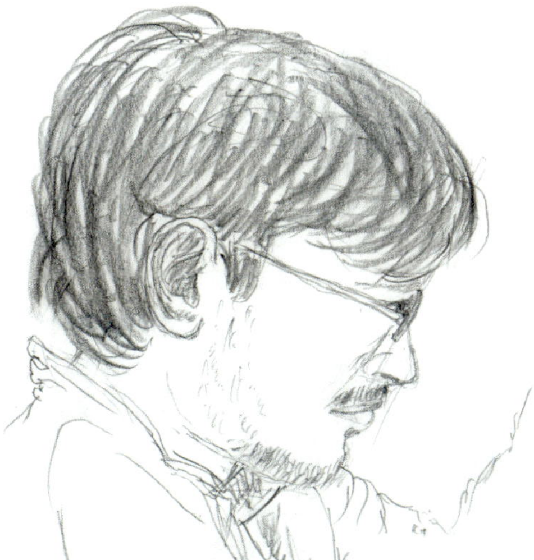

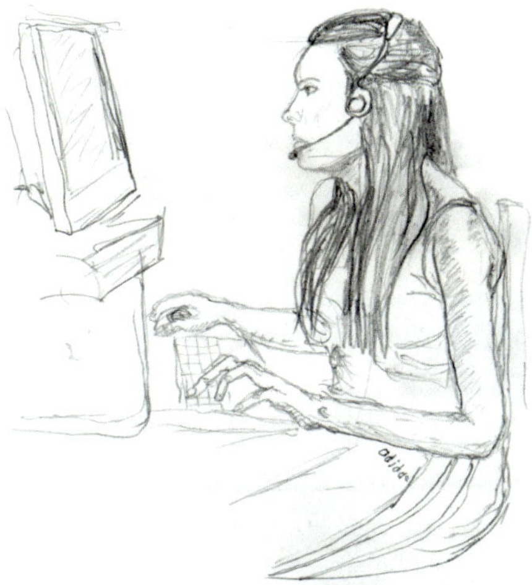

Zügig angefertigte Zeichnung.

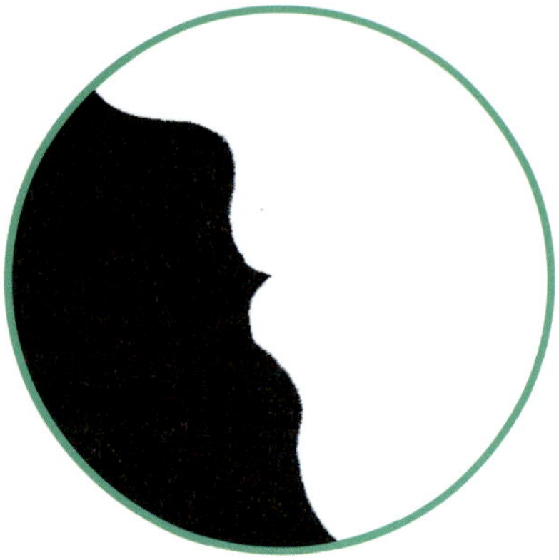

Die Form

Linien bilden Formen. Am besten beginnt man eine Zeichnung, indem man zuerst das große Ganze konturiert und sich den größeren, äußeren Formen widmet, um erst danach zu den kleineren, inneren überzugehen. So ist es viel leichter, eine getreue und gut proportionierte Zeichnung anzufertigen.

Negativräume

Wir haben uns angewöhnt, Dinge wahrzunehmen, aber die Zwischenräume als „leer" zu betrachten oder zu übersehen. In einer Zeichnung gibt es keine Leerräume. Jedes Bild ist nichts anderes als ein Mosaik aus Formen, die perfekt ineinanderpassen, wozu auch die leeren Stellen gehören.

Wenn wir ein Profil, eine Umrisslinie etwa eines Gesichts oder einer Espressokanne betrachten, gehen wir immer vom Gegenstand aus. Aber eine Kontur grenzt nicht einen Bereich ab, sondern zwei. Wir müssen uns angewöhnen, beide Seiten zu sehen. Oft hilft es, die Negativräume zu zeichnen. Diese zeichnet man meist mit größerer Objektivität, weil sie nicht von der Positivform beeinflusst sind, die Stereotypen in uns hervorruft. Wenn wir den Umriss eines Negativraums zeichnen, zeichnen wir zugleich den Positivraum. Diesen Trick wenden Künstler häufig an. Bei der Aquarellmalerei wird der Negativraum oft einbezogen. Eine weiße Blüte zum Beispiel wird durch den sie umgebenden Bereich definiert, das Weiß ist das des Papiers. Manche benutzen auch Weiß zum Malen (Gouache), aber Puristen verzichten darauf.

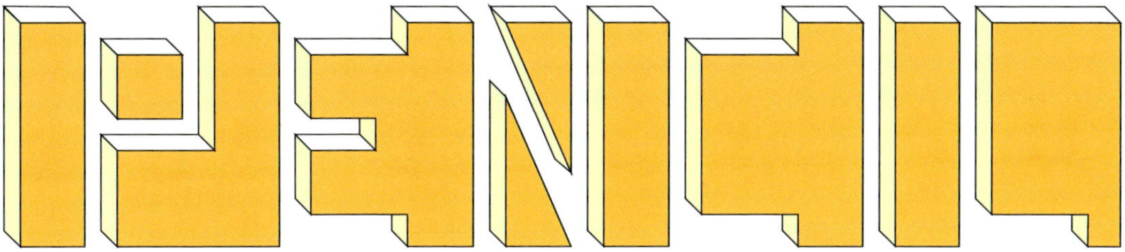

Hier erkennt man das Wort „PENCIL", dabei wurden leere und gefüllte Stellen vertauscht. Die gefüllten Stellen sind nun die Zwischenräume zwischen den Buchstaben. Aber die Konturen sind immer noch dieselben.

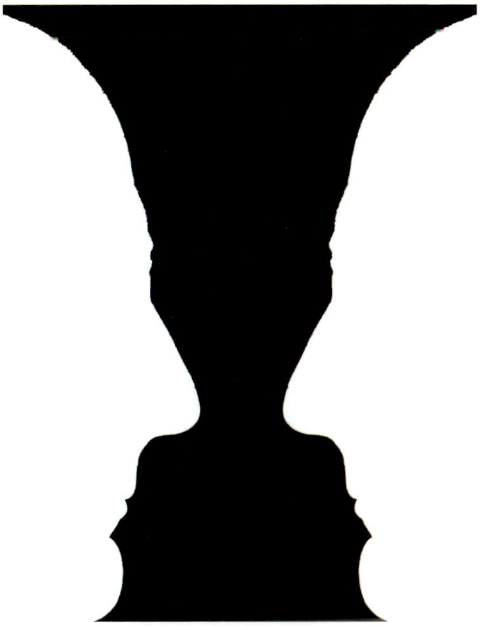

Hier links sieht man ein bekanntes Bild mit Figur und Hintergrund. Wenn man das Schwarze als Figur betrachtet, erkennt man einen Pokal. Wenn man hingegen das Weiße als Figur betrachtet, erkennt man zwei Profile und der schwarze Bereich wird zum Hintergrund. Wenn wir den Pokal zeichnen, werden wir später sehen, dass wir zugleich zwei Profile gezeichnet haben.

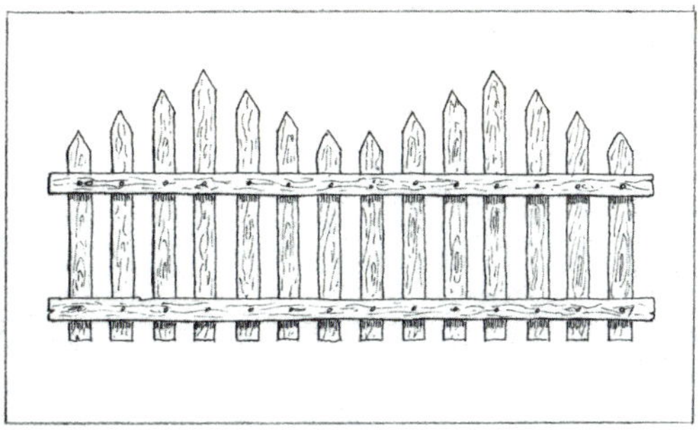

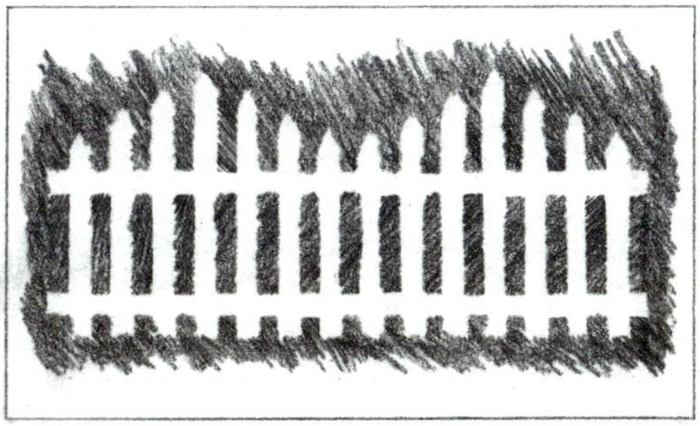

Zeichnen Sie diesen Lattenzaun auf indirekte Weise, indem Sie das Papier direkt in den Negativräumen schwarz färben, ohne zuvor die Konturen zu zeichnen. Konzentrieren Sie sich also auf die Begrenzungslinien, indem Sie sie von den Zwischenräumen aus betrachten und nicht wie gewöhnlich von den Latten des Zauns aus. Vergessen Sie diesen und konzentrieren Sie sich auf die Stellen darüber, darunter und zwischen den Hölzern.

Zur Übung können Sie versuchen, einen Stuhl zu zeichnen und sich dabei auf die Negativräume zu konzentrieren.

Um eine Zeichnung vom „Allgemeinen zum Besonderen" auszuführen, könnten Sie eine Flasche, eine Espressokanne oder eine Vase zeichnen und dabei mit der Grundform beginnen und dann die kleineren, inneren Formen hinzufügen. Bei einer Glasflasche gehören zu den inneren Formen auch die Lichtreflexe und alles, was hindurchscheint. Auf einem Gegenstand aus glänzendem Metall sind viele Lichtreflexe in bestimmten Formen zu sehen. Genau diese sind es, die seine leuchtende und reflektierende Erscheinung ausmachen. Die Reflexe sind nichts anderes als äußere Objekte, die dort verformt zu sehen sind.

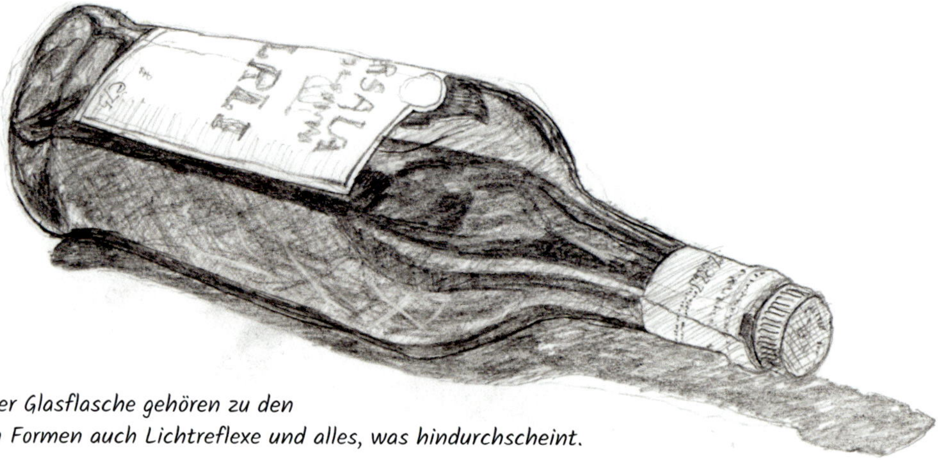

Bei einer Glasflasche gehören zu den inneren Formen auch Lichtreflexe und alles, was hindurchscheint.

Im Schatten

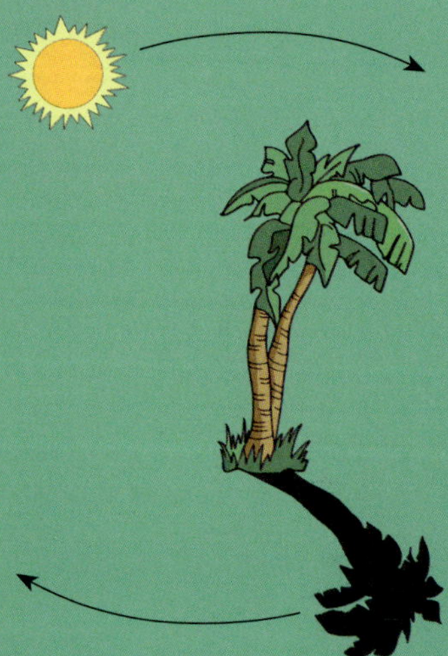

Begeben Sie sich vor allem im Sommer in den Schatten. Natürlich haben Sie eine Kopfbedeckung, einen Hut mit breiter Krempe auf, aber das wird nicht reichen, vor allem wenn Sie sich lange in der Sonne aufhalten. Das direkte und intensive Sonnenlicht auf dem weißen Papier stört Sie sicherlich.

Da Sie kein Fotograf, sondern Zeichner sind und Sie somit eher mehr Zeit benötigen, sollten Sie bedenken, dass die Sonne wandert (im Uhrzeigersinn von Ost nach West) und entsprechend auch der Schatten, jedoch in umgekehrte Richtung (von West nach Ost). Vergessen Sie das nicht, damit Sie sich nicht nach einiger Zeit in der Sonne wiederfinden. Es ist nicht immer möglich, sich umzusetzen, weil man dann auch den Blickwinkel einer begonnenen Zeichnung verändert. Bedenken Sie das also im Voraus.

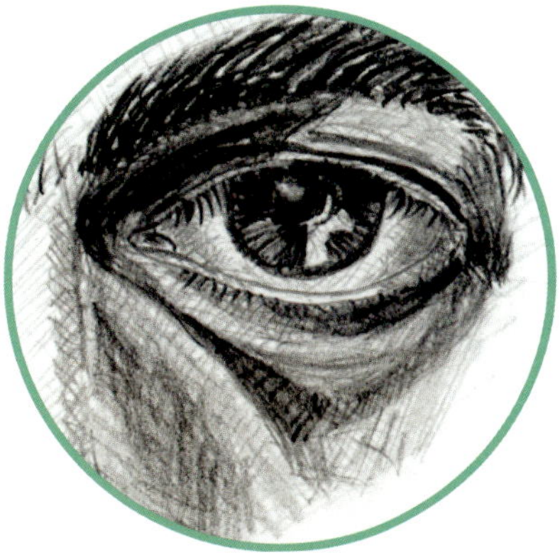

Tonwerte

Die Motive unserer Zeichnungen, seien es Gegenstände, Gebäude, Personen oder Gesichter, haben eine Oberfläche in verschiedenen Farben, auf die das Licht mehr oder weniger intensiv fällt, je nachdem wie sie zur Lichtquelle ausgerichtet ist.

Unsere Aufgabe ist es, diese Farbtöne in Graustufen zu übertragen. Bevor wir uns mit dem Begriff der **Lokalfarbe** und dem **Licht-Schatten-Schema** befassen, müssen wir lernen, mit dem Füller, dem Bleistift oder dem Pinsel eine bestimmte Anzahl von Übergängen, Farbtönen, die über **mehrere Stufen** vom dunklen Schwarz zum reinen Weiß übergehen, abzubilden.

Grundsätzlich geht man von einer Skala mit elf Tonwerten zwischen Tiefschwarz und dem Weiß des Papiers mit neun Graustufen dazwischen aus.

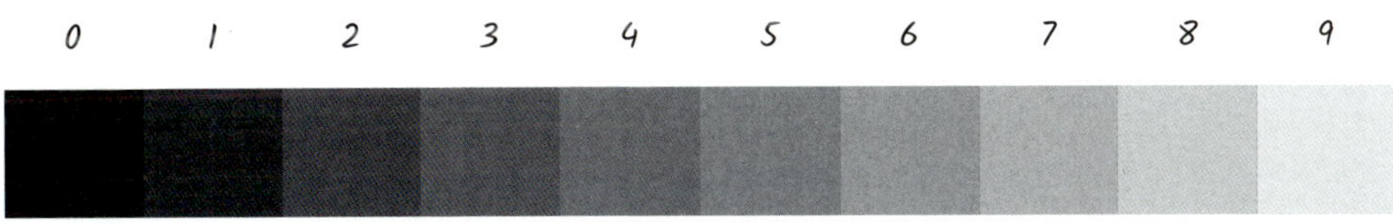

Die elf Tonwerte.

Es ist schwierig, mit dem Stift oder Pinsel alle diese Tonwerte abzubilden (weshalb man eine weniger differenzierte Skala verwendet), während das mit dem Bleistift kein Problem ist, insbesondere wenn man unterschiedlich harte Minen verwendet.

Probieren Sie, mit Bleistiften in verschiedenen Härtegraden bei gleichbleibendem Druck Grundierungen zu zeichnen.

Sie werden feststellen, dass man mit weicheren Bleistiften dunklere Grundierungen erzeugen kann. Probieren Sie dann einen Stift mit einem bestimmten Härtegrad aus, zum Beispiel in 2B, und verstärken Sie nach und nach den Druck.
Bei diesen Übungen lernt man seine Zeichenwerkzeuge kennen. Daher ist es gut, wenn man die einzelnen Tonwerte mit unterschiedlichen Werkzeugen ausführt. Mit den Strichen kann man nicht nur unterschiedliche Grautöne wiedergeben, sondern auch Texturen. Eine Textur ist die Struktur einer Oberfläche, aber dazu kommen wir später.

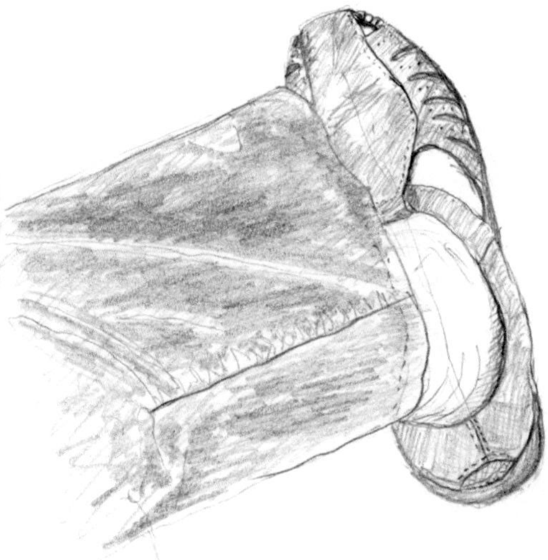

Zeichnung mit Tonwertabstufungen. Durch eine richtige Abstufung der Tonwerte wird Volumen, Dreidimensionalität des Motivs und sein Material wiedergegeben.

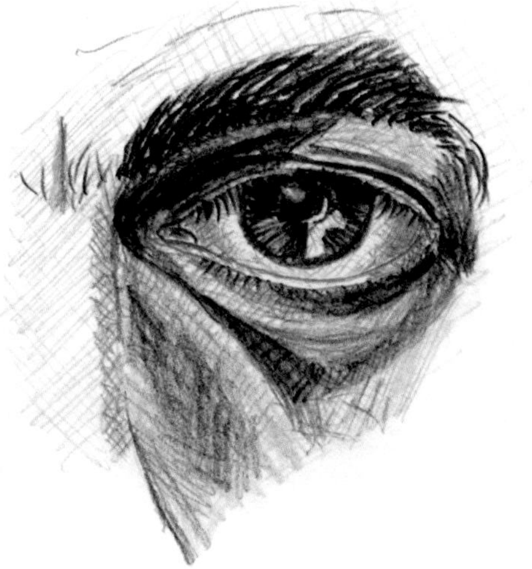

Mit den richtigen Tonwerten kann man die runde Form des Augapfels, die Feuchtigkeit darauf und die Transparenz der Hornhaut darstellen, ebenso die Falten am Lid und ihre Dreidimensionalität.

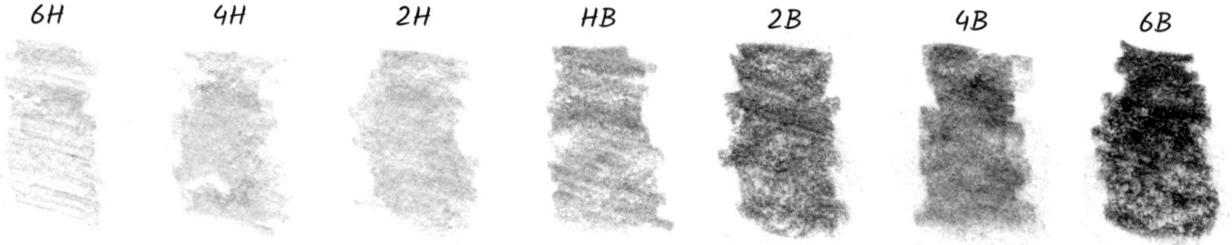

Übung zur Grundierung mit Bleistiften in verschiedenen Härtegraden (bei gleichbleibendem Druck).

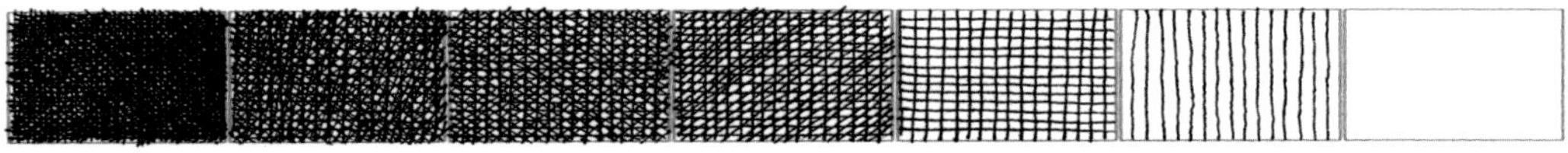

Dies ist eine Tonwertskala, die mit einem Füller ausgeführt wurde. Die Abstufungen ergeben sich durch die nacheinander aufgetragenen, in unterschiedliche Richtungen verlaufenden Linien. Es ist nicht einfach, mit dem Füller (oder Pinsel) viele verschiedene Grautöne zu erzielen. Hier sieht man sieben (einschließlich dem Weiß), aber meist gelingen weniger. Neben Weiß und Tiefschwarz reichen vielleicht ein Hell-, Mittel- und Dunkelgrau.

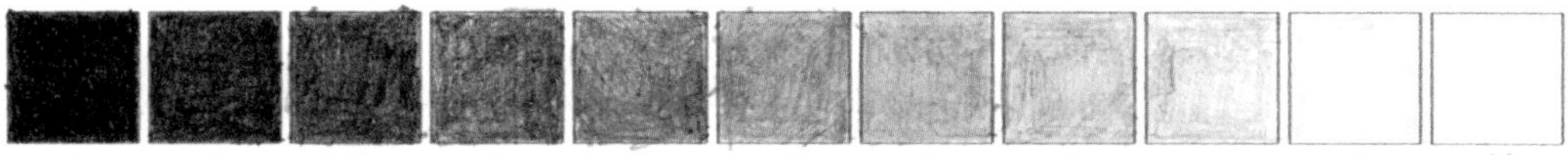

Diese Skala wurde mit Bleistiften in den Härtegraden 6B bis 4H und unterschiedlich starkem Druck ausgeführt.

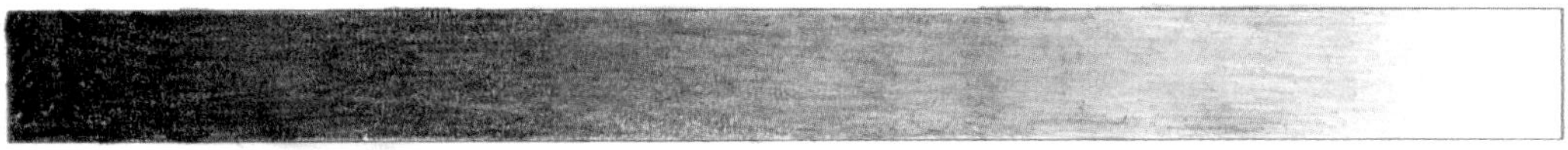

Dies ist eine fortschreitende Abtönung von Tiefschwarz bis Weiß.

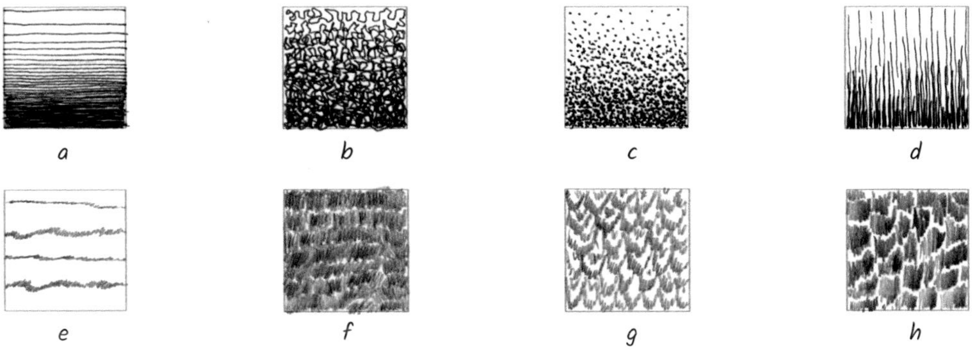

Auf den Kärtchen oben sieht man abgestufte Strukturen von Weiß bis Dunkel. Bei „a" wurde der Abstand der Striche verändert (mit einem Füller kann man auch durch unterschiedlichen Druck deren Breite variieren). Bei „b" wurde die Abstufung durch sich verdichtende Striche erzielt. Bei „c" wird der Abstand zwischen den Punkten nach und nach geringer. Bei „d" hat man die Anzahl der Reihen nach und nach vergrößert. Die Kärtchen e, f und g wurden mit einem Stift in Härtegrad 2B ausgeführt. Die unregelmäßigen Linien bei „e" wurden durch eine horizontale Stiftführung mit Abweichungen nach oben erzielt. Diese Linienführung ist sehr effizient, wenn man etwa Schatten zwischen Dachziegeln oder Ziegelsteinen darstellen möchte. Bei f, g und h wurden Strukturen durch verschiedene Linienführungen erzielt. Besonders das Muster bei h dient zur Abbildung von Baumrinden.

Probieren Sie weitere Muster aus, um verschiedene Strukturen und Texturen darzustellen.

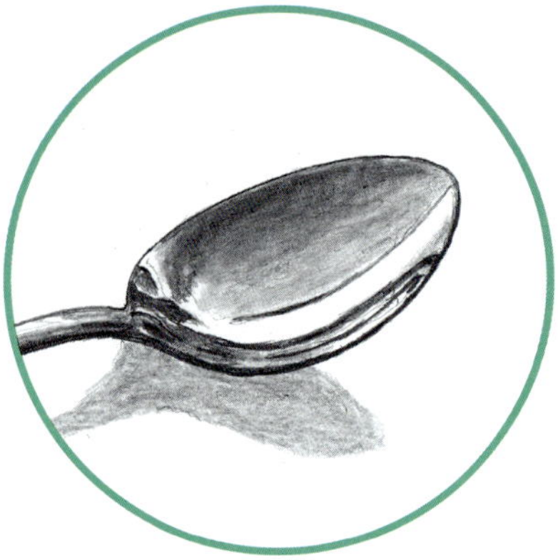

Licht und Schatten

Bei jedem angeleuchteten Körper liegt ein Teil im Licht (der gegen die Lichtquelle gerichtete) und ein Teil im Schatten, nämlich der, der nicht direkt von der Lichtquelle beleuchtet wird (Eigenschatten). Er wirft einen Schatten in die der Lichtquelle entgegengesetzte Richtung (Schlagschatten). Der im Schatten liegende Teil wird teilweise von der reflektierenden Umgebung beleuchtet (Lichtreflexe).

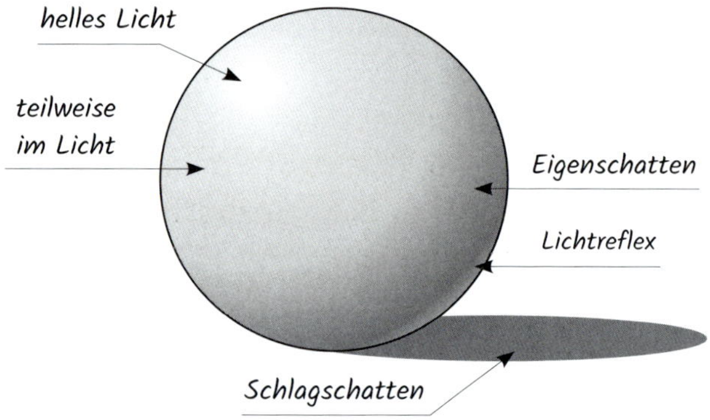

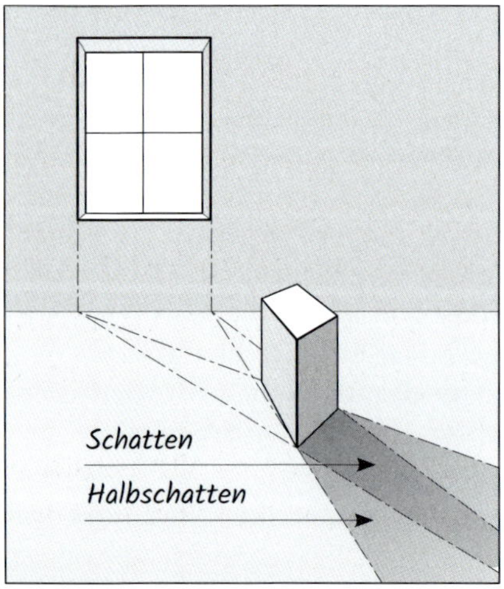

Wenn die Lichtquelle breit ist, wie etwa bei einem Fenster, unterscheidet man beim Schlagschatten einen Bereich im Eigenschatten (wo die Lichtquelle nicht sichtbar ist) und einen im Halbschatten (wo die Lichtquelle nur teilweise sichtbar ist). Dessen Tonwert liegt zwischen dem des vollen Schattens und dem des hellen Lichts. Wenn wir uns vorstellen, wie wir uns nach und nach aus dem Schatten herausbewegen, sehen wir immer mehr von der Lichtquelle.

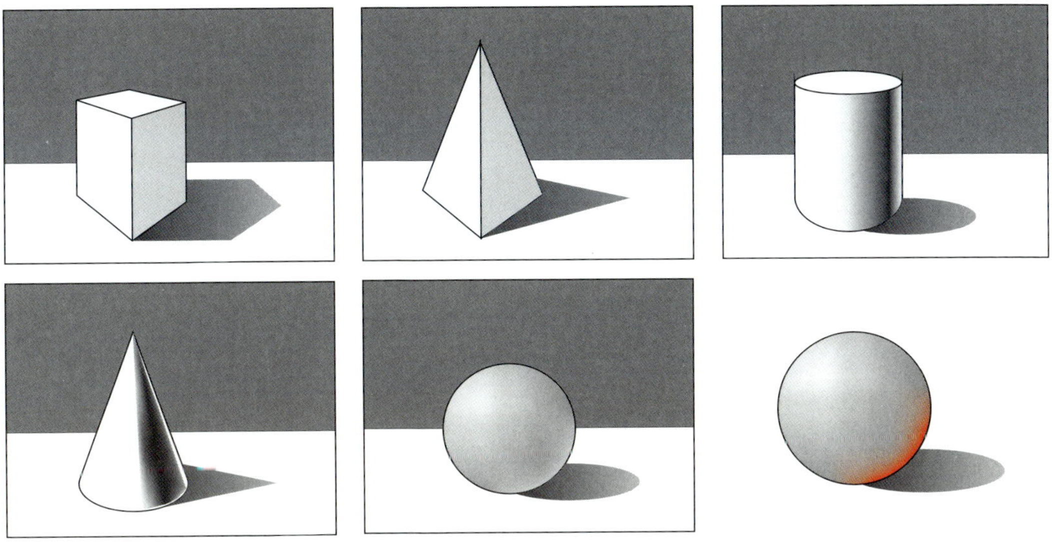

Cézanne stellte den Satz auf, wonach die Welt immer auf vier geometrische Grundformen zurückzuführen ist: auf den Würfel, den Kegel, den Zylinder und den Kreis.

Es ist eine hervorragende Übung, einfache Körper (Würfel, Pyramide, Zylinder, Kegel und Kreis) in unterschiedlichem Licht zu zeichnen und sich dabei auf das **Licht-Schatten-Schema** zu konzentrieren (teilweise im Licht, helles Licht, Eigenschatten, Schlagschatten, Lichtreflex). Man erhält solche Körper (immer aus Styropor) in Geschäften für Künstlerbedarf, kann sie sich aber auch aus Pappe selbst anfertigen (im Anhang auf Seite 205 finden sich Vorlagen dafür) oder aber auch Schachteln und Dosen verwenden (für einen Kreis einen Ball). Auch ein Ei zu zeichnen, ist eine sehr nützliche Übung (siehe Seite 54).

Das reflektierte Licht ist umso heller, je heller und näher die reflektierende Oberfläche ist. Manchmal ist es kaum zu erkennen, wenn etwa ein Gegenstand weit von dieser entfernt und diese zudem dunkel ist. In jedem Fall aber wird der im Schatten liegende Bereich immer von der Umgebung beleuchtet, weshalb man darauf fast immer kleine Details erkennen kann. Auch draußen wird ein Gegenstand im Schatten zwar von der direkten Lichtquelle abgeschirmt, doch immer vom Licht des Himmels und gegebenenfalls der Wolken beschienen. Der Schlagschatten ist immer dunkler, je näher er beim Gegenstand liegt.
Der Lichtreflex ist insofern wichtig, als er zur Wahrnehmung des Volumens beiträgt und die Zeichnung realistischer erscheinen lässt. Wenn die reflektierende Oberfläche farbig ist, ist auch der Lichtreflex farbig.

Die Richtung des Lichteinfalls

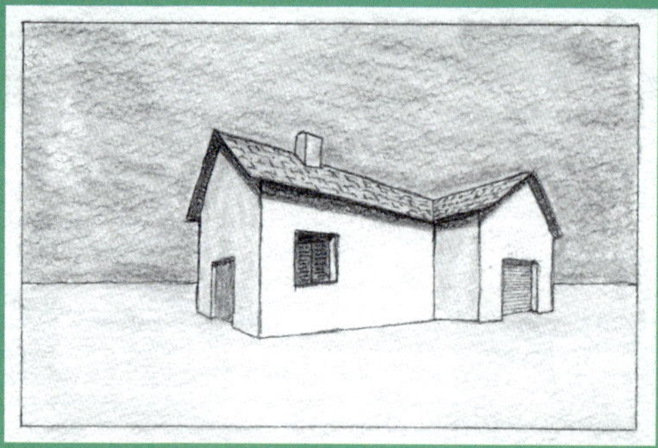

Frontale Beleuchtung
Wir sehen den beleuchteten Teil des Hauses. Der Schlagschatten liegt dahinter und wird davon verdeckt. Die Dreidimensionalität ergibt sich nur aus der Geometrie. Die Beleuchtung ist ziemlich flach.

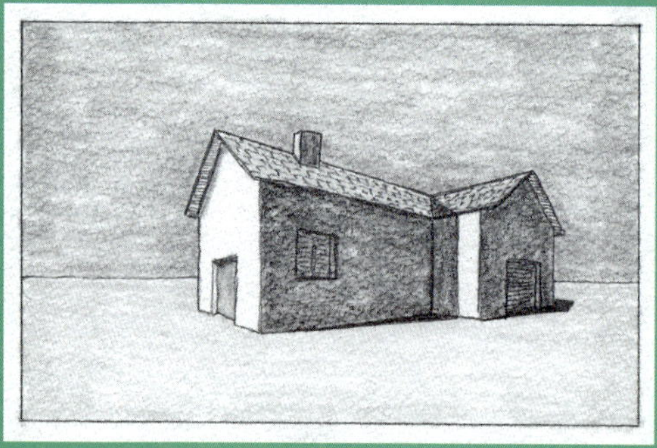

Seitliche Beleuchtung
Die Lichtquelle liegt auf der linken Seite. Wir sehen einen Teil im Licht, einen im Schatten und den Schlagschatten. Dieser ist dunkler als der Eigenschatten, der durch den Lichtreflex des Bodens erhellt wird. Die Dreidimensionalität ist sehr deutlich erkennbar.

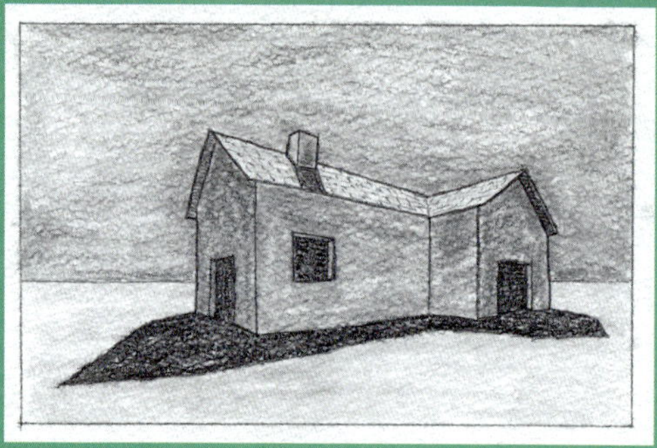

Gegenlicht
Man sieht den im Schatten liegenden Teil des Hauses, der vom reflektierenden Licht angeleuchtet wird. Der Schatten liegt in Richtung des Betrachters, wodurch die Zeichnung ausdrucksstark wird.

Intensität der Beleuchtung

Je nachdem, wie stark eine reflektierende Oberfläche geneigt ist, wird sie mehr oder weniger stark von einer Lichtquelle beleuchtet. Betrachten Sie die Zeichnungen auf der folgenden Seite. In der ersten liegt die Oberfläche senkrecht zu den Lichtstrahlen (im 90-Grad-Winkel). Dies ist die günstigste Ausgangssituation und von dieser gehen wir bei den folgenden Zeichnungen aus.

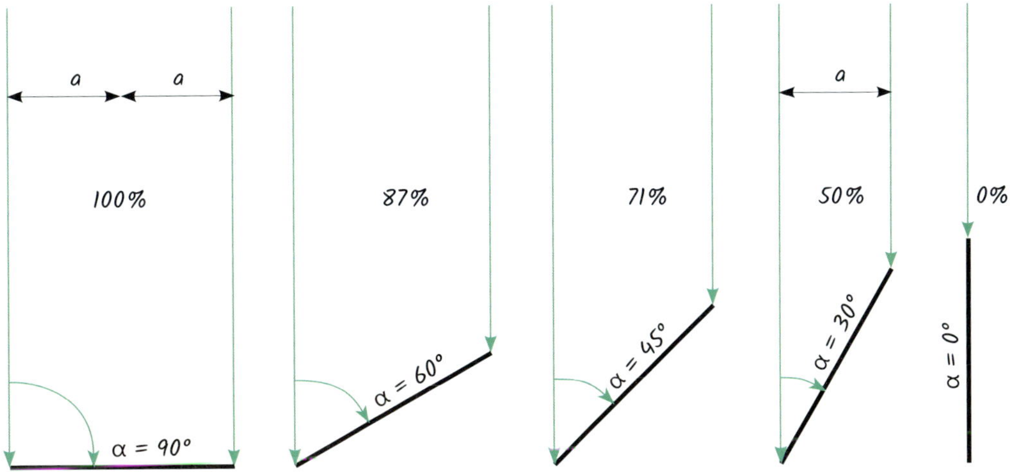

Bei den anderen Zeichnungen ist der Winkel des Lichteinfalls auf dieselbe Oberfläche immer kleiner, sodass sie weniger beleuchtet wird. Intuitiv könnte man meinen, dass sich die Lichtintensität bei einem 45-Grad-Winkel um 50 % verringert. Aber dem ist nicht so. Die Hälfte der Intensität wird bei einem Einfallswinkel von etwa 30 Grad erreicht. Wie man sieht, ist der Lichtstreifen dabei genau halb so breit (a) wie bei einem senkrechten Lichteinfall (2a). Denn die vom Einfallswinkel abhängige Lichtintensität folgt einer Sinuskurve.
Die Formel dazu lautet: $I_a = I_{90} \sin \alpha$
Dabei ist I_a die Lichtintensität in einem Winkel α und I_{90} die maximale Entsprechung zur Senkrechten der Oberfläche im Verhältnis zur Richtung des Lichts. Wenn die Oberfläche parallel zum Lichteinfall liegt (α = 0°), sin α = 0, wird die Oberfläche nicht angestrahlt. In Wirklichkeit wird sie aber doch ein wenig beleuchtet, zwar nicht direkt, aber von der sie umgebenden, direkt angestrahlten Oberfläche (Lichtreflex).
Wie man der Tabelle auf der folgenden Seite entnehmen kann, folgt die Beleuchtung nicht proportional dem Einfallswinkel. Sie vergrößert sich anfangs langsamer, um sich bei abnehmendem Einfallswinkel schneller zu verringern.

Was das reflektierte Licht betrifft, muss man bedenken, dass es neutral ist, wenn die reflektierende Oberfläche eine neutrale Farbe hat (Weiß oder Grau). Ist die Oberfläche jedoch farbig, ist es auch das reflektierte Licht.
Wenn der Gegenstand, der vom reflektierten Licht beleuchtet wird, ebenfalls farbig ist, wird der Lichtreflex intensiver, wenn er dieselbe Farbe hat, und weniger intensiv, wenn er eine Komplementärfarbe hat. Um das besser zu verstehen, stel-

len Sie sich eine rote Wand vor: Sie erzeugt auf einem roten Gegenstand einen starken Lichtreflex, während eine grüne Wand (Grün ist komplementär zu Rot) darauf einen schwachen Reflex erzeugt, weil das grüne Licht fast vollständig von dem roten Gegenstand absorbiert wird.
Um das besser zu verstehen und sich beim Zeichnen später daran zu erinnern und diese Theorie zu übertragen, ist es am besten, dies auszuprobieren.

Lichtintensität im Verhältnis zum Einfallswinkel

α	sin α	% I_{90}
90°	1,000	100,0
85°	0,996	99,6
80°	0,985	98,5
75°	0,966	96,6
70°	0,940	94,0
65°	0,906	90,6
60°	0,866	86,6
55°	0,819	81,9
50°	0,766	76,6
45°	0,707	70,7
40°	0,643	64,3
35°	0,574	57,4
30°	0,500	50,0
25°	0,423	42,3
20°	0,342	34,2
15°	0,259	25,9
10°	0,174	17,4
5°	0,087	8,7
0°	0,000	0,0

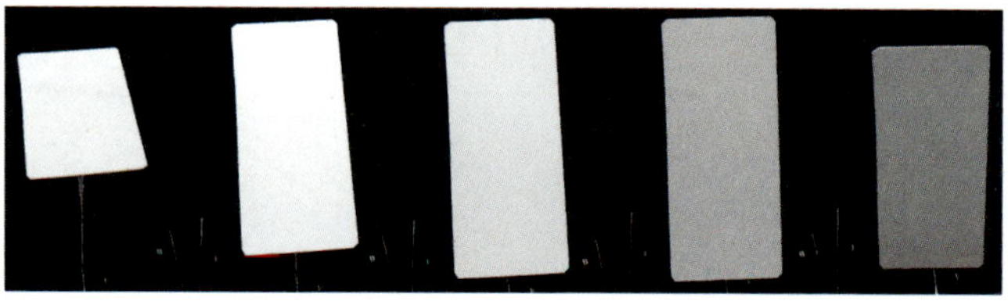

Foto eines Bretts, links vertikal unter einer Lichtquelle, dann zunehmend geneigt.

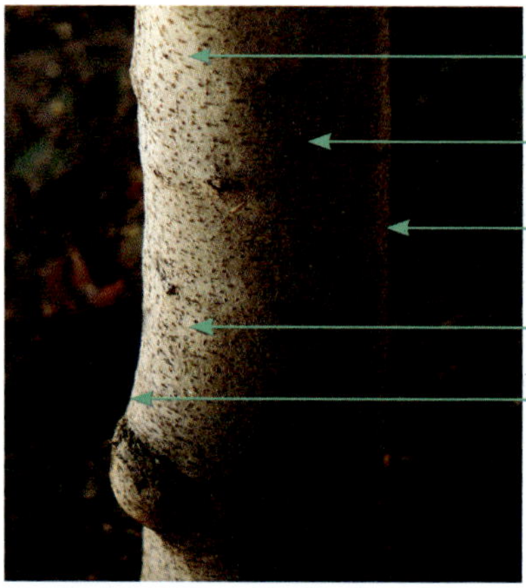

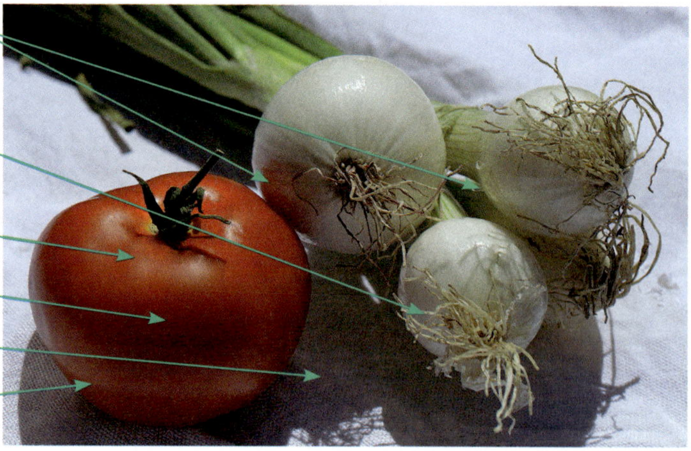

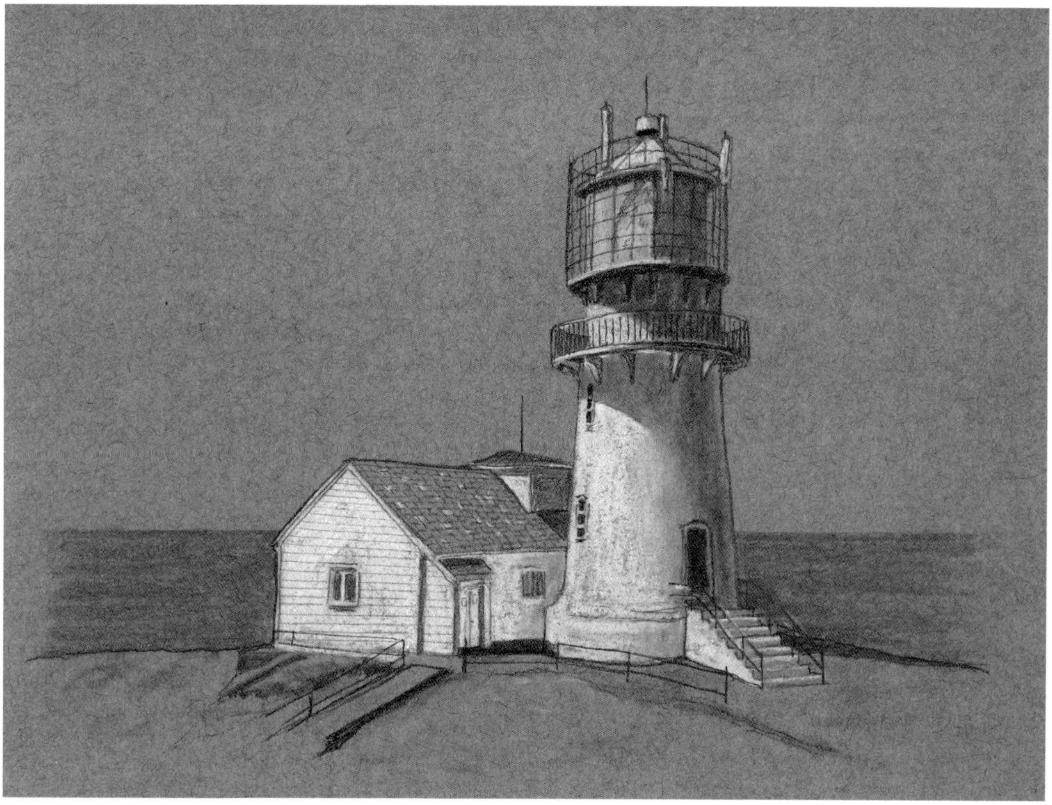

Leuchtturm Lindesnes, Norwegen.

Wenn Sie auf grauem Papier zeichnen, geht das schneller, weil schon ein Grauton vorliegt und nur noch Schatten und mit einem weißen Bleistift Licht hinzugefügt werden müssen. Das Resultat ist sehr eindrucksvoll.

Die Bleistiftversion war sehr viel zeitaufwendiger, aber ich konnte viel präziser arbeiten und die Übergänge deutlicher abstufen. Achten Sie auf die deutliche Kontur des Schlagschattens durch den Umgang auf dem Leuchtturm, der diesen in einen Licht- und einen Schattenteil unterteilt. Beachten Sie auch, wie die Hauswand, die im Schatten liegen müsste, vom reflektierten Licht des Leuchtturms angestrahlt wird.

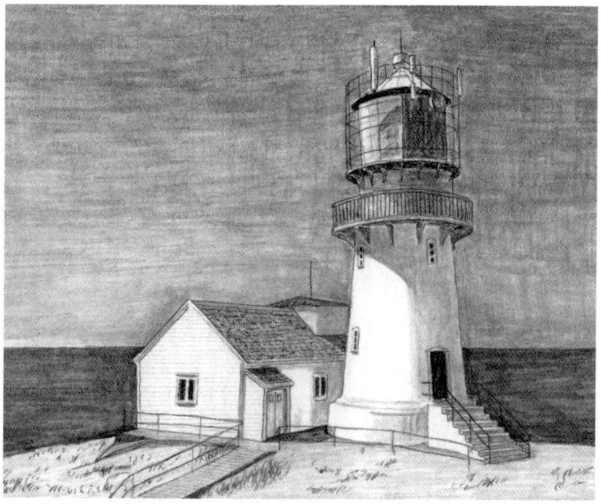

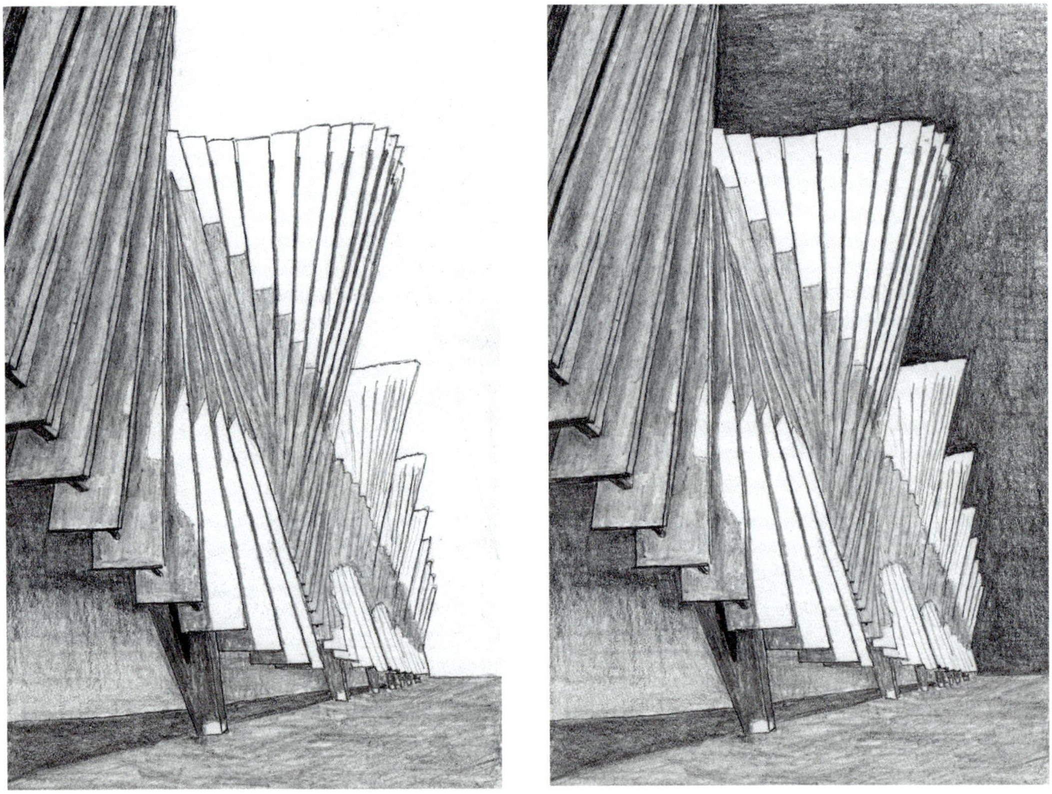

Bahnhof von Reggio Emilia (Architekt Santiago Calatrava).

„Um Licht darzustellen, muss man den Schatten zeichnen."
Beachten Sie, wie in der zweiten Zeichnung der dunkle Himmel die weiße Konstruktion zum Leuchten bringt und dieses Weiß intensiver als das des Papiers wirkt. Es sind die Kontraste, die die Tonwerte bzw. Farbtöne lebendig machen: In den Grenzbereichen wirkt das Weiß noch weißer und das Grau noch grauer.

Simultankontrast

Die Wahrnehmung einer Farbe oder eines Farbtons hängt von der Farbe und des Tons der Umgebung ab (Beziehung zwischen Objekt und Umgebung). Die beiden kleinen Quadrate sind im selben Weiß gehalten, aber dennoch wirkt das Weiß auf dem schwarzen Untergrund viel heller als auf dem grauen.

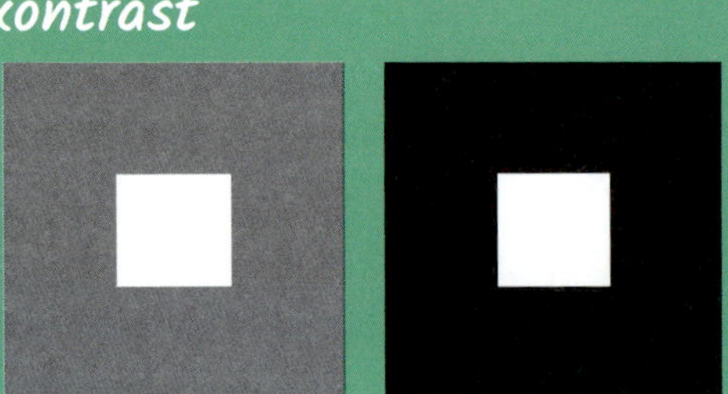

Lokalfarbe

Unter **Lokalfarbe** versteht man den eigentlichen Farbton, die eigentliche Farbe eines Gegenstandes. Die beiden Würfel unten haben eine andere Lokalfarbe, die des rechten ist heller und die des linken dunkler, weil sie aus verschiedenfarbiger Pappe angefertigt wurden.
Es wird komplizierter, wenn – wie fast immer – Oberflächen unterschiedlich stark beleuchtet werden, weil sie in verschiedenen Winkeln zur Lichtquelle liegen. Wie man sieht, haben die Seiten ein und desselben Würfels verschiedene Farbtöne, obwohl sie dieselbe Lokalfarbe haben. Die in Richtung Lichtquelle liegenden sind heller als die anderen. Der tatsächliche Farbton ergibt sich demnach aus der Lokalfarbe und der Beleuchtung:

Tatsächlicher Farbton = Lokalfarbe + Beleuchtung

Farben in Grautöne zu übertragen ist nicht einfach und bedarf genauer Beobachtung. Eine Leiste mit einem Schema wie unten abgebildet kann dabei helfen. Wenn man sie vor eine Fläche hält, ist deren „tatsächlicher Farbton“ der desjenigen Rechtecks, bei dem das ausgeschnittene Dreieck den geringsten Kontrast zu der darunterliegenden Fläche bildet.

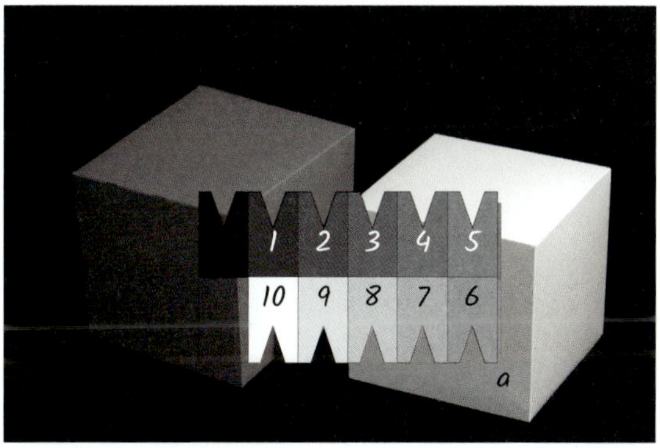

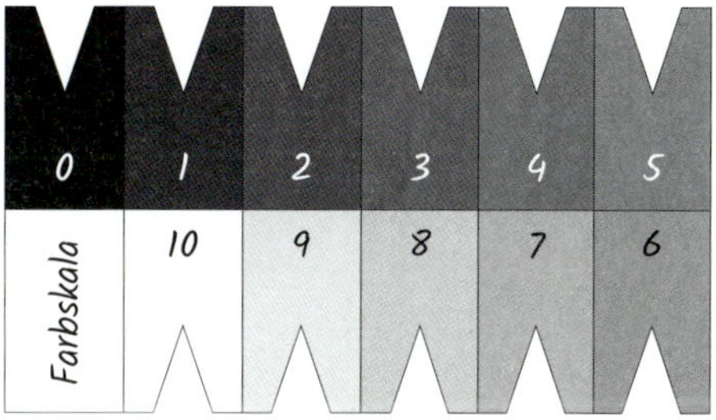

Farbskala: Im Anhang befindet sich eine Vorlage zum Ausschneiden oder Kopieren.

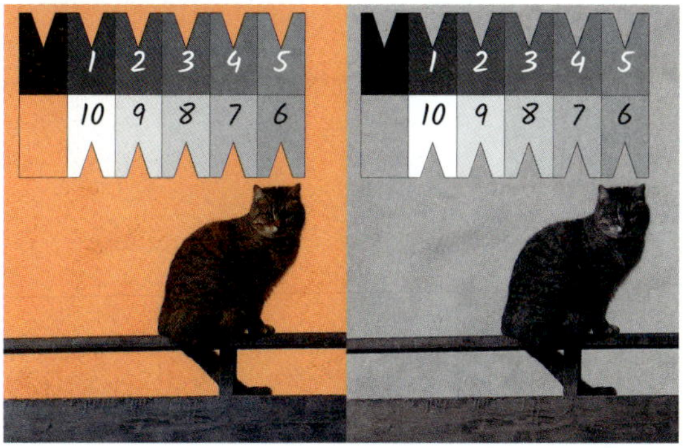

Während es nicht schwer ist, auf dem Schwarz-Weiß-Foto den Farbton 7 der Mauer zuzuordnen, ist das beim Farbfoto schwieriger. Dafür braucht man etwas Übung. Vor allem für Anfänger ist dies eine nützliche Übung, dann gewinnt man das notwendige Verständnis dafür und kann gut ohne solche Skalen auskommen.

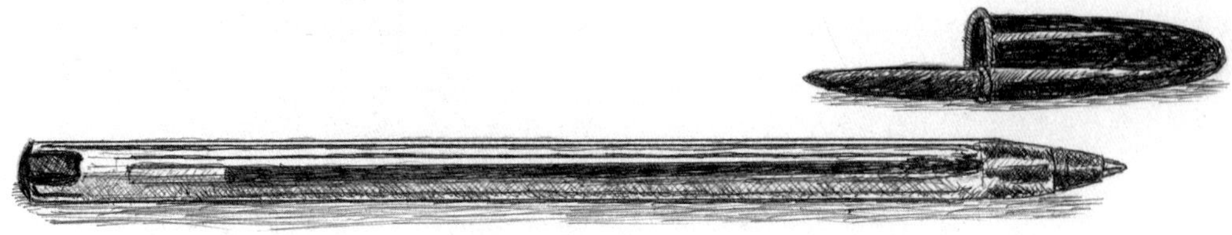

Kugelschreiber, mit einem Kugelschreiber gezeichnet.

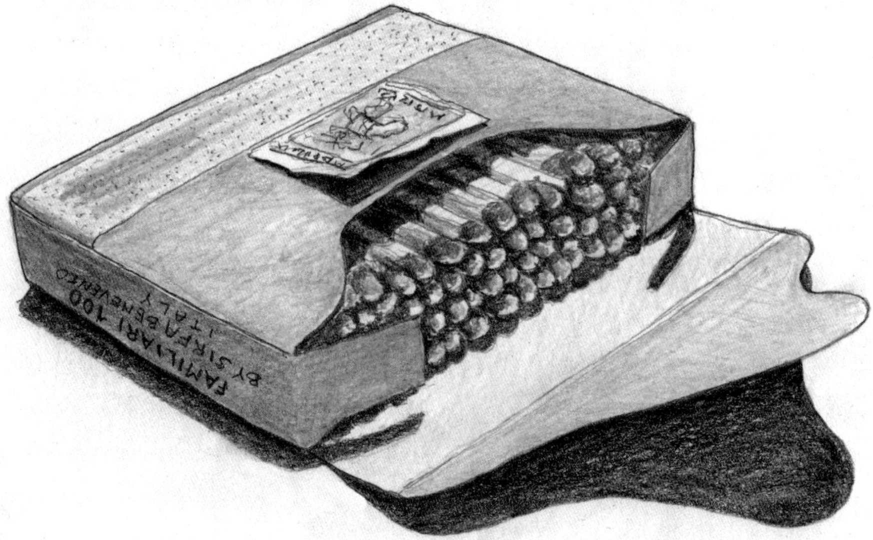

Der Schlagschatten der Lasche verdeutlicht die räumliche Anordnung auf der Oberfläche. Ebenfalls durch den Schlagschatten erscheint die Marke auf der Packung teilweise abgelöst. Beachten Sie auch, dass durch die transparenten Schatten die Streichhölzer dicht an dicht in der Schachtel zu liegen scheinen und so ein starker Lichteffekt entsteht.

Beachten Sie, wie durch die Schatten die Zeichnung des Hauses auf der folgenden Seite mehr Dreidimensionalität gewinnt und vor allem die von der Sonne beschienenen Hauswände akzentuiert werden.

Auf beiden Zeichnungen ist das Weiß das Weiß des Papiers, vor allem der hinzugefügte Schatten lässt die rechte Zeichnung stärker leuchten.
Die Schatten müssen transparent sein, das heißt, darunterliegende Details müssen durchscheinen. Die Striche für den Schatten sind wie die Wände vertikal, sie folgen ihrem Verlauf und sind nicht durchgehend, sondern unterbrochen, damit der Schatten lebendiger wirkt.
In seltenen Fällen kann durch einen nicht transparenten, tiefschwarzen Schatten eine Szene besonders ausdrucksstark wirken.
Es hängt alles davon ab, was man ausdrücken möchte und welche Gefühle man vermitteln und bei den Betrachtern hervorrufen will.

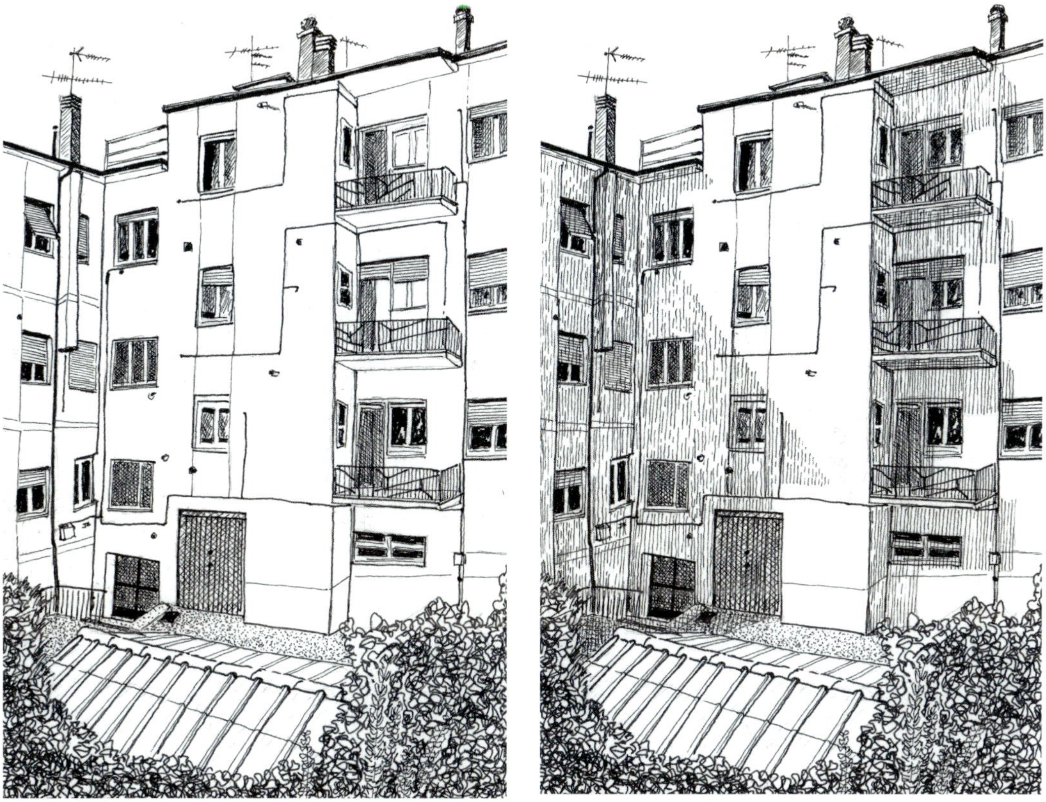

Mehrfamilienhaus, mit und ohne Schatten.

Festlegung der Tonwerte

Um Hell-Dunkel zu zeichnen, schätzt man am besten zunächst Form und Ausdehnung der Bereiche, die in einem anderen Ton gezeichnet werden sollen, ab.

Das gelingt besser, wenn man dafür die Augen zusammenkneift. Dabei muss man immer vereinfachen, weil die Tonwerte sanft und graduell variieren, besonders auf gewölbten Oberflächen.

Auf den Zeichnungen des Eis unten ist in „b" der Bereich mit dem hellsten Licht und dem Eigenschatten markiert. Zunächst fällt tatsächlich der dunkle, halbmondförmige Bereich zwischen der im vollen und der im reflektierten Licht liegenden Stelle ins Auge. Bei „c" wurde genau diese Stelle mit Kreuzschraffuren herausgearbeitet. Die Striche sind geschwungen, weil sie der Eiform folgen. Genau dieses Vorgehen, mit dem Strich der Form der Oberfläche eines Motivs zu folgen, ist beim Zeichnen sehr wichtig.

Bei „d" ist die Unterteilung feiner, denn hier wurde der Bereich des Eigenschattens stärker ausdifferenziert. „E" zeigt eine schnelle Skizze des Eis mit feinen Tonwertabstufungen.

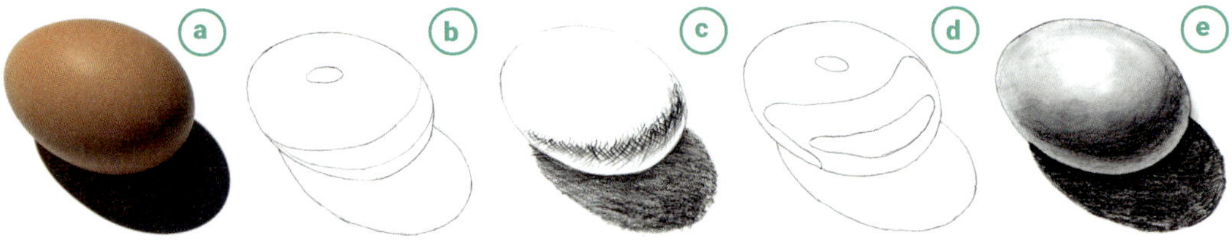

Wir müssen unser Auge dazu erziehen, Tonwerte in ihrer Intensität und in ihren Beziehungen zu den anderen Bereichen einer Szene wahrzunehmen.

Tonwerte festzulegen ist einfach, wenn die Konturen zwischen Licht und Schatten deutlich sind, weniger einfach, wenn sie fließend verlaufen. Beginnen wir mit einer schönen Grundübung und zeichnen nur einen Tonwert für Schatten ein. Nehmen Sie dafür Gegenstände, auch unbelebte, die unter starker Lichteinstrahlung liegen. Versuchen Sie dann, zwei Tonwerte festzulegen, einen für tiefen Schatten und einen mittleren. Es reicht, einfache Skizzen anzufertigen.

Für anspruchsvollere Zeichnungen müssen Sie aufmerksam auf die Verhältnisse der Tonwerte in den einzelnen Bereichen achten. Das ist anfangs nicht leicht, aber man kann sich mit einem geeigneten Ausschnittsucher behelfen (eine weiße Pappe mit einer Öffnung in der Mitte, siehe folgende Seite und Anhang), um die realen Farben mit dem Weiß des Papiers zu vergleichen. Man sollte sich niemals von Einzelheiten ablenken lassen, sondern immer den Blick auf das Ganze behalten. Beginnen Sie mit den helleren Tonwerte und gehen Sie dann zu den dunkleren über, dabei sollte das ganze Bild betrachtet werden. Es ist besser, zunächst locker zu zeichnen, denn es ist kein Problem, einen Ton abzudunkeln, ihn nachträglich wieder aufzuhellen jedoch durchaus.

Wenn Sie zum Zeichnen graues Papier verwenden, ist das in gewisser Weise einfacher, weil schon ein Zwischenton (das Grau des Papiers) vorhanden ist und Sie nur Schatten (mit Bleistift und/oder Kohle) und Licht (mit weißem Farbstift oder Kreide) hinzufügen müssen. Diese Technik ist sehr ausdrucksstark.

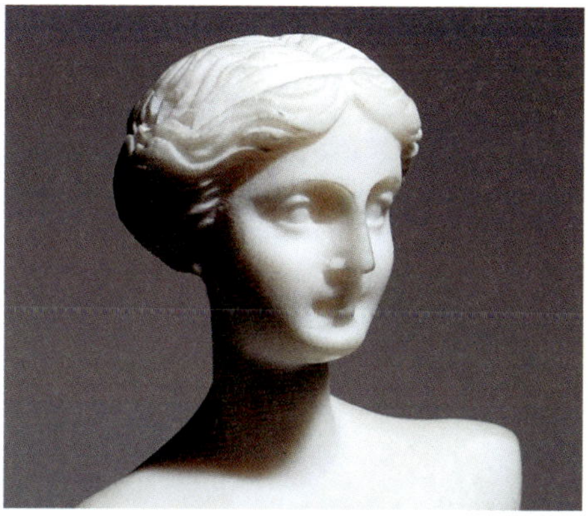

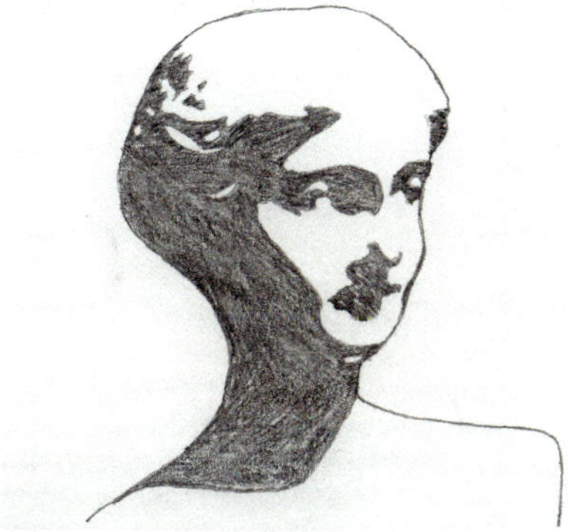

Schatten- und Lichtbereiche klar voneinander abzugrenzen, wirkt etwas statisch. Ich hätte vielleicht nicht den Bereich unter dem Kinn abdunkeln sollen, wo das Licht noch etwas reflektiert. Wenn ich eine Zeichnung in abgestuften Tonwerten anfertigen sollte, würde ich das natürlich berücksichtigen. Aber dennoch ist diese Art von Übung sehr hilfreich.

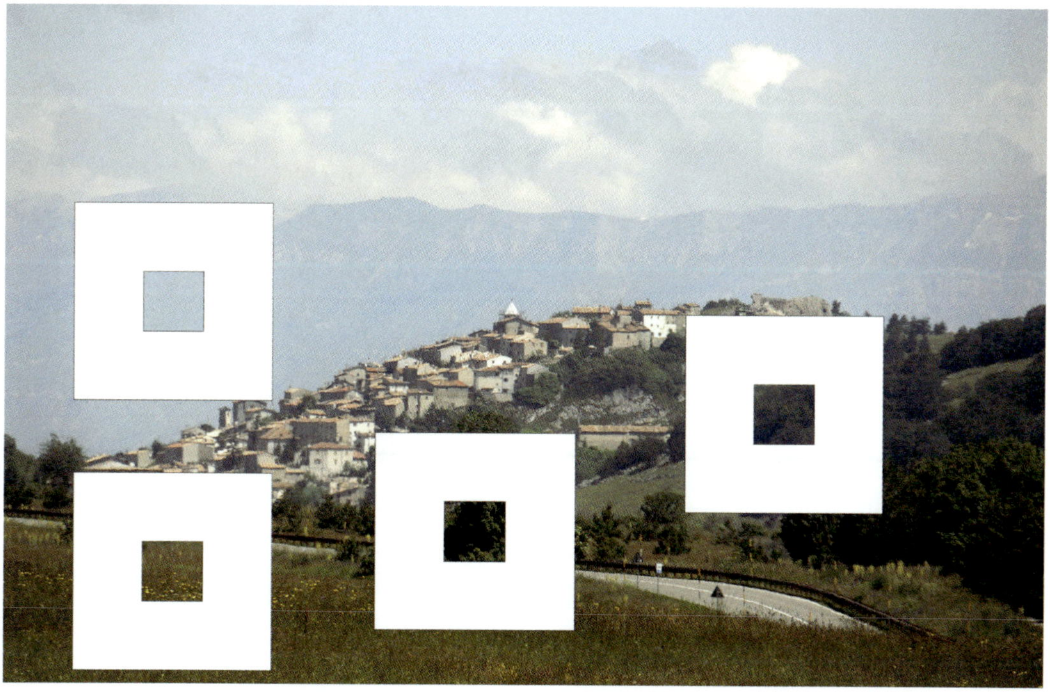

Beispiel, wie man mithilfe eines Ausschnittsuchers die unterschiedlichen Farbtöne betrachten kann. So kann man den Farbton einzelner Bereiche mit dem Weiß des Papiers vergleichen.

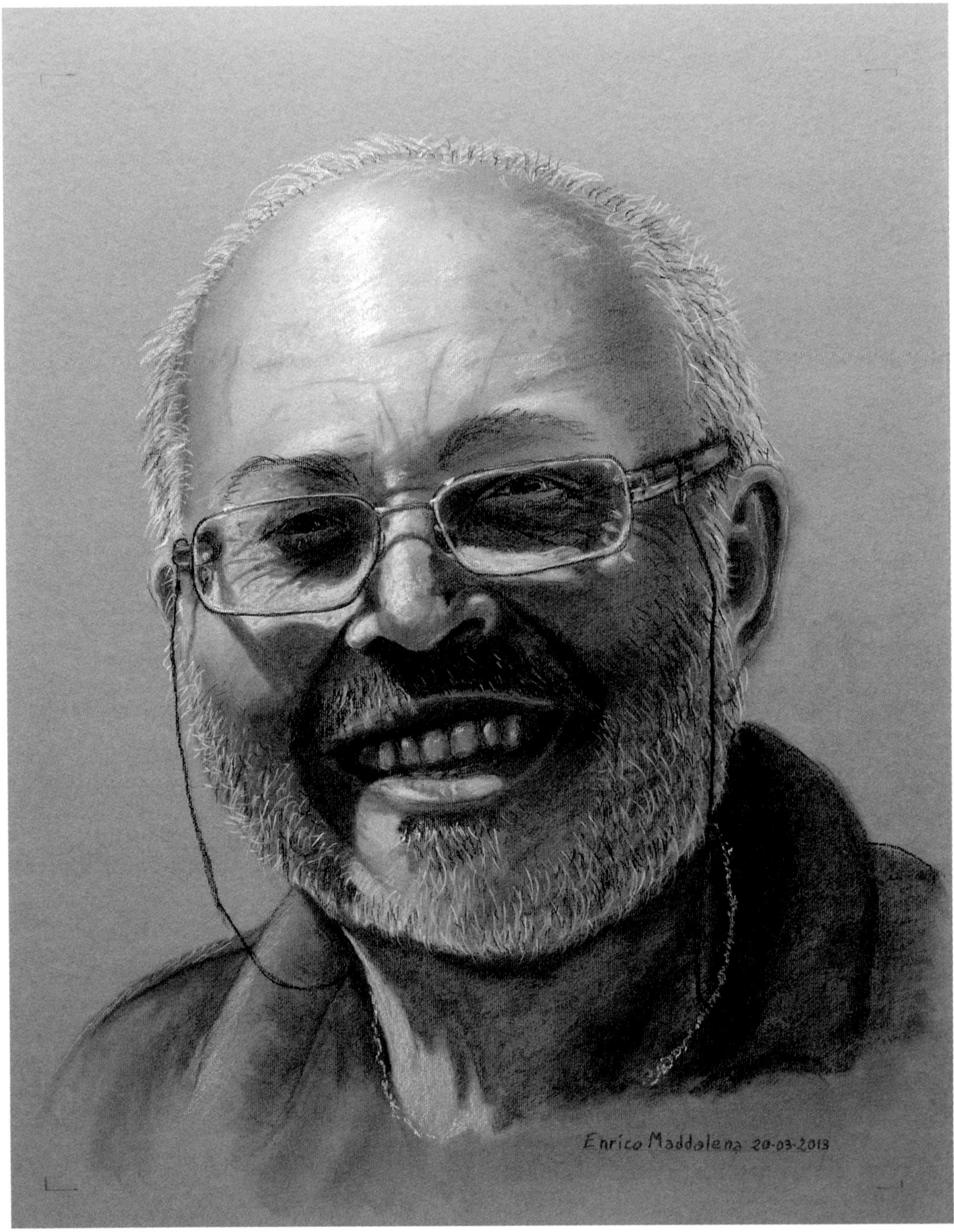

Zeichnung auf grauem Papier.
Für die dunklen Stellen habe ich einen Kohlestift und für die hellen weiße Kreide verwendet.

Klare Konturen und graduelle Übergänge

Jedes beleuchtete Motiv weist klare Konturen und graduelle Übergänge auf. Sie sind überall zu sehen.

An Stellen, an denen sich die Richtung des Materials ändert, sowie an dem Umriss eines Details, das auf einem anderen liegt, treten Konturen deutlich hervor. Das Licht auf einer sanft gerundeten Oberfläche erzeugt graduelle Übergänge, ebenso wie auf der runden Form eines Gesichts oder der zylindrischen einer Säule oder eines Asts (ein Beispiel dafür findet sich auf Seite 48).

Bei den Übungen für einen Faltenwurf finden Sie viele klare Konturen und Falten sowie graduelle Übergänge und Schatten.

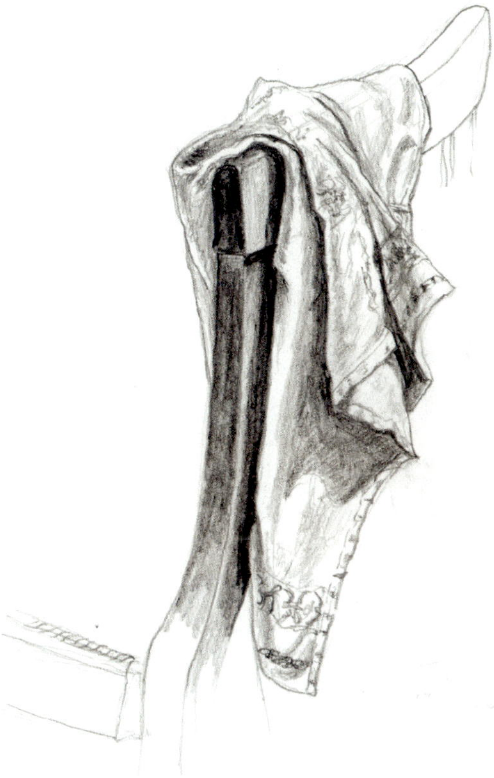

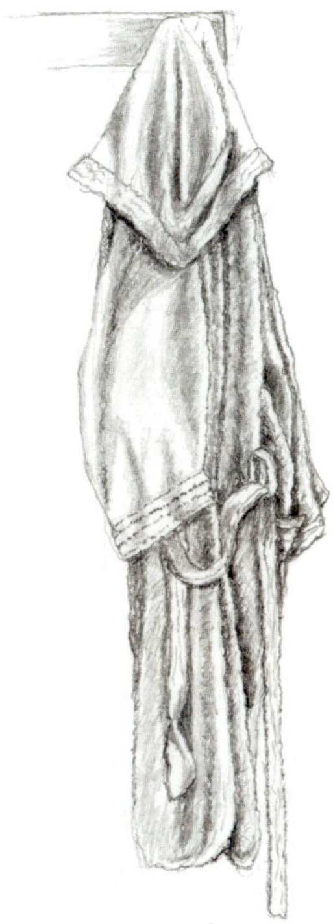

Eine hervorragende Übung, um Schatten und Licht zu zeichnen, ist diese mit einem Faltenwurf. In früheren Zeiten war sie für angehende Künstler obligatorisch. In den Falten eines Stoffes können Sie ganz helle Stellen, ganz schattige sowie Schlagschatten und Lichtreflexe sehen. Sie können stattdessen auch zerknülltes Papier zeichnen.

Lichtquellen abbilden

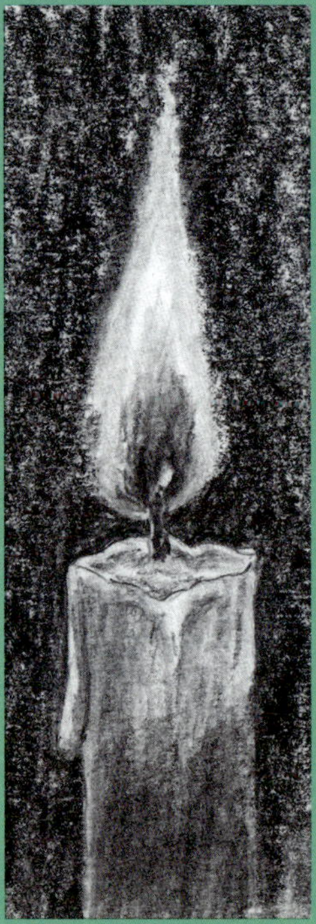

Nun etwas zum Kontrast: Je dunkler der Hintergrund, desto leuchtender wird das Licht. Dass die Glasstäbchen der Lampe vor der Glühbirne fast völlig verschwinden, führt dazu, dass man den Eindruck hat, geblendet zu werden.
Um die Flamme der Kerze zu zeichnen, muss man die Tonwertstufen ihrer einzelnen Bereiche genau betrachten. Bei der lodernden Flamme einer Kerze, eines Kaminfeuers oder eines Gasherds bietet es sich an, Farben zu verwenden. Sehen Sie nur die Farbe am Dochtende und das Blau unten an der Flamme.

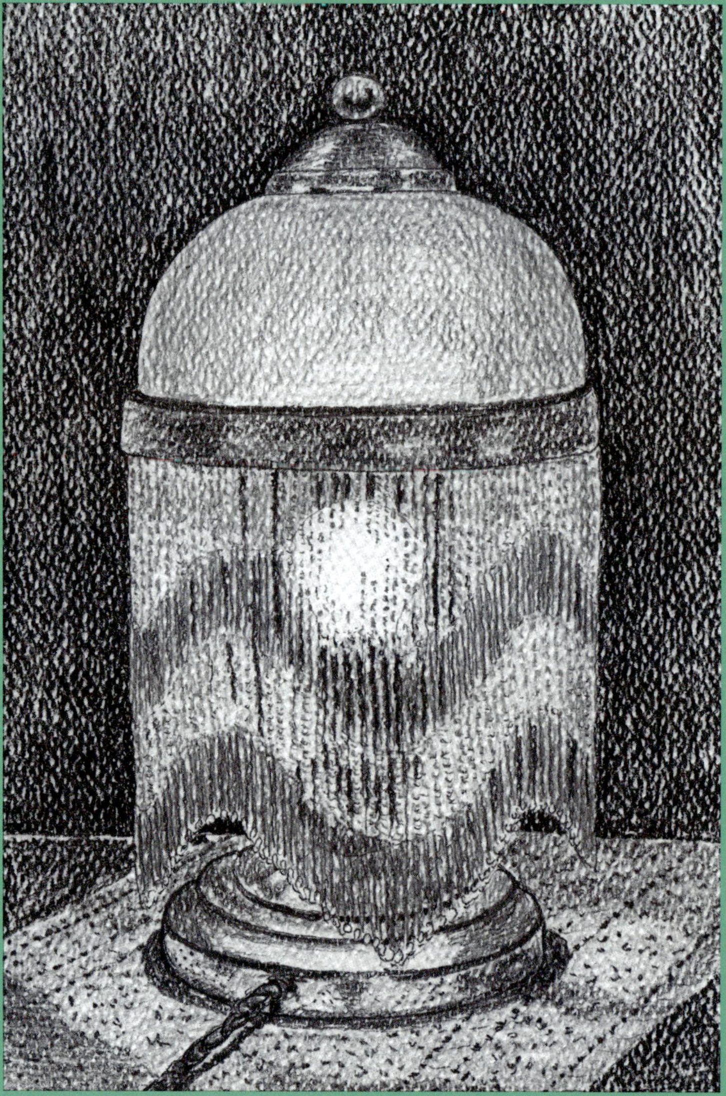

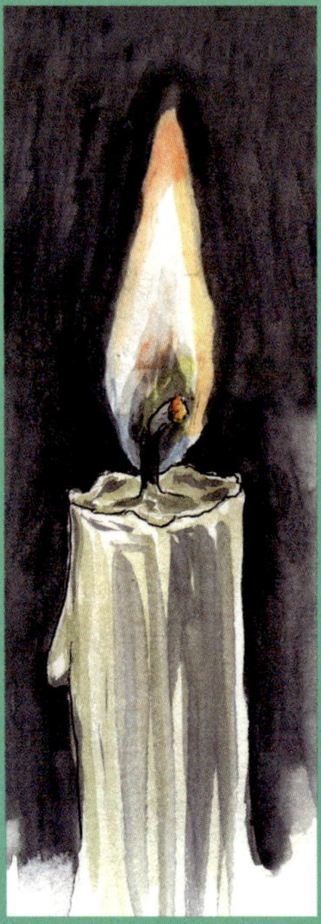

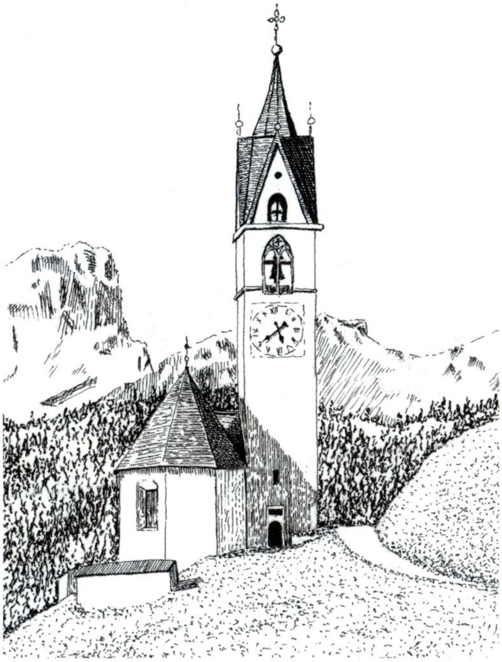

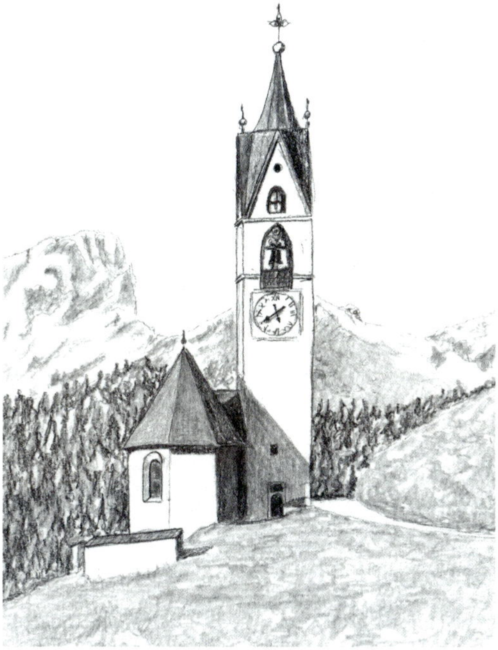

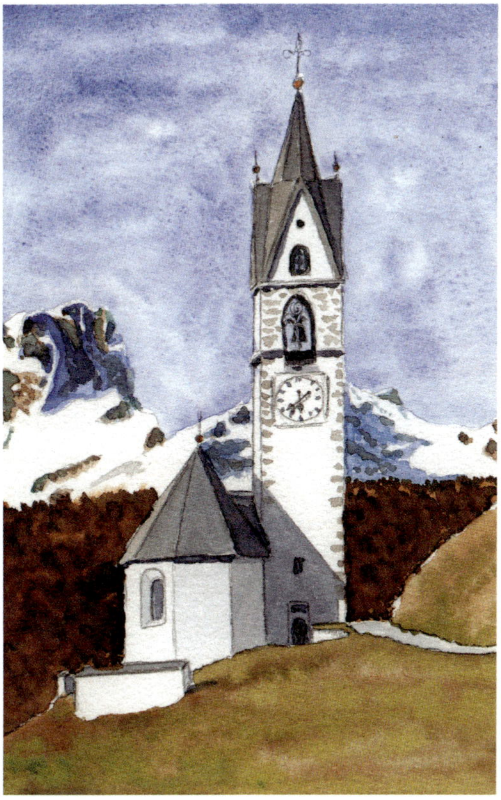

Kapelle in Val di Sole, Trentino.

Dasselbe Motiv, mit drei unterschiedlichen Materialien abgebildet: Tinte, Bleistift und Aquarellfarbe. Jedes hat seine eigenen Grenzen und Möglichkeiten.
Probieren Sie alle Materialien aus, bis Sie feststellen, welches Ihnen am besten liegt und gefällt.

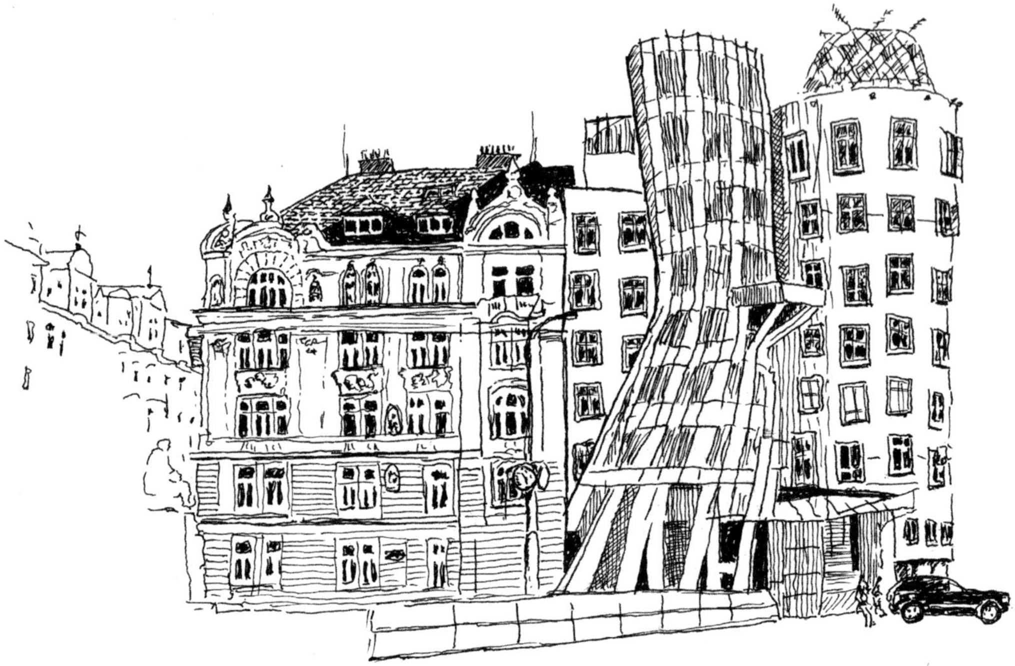

Prag: Tanzendes Haus. Architekten: Vlado Milunić und Frank Gehry.

Schnelle Skizze mit Kalligrafiestift und nicht wasserfester Tinte.
Wenn man direkt mit einem Stift zeichnet, hilft das, sicherer zu werden, weil Fehler nur schwer zu beheben sind. So zieht man die Striche erst, wenn man genau darüber nachgedacht hat. Das ist leichter als man meinen könnte und die Zeichnung ist immer ausdrucksstark. Da die Striche alle schwarz sind, kann man Grautöne nur durch Schraffuren, Kreuzschraffuren oder Punkte erzielen. Man sollte dabei darauf achten, dass zwischen hellen und dunklen Bereichen ein gewisses Gleichgewicht besteht. Lieber übertreibt man es nicht mit schwarzen Flächen. Die auf der linken Seite angedeuteten Häuser dienen dazu, die Architektur in eine Umgebung einzubetten und sie zugleich als Hauptmotiv der Zeichnung wirken zu lassen.

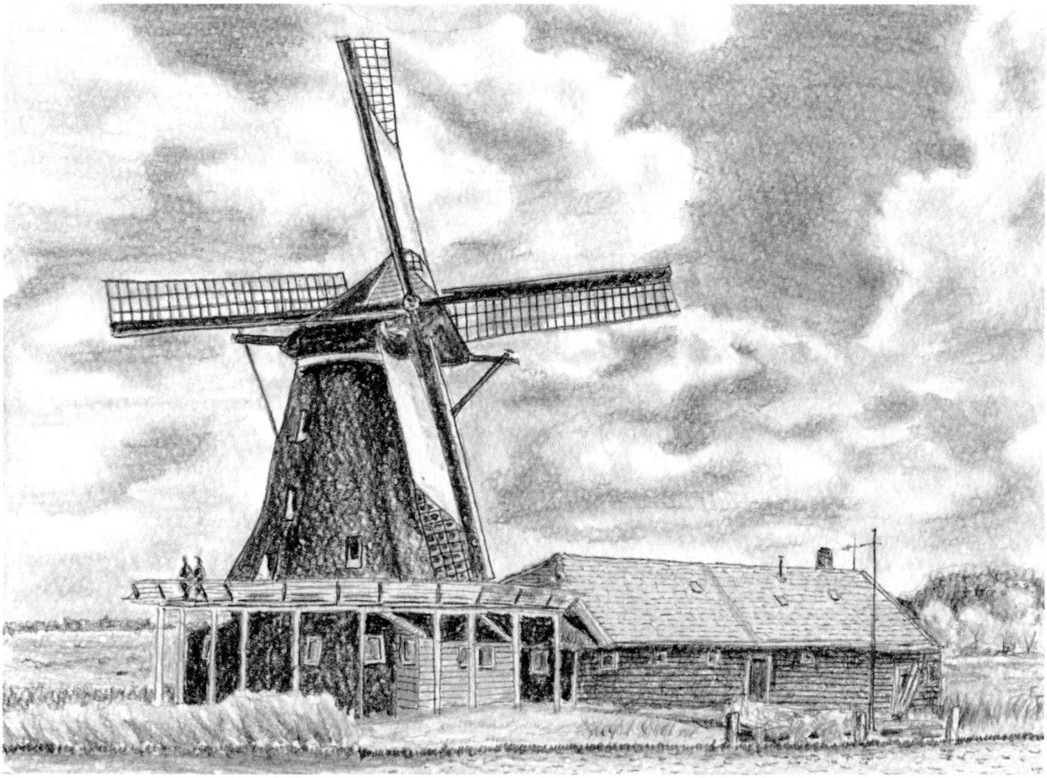

Zaanse Schans, Holland.

Wolken zu zeichnen, ist nicht einfach. Ihre unregelmäßigen Formen, die eigenen und die Schlagschatten, die mal hell und mal dunkel sind, ihre undeutlichen, zuweilen aber auch klaren Konturen, die hellen Umrisse auf dunklem Himmel – all dies ist eine echte Herausforderung. Der Gebrauch eines Wischers kann da sehr hilfreich sein. Die beiden kleinen Figuren beleben die Szene.

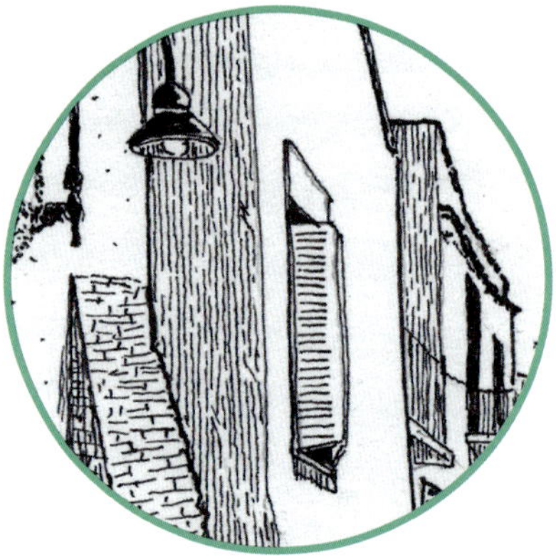

Struktur

Mit Struktur ist die Oberfläche von Gegenständen gemeint, die uns Informationen über das Material gibt, aus dem sie gemacht sind, und uns darüber hinaus haptische Gefühle ermöglicht. Es gibt glatte Oberflächen sowie raue. Manche Oberflächen reflektieren, etwa glänzendes Metall, andere sind transparent, etwa Wasser und Glas. Der Zeichner und der Maler müssen lernen, alle diese Strukturen darzustellen. Arbeitet man mit dem Bleistift oder Füller, werden sie mittels Strichen abgebildet. Mit einem passenden Strich kann man das Blatt einer bestimmten Pflanze darstellen oder auch Dachschindeln, eine gekräuselte Wasseroberfläche, das Fell einer Katze, das Kopfhaar einer Frau. Man muss viel üben, um die passenden Striche zu ziehen, und immer weitere erfinden. Oft ist ein Künstler an seinem eigenen Stil der Striche zu erkennen.

Schraffuren mit Stift oder Pinsel

Versuchen Sie, mit dem Pinsel oder Füller die auf der folgenden Seite abgebildeten Striche auszuführen. Ziehen Sie dabei in Ruhe Linien mit gleichmäßigem Abstand, verzichten Sie jedoch nicht auf die notwendige Spontaneität. Es ist kein Fehler, wenn nicht alles ganz präzise ist, dadurch wirkt die Struktur lebendig und natürlich. Dies soll ja schließlich keine technische Zeichnung werden.
Erfinden Sie auch andere Stricharten und üben Sie jedes Mal, wenn Sie Gelegenheit dazu haben. So trainieren Sie Hand und Auge und können sich eine Folge von sichtbaren Strukturen einprägen, mit denen sich verschiedene Tonwerte mithilfe von Tinte erzeugen lassen. Denn naturgemäß kann man damit keine graduellen

Graustufen, sondern nur Schwarztöne erzeugen. Aus der Entfernung nimmt man diese linearen Strukturen wie mehr oder weniger dunkle Grautöne wahr. Die einzelnen Tonwerte erhält man durch unterschiedlich dichte Linien, unterschiedlich große Abstände, Strukturen und mehr oder weniger dicht gesetzte Pünktchen. Wenn man mehrere Linien übereinandersetzt, erzeugt man nach und nach dunklere Tonwerte. Wiederholen Sie diese Übungen mit dem Bleistift.

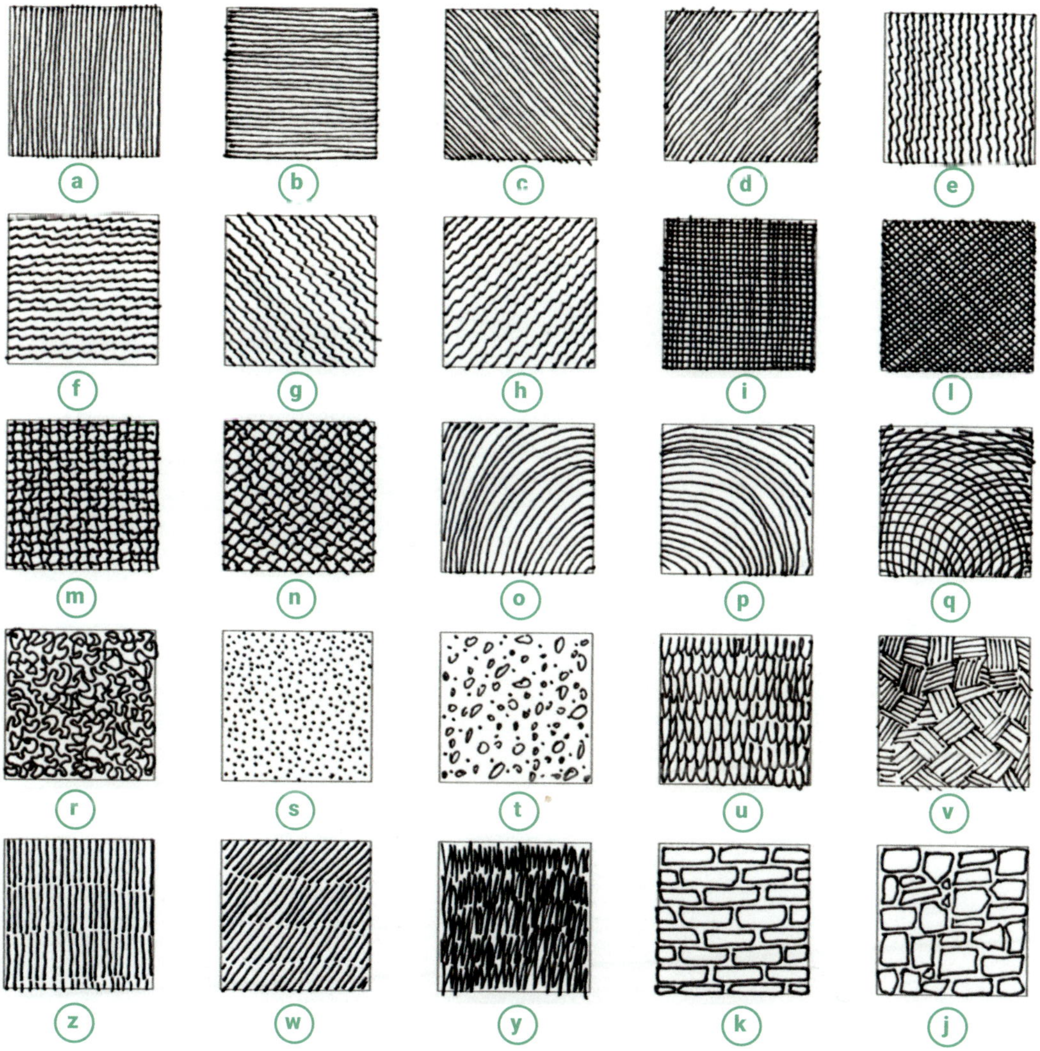

a, b, c, d: gerade vertikal, horizontal und diagonal verlaufende Linien in gleichmäßigem Abstand.
e, f, g, h: unregelmäßige vertikal, horizontal und diagonal verlaufende Linien in gleichmäßigem Abstand.
o und p: geschwungene Linien.
i, l, m, n, q: zwei übereinandergelegte Strukturen derselben Art, aber in verschiedene Richtungen verlaufend.
r, s, t, u, v, y, k, j: verschiedene Strukturen, zur Wiedergabe natürlicher und künstlicher Stoffe.
z und w: lineare Strukturen aus angrenzenden Linien ohne Überlagerungen.

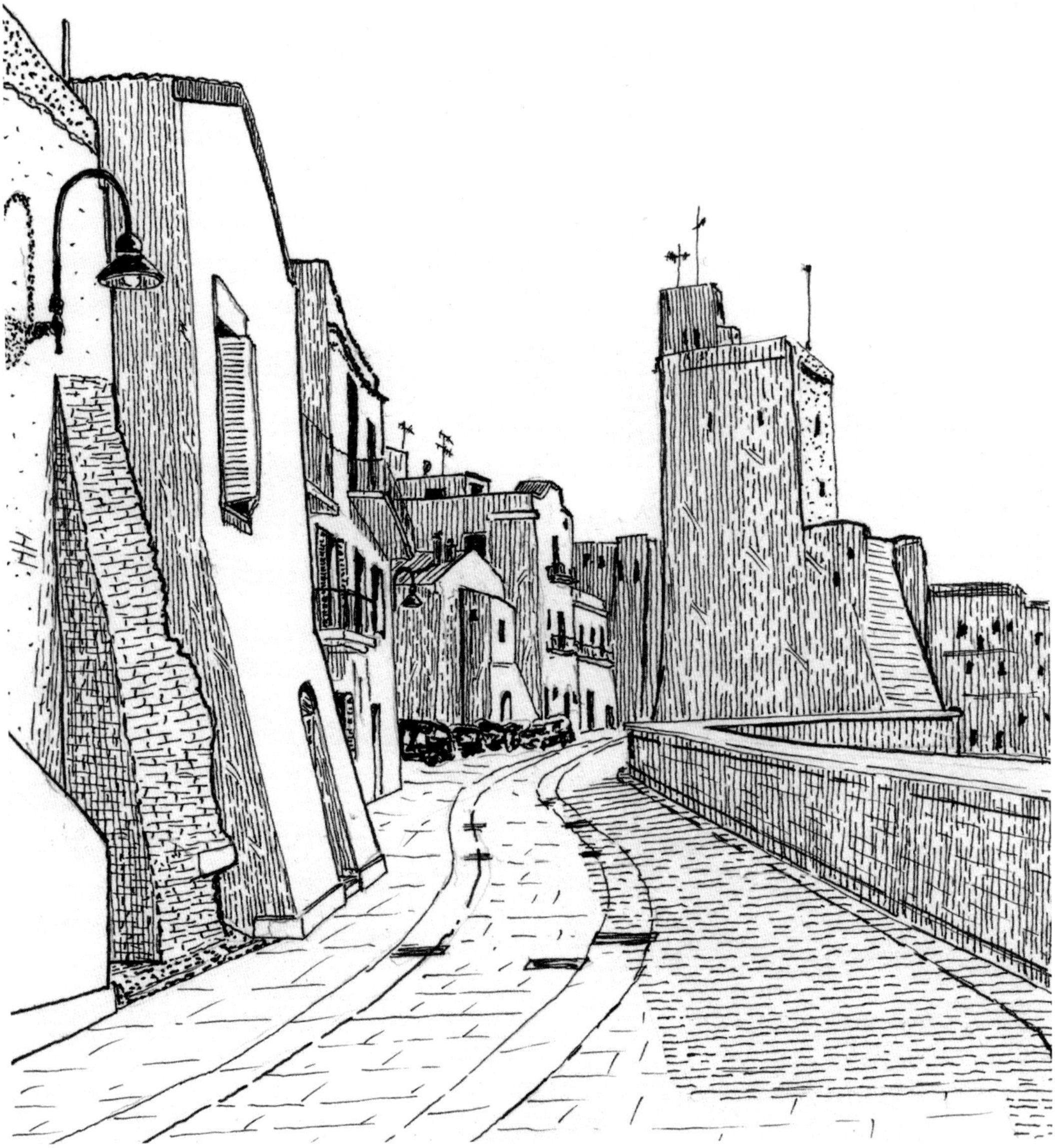

Termoli.

Zeichnung mit Feder und Tinte. Beachten Sie, wie die Schatten gezeichnet wurden: an den Hauswänden mit vertikalen Linien und auf dem Boden mit horizontalen. Die freihand gesetzten Striche, teils regelmäßig, teils gleichmäßig unterbrochen, mit kleinen Querstrichen dazwischen, lassen die Zeichnung lebendig wirken. Wenn man sie mit Lineal und Winkel gesetzt hätte, würde sie kalt und mechanisch wirken. Ich habe hier eine Kalligrafiefeder verwendet. Durch unterschiedlich starken Druck konnte ich die Breite der Striche variieren. Für feinere Linien, etwa bei Fensterläden, habe ich die Feder umgedreht. Als Trägermaterial für Tinte eignet sich am besten glattes Papier von Bristol. Die Struktur von Aquarellpapier, das auch gut für Bleistiftzeichnungen ist, stoppt den Strich der Feder und führt dazu, dass die Tinte kleckst.

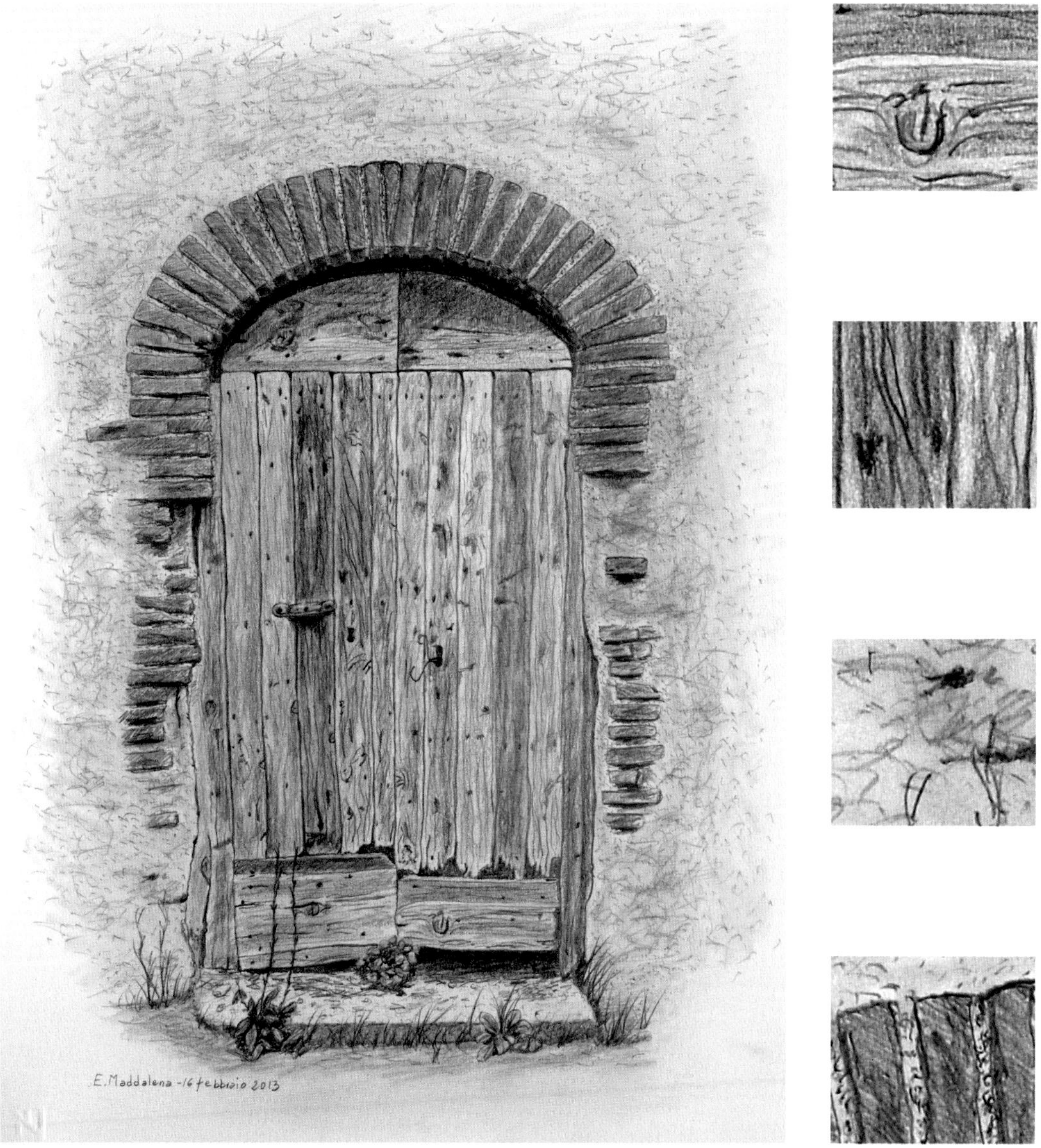

Massa d'Albe (Abruzzen): Altes Tor.

Achten Sie auf die großen Striche, mit denen das alte Tor hier oben gezeichnet wurde. Es sind einfache Bleistiftstriche, die man von Nahem gut erkennt, die aber aus einer normalen Entfernung den perfekten Eindruck alter Bretter, der verputzten Mauer und der Ziegelsteine vermitteln.

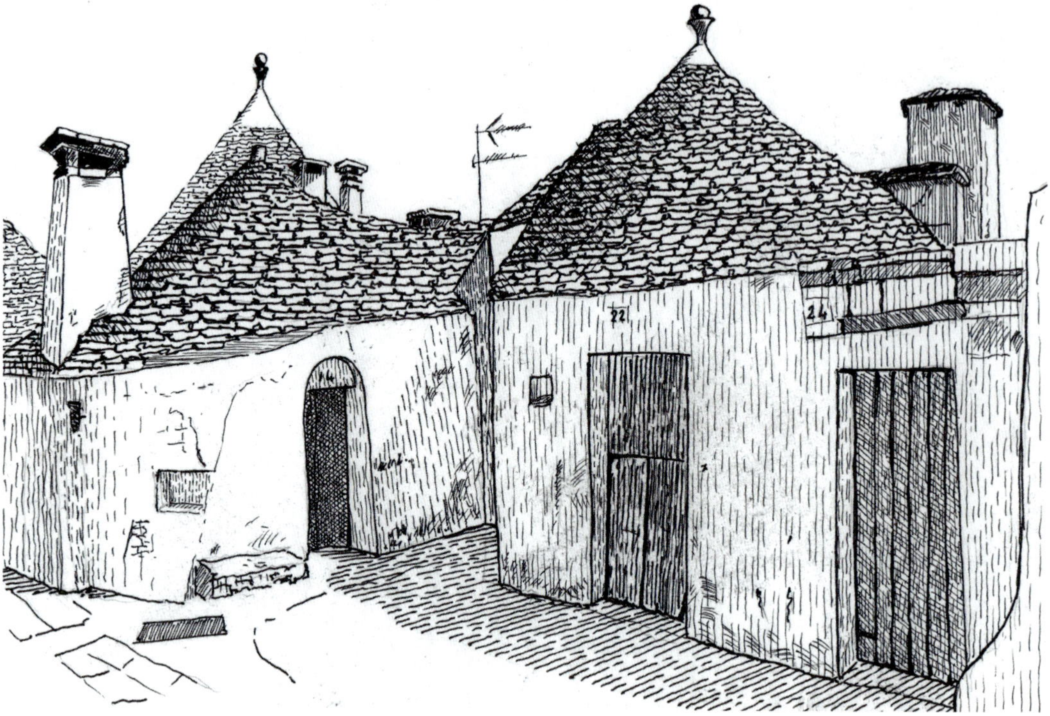

Alberobello: Die Trulli.

Betrachten Sie die verschiedenen Stricharten: dünne, unterbrochene vertikale Striche für Eigenschatten, dichtere und horizontale für Schlagschatten. Noch dichter sind die Striche auf den Steinkuppeln der Trulli, außer auf den beiden hinteren. Diese sind ganz fein und erzeugen so eine Luftperspektive und lassen die beiden Trullis in den Hintergrund treten.

Glänzende Motive

Glänzende Motive, etwa aus Metall, verhalten sich ein wenig wie Spiegel, da sie ihre Umgebung spiegeln.
In den meisten Fällen ist ihre Oberfläche nicht eben, weshalb sie das Gespiegelte verzerren, manchmal so sehr, dass es kaum erkennbar ist. Man muss nur die Form und den Tonwert der gespiegelten Dinge akkurat zeichnen, um die Illusion einer metallischen Oberfläche zu erzeugen. Man sieht sie in den einzelnen Bereichen in unterschiedlichen Formen und Farben und sie haben klare Konturen, zumindest wenn ihre Oberfläche nicht glänzend, sondern satiniert ist.

Auch ein Wasserspiegel verhält sich wie eine reflektierende Oberfläche (der Begriff „Wasserspiegel“ wurde sicher nicht zufällig geprägt). Wenn kein Wind geht und sich die Wasseroberfläche nicht kräuselt, hat man den Eindruck, einen Spiegel vor sich zu haben, der deutlich spiegelt, was darüber liegt.
Sobald Wind aufkommt und sich das Wasser kräuselt, bilden sich kleine Wellen auf der Oberfläche und die gespiegelten Gegenstände wirken verzerrt.

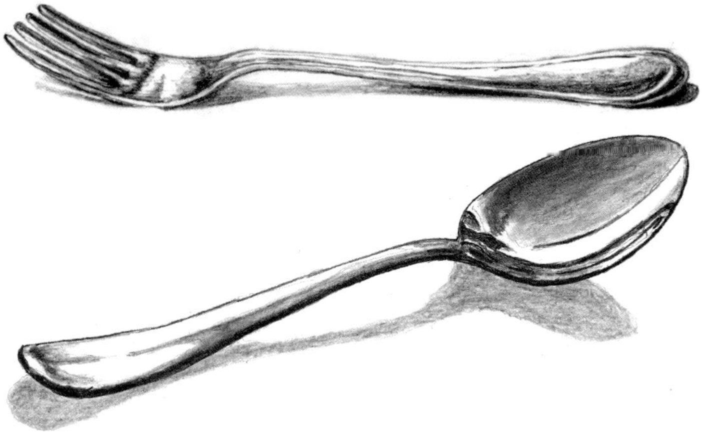

Zwei Zeichnungen von Objekten mit glänzender Oberfläche aus Metall. Die Zeichnung der Gabel ist leider nicht überzeugend, irgendetwas stimmt dort nicht. Wenn man genau hinsieht, wirkt die Gabel verdreht. Das kann passieren, wenn man kleine Motive von Nahem zeichnet. Manchmal verschiebt man auch beim Zeichnen versehentlich den Blickwinkel. Die Perspektive der Zinken stimmt, aber beim Griff kommt der Blick zu sehr von oben. Achten Sie also immer darauf, das Motiv aus demselben Winkel zu betrachten.

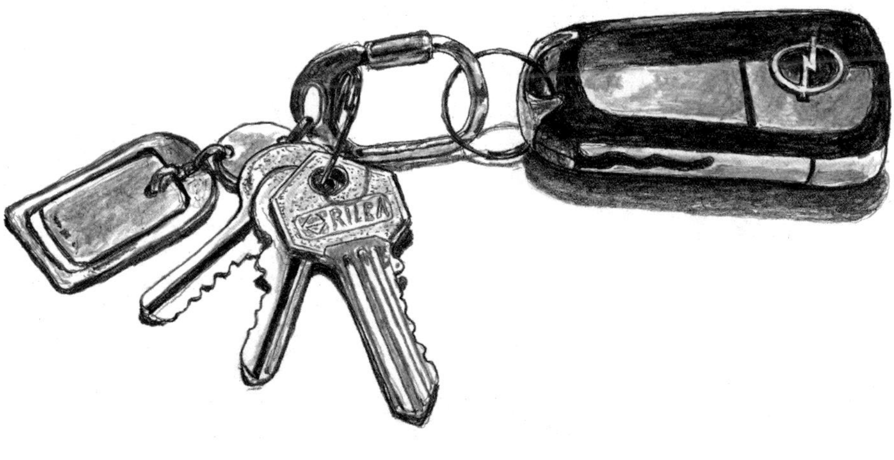

Bei glänzenden, aber nicht spiegelnden Materialien, wie zum Beispiel dem Kunststoff des Schlüsselanhängers, erzeugt man den Glanz mit hellen Highlights und verschwommene Konturen.

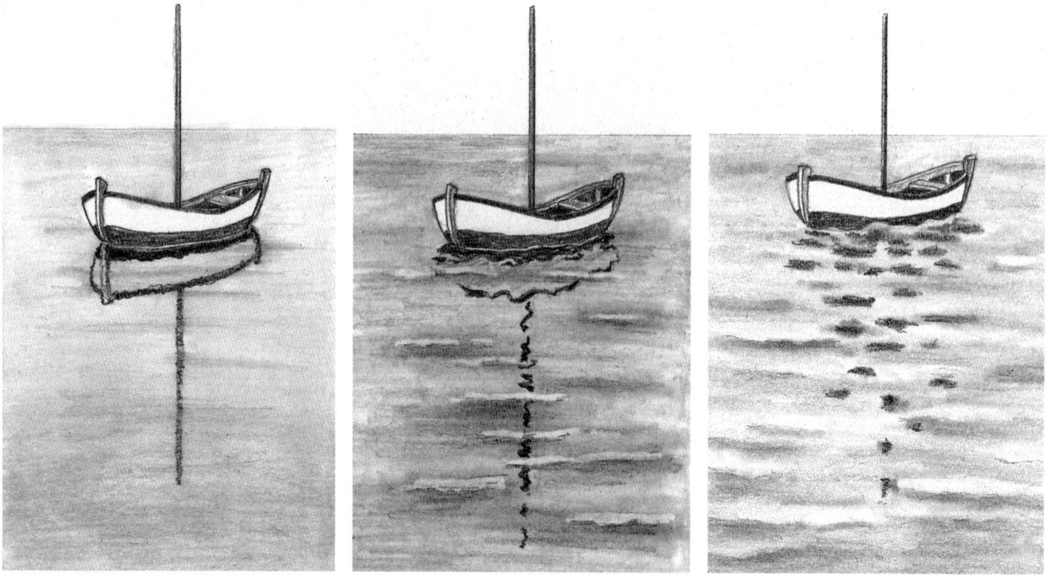

Je größer die Wellen werden, desto stärker wird das Bild zerstückelt, bis es sich auflöst.

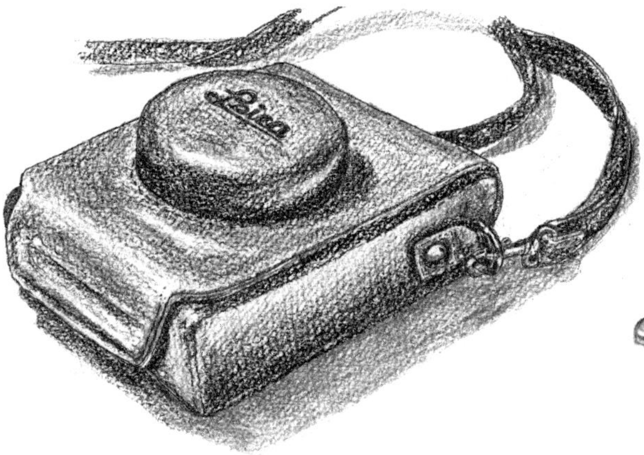

Bleistiftzeichnung einer Espressokanne aus glänzendem Metall.

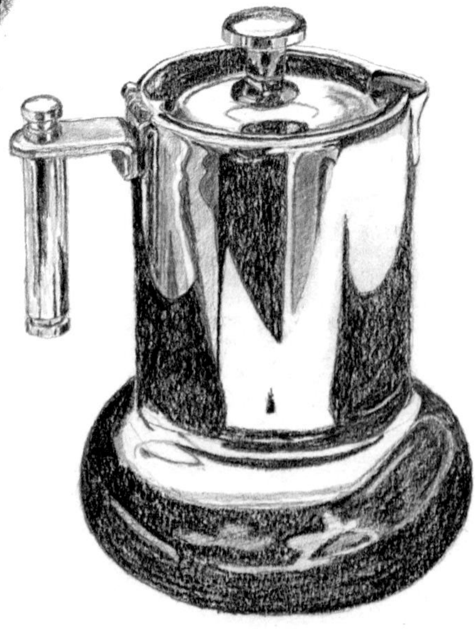

Das Leder der Fototasche wird sowohl durch graduelle Übergänge an den hellen Stellen als auch durch die Oberflächenstruktur des Papiers erzeugt. Denn hier habe ich auf Aquarellpapier gezeichnet, auf dem das Material besonders gut zur Geltung kommt. Die Zeichnung ist nicht so detailliert wie wahrscheinlich auf glattem Papier, aber mir gefällt der leicht impressionistische Effekt.

Transparente Motive

Etwas schwieriger ist das Zeichnen von transparenten Motiven. Wenn Sie genau hinschauen, sehen Sie, dass die dahinterliegenden Motive durch sie verzerrt zu sehen sind und, wenn das Glas farbig ist, auch in einer anderen Farbe. Auf transparenten Gegenständen sieht man auch Schatten und Lichtreflexe, vor allem, wenn das Glas bearbeitet wurde. Auch in diesem Fall muss man die Formen und Tonwerte (bei farbigem Glas auch die Farben) ganz genau analysieren und möglichst exakt wiedergeben. Bringen Sie auf das Papier, was Sie sehen, und nicht, was Sie zu sehen glauben! Man muss die Gegenstände vergessen und nur Linien, Formen und Tonwerte zeichnen. Gelingt Ihnen dies, dann erzeugt Ihre Zeichnung die Illusion des dargestellten Motivs.

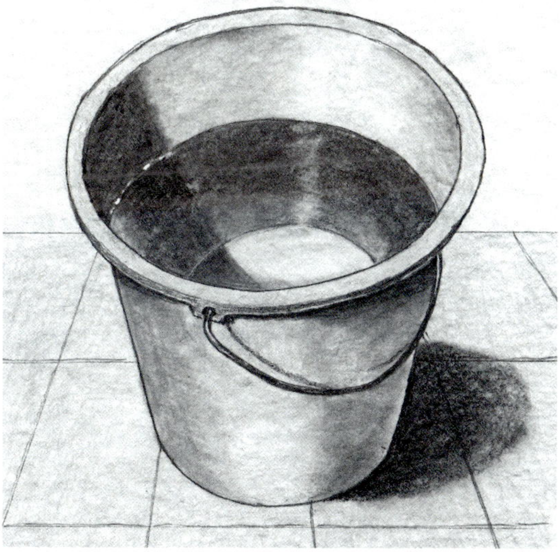

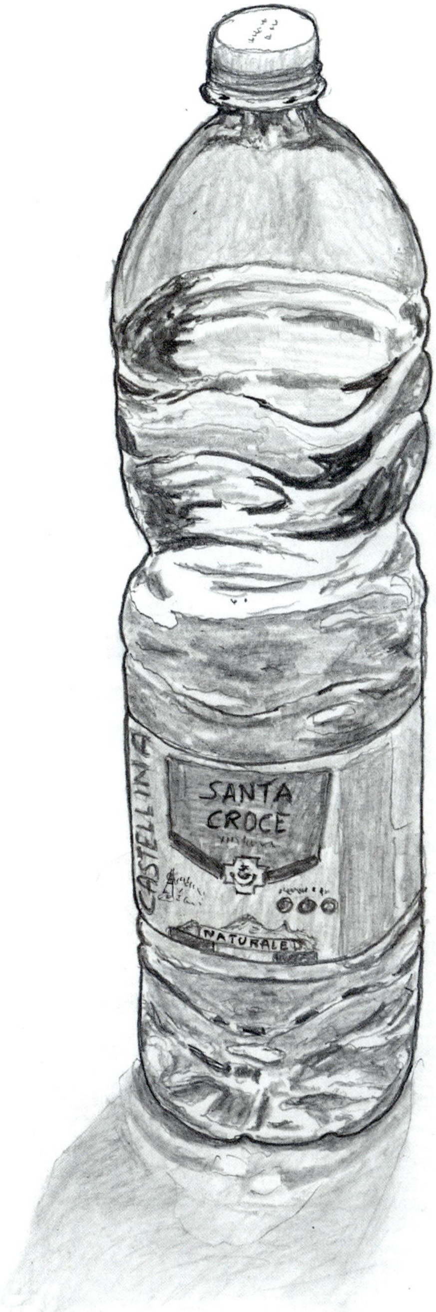

Aufgrund der Lichtbrechung ist das Darstellen von Wasser besonders anspruchsvoll. Der Eimerboden wirkt höher als er in Wirklichkeit ist.

Transparente, mit Wasser gefüllte Objekte funktionieren ein wenig wie Linsen: Sie verformen Objekte und bündeln das Licht, wodurch ihre Schatten gebrochen werden. So etwa beim Schatten der Plastikflasche auf der vorherigen Seite und den Bierflaschen auf der nächsten Seite.

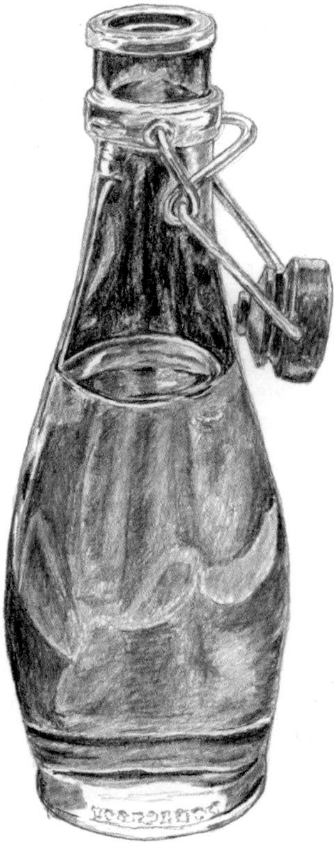

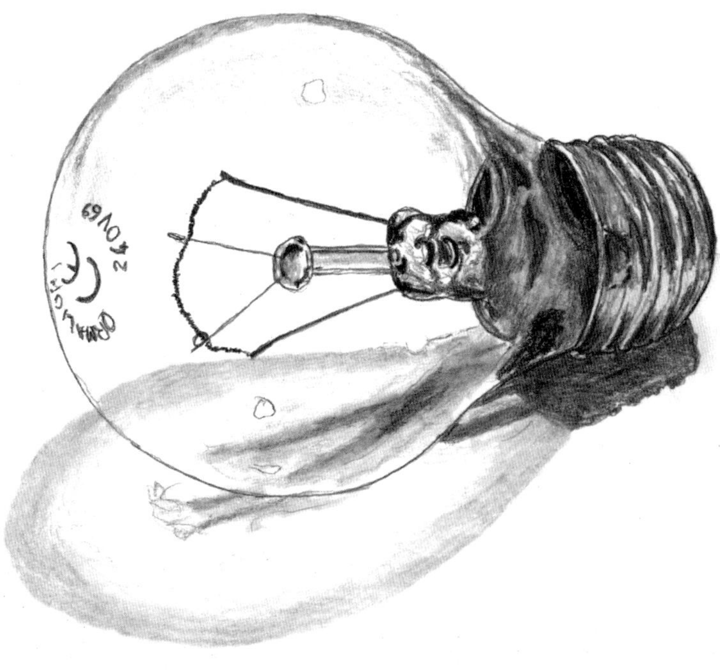

Durch das Glas der Glühbirne kann man in ihr Inneres blicken. Die Transparenz des Materials wirkt sich auch auf die Zeichnung des Schlagschattens aus.

Mit Tinte und Bleistift lassen sich die Eigenschaften von Materialien und deren Wirkung, die zum großen Teil auf Farbe beruhen, nicht immer gut wiedergeben.
Transparente Flüssigkeiten wie Tee, Wein, Bier etc. kann man ohne Farbe nicht identifizieren. Manchmal erkennt man sie nur an dem Behältnis. Aber es gehen auch bestimmte Farbreflexe verloren und manche Eigenschaften lassen sich nicht vermitteln.

In anderen Fällen, wie etwa bei einer Lampe, Wasserflasche und allem, wo Farbe keine Rolle spielt, reichen Schwarz und Weiß aus.

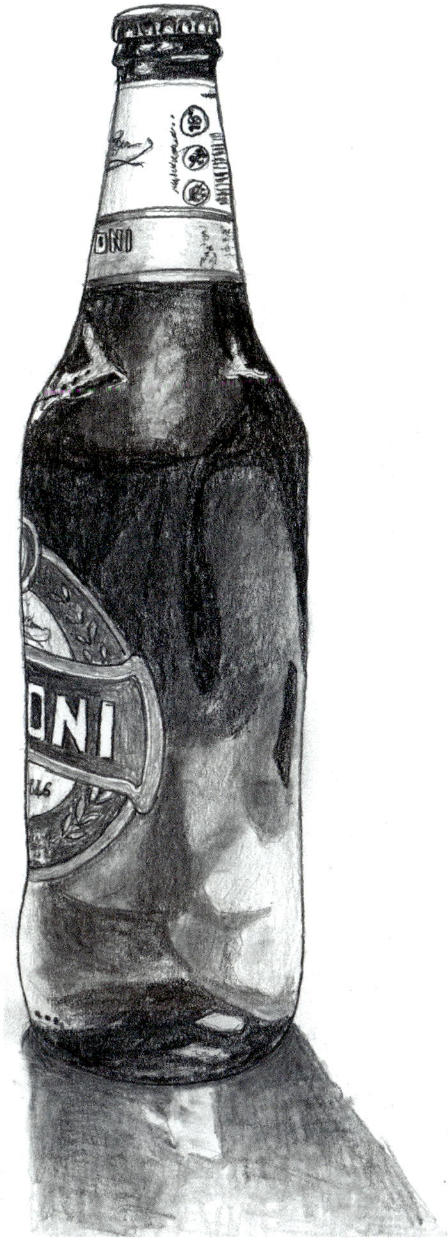

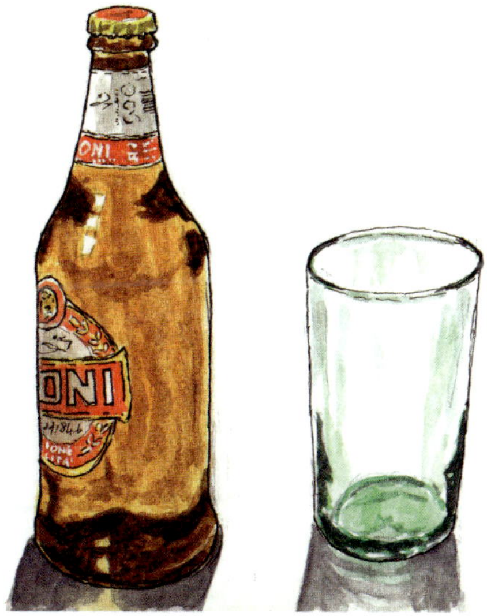

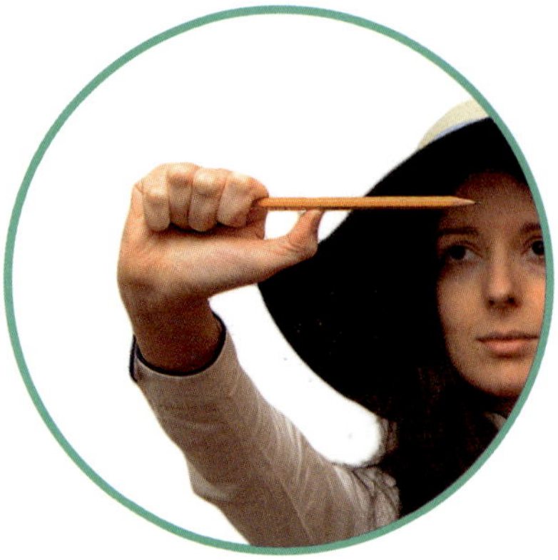

Messtechniken

Um ein Motiv ganz genau wiederzugeben, muss man seine Maße bestimmen. Mit etwas Übung gelingt es Ihnen, in Ihren Zeichnungen die Proportionen zu übernehmen, einzelne Elemente korrekt anzuordnen und Linien im richtigen Winkel zu setzen.

Vertikale und horizontale Hilfslinien

Halten Sie den Bleistift vertikal oder horizontal, um die Neigung von Linien in Ihrem Motiv zu überprüfen. So können Sie ganz einfach den Neigungswinkel eines Hausdachs im Verhältnis zur Horizontalen bestimmen und auf die Zeichnung übertragen. Oder Sie halten den Stift parallel zum Motiv und übertragen die Neigung dann auf das Papier.

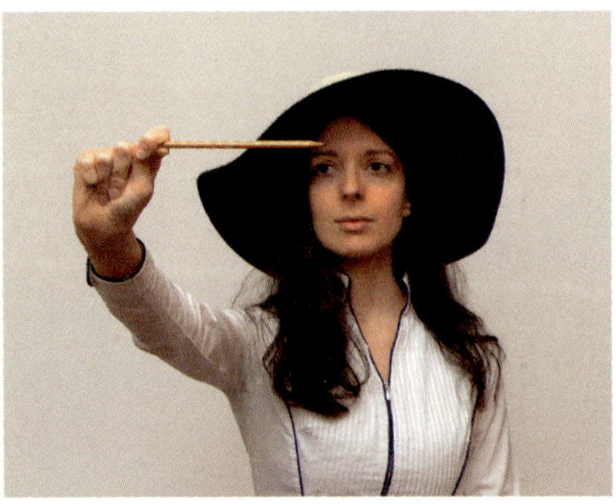

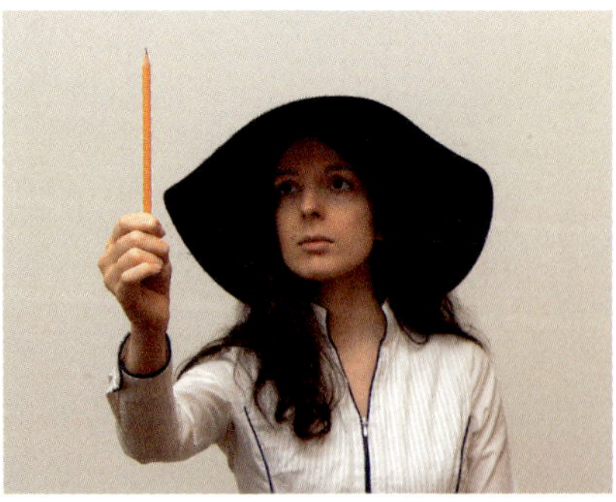

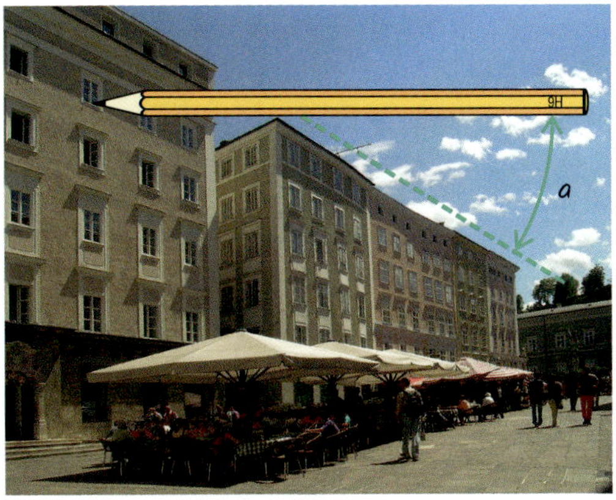

Schätzung des Winkels des Hausdachs, um ihn auf das Papier zu übertragen.

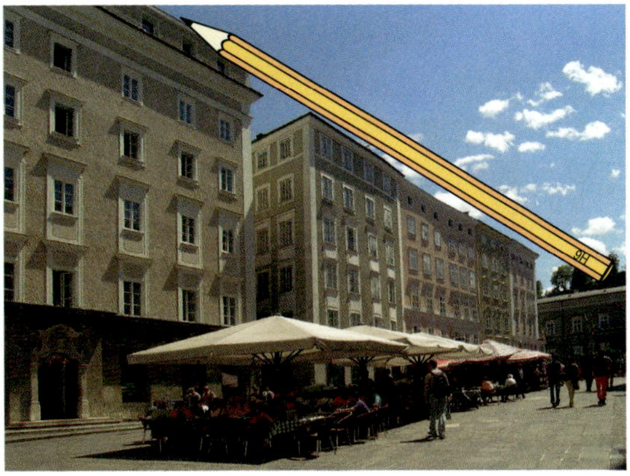

Bleistift parallel zum Hausdach. Anschließend wird die Linie übertragen.

Maß nehmen

Dies ist eine sehr wirksame Methode, mithilfe derer man ein Motiv in den richtigen Proportionen auf die Zeichnung übertragen kann. Wichtig ist, den Arm gestreckt zu halten, mit durchgedrücktem Ellbogen, und den Bleistift auch dann aufrecht zu halten, wenn man vertikale, horizontale oder schräg verlaufene Elemente ausmisst (so bleiben die Abstände zwischen ihnen immer gleich und verschieben sich nicht durch die unterschiedliche Beugung des Arms). Um ganz genau zu sein, muss der Stift parallel zum Bild gehalten werden bzw. zum imaginierten Entwurf, der dem der Zeichnung entspricht.

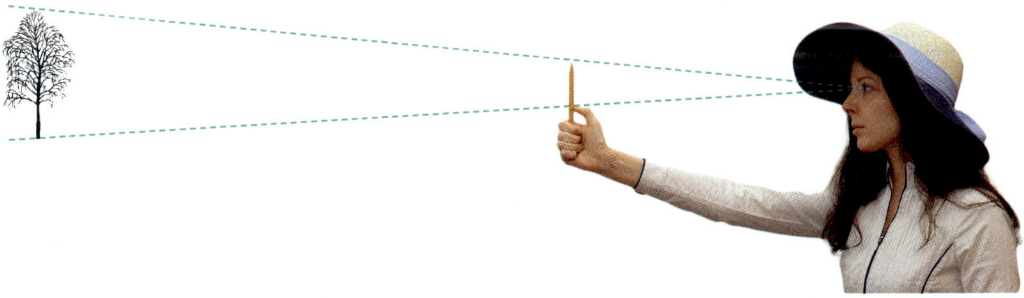

Bringen Sie die Bleistiftspitze mit dem einen Ende des zu messenden Motivs in Deckung und bewegen Sie den Daumennagel zum anderen Ende. So können Sie seine Höhe und Breite, die Unterschiede in der Größe zweier Elemente etc. vergleichen.

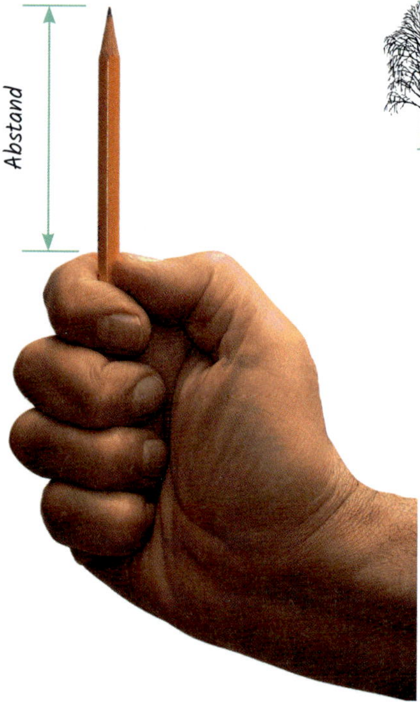

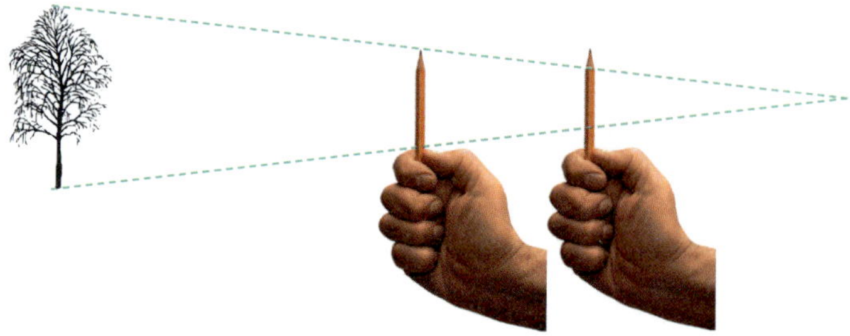

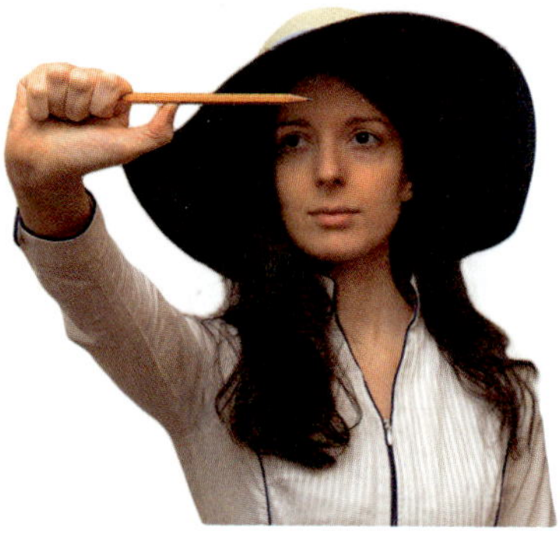

Wenn man vergisst, den Arm gestreckt zu halten, verändern sich die Maße.

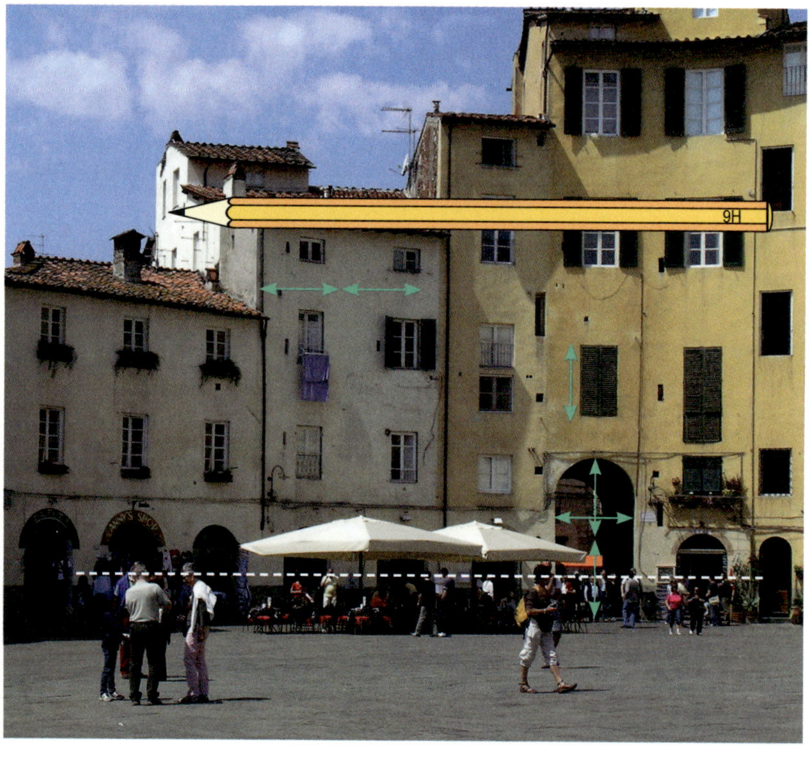

Auf der nebenstehenden Abbildung wird zum Beispiel die Breite des Durchgangs zum Platz gemessen. Dabei ergibt sich, dass er genau doppelt so hoch wie breit ist. Der Fensterladen über dem Durchgang ist etwas niedriger als dieses willkürliche Maß, und die Fassade des Gebäudes in der Mitte ist etwas breiter als zwei dieser Maßeinheiten. In einigen seltenen Fällen ist es möglich, die mit dem Bleistift vorgenommenen Messungen direkt auf das Papier zu übertragen. Dabei bezieht man sich auf die sogenannte „visuelle Größe". Betrachten Sie auf derselben Abbildung auch die Ausrichtungen, dann stellen Sie fest, dass die Oberkante des Fensters im dritten Stock rechts auf der gleichen Höhe liegt wie das Dach des mittleren Gebäudes. Man sieht auch (aber wir werden darauf zurückkommen, wenn wir über die Perspektive sprechen), dass die Augen der stehenden Personen alle auf derselben Höhe liegen (weiße gestrichelte Linie).

Die Mittellinie bestimmen

Wenn Sie kein sehr gutes Auge haben, riskieren Sie, in einem fortgeschrittenen Stadium festzustellen, dass Sie das Motiv zu klein oder, schlimmer noch, zu groß wiedergegeben haben, sodass Sie gezwungen sind, den Teil, an dem Sie gerade arbeiten, zu verkleinern, damit er auf das Blatt passt. Das Ergebnis ist eine deformierte, disharmonische Zeichnung, kurzum: hässlich. Die Suche nach der Mittellinie beugt dem vor.

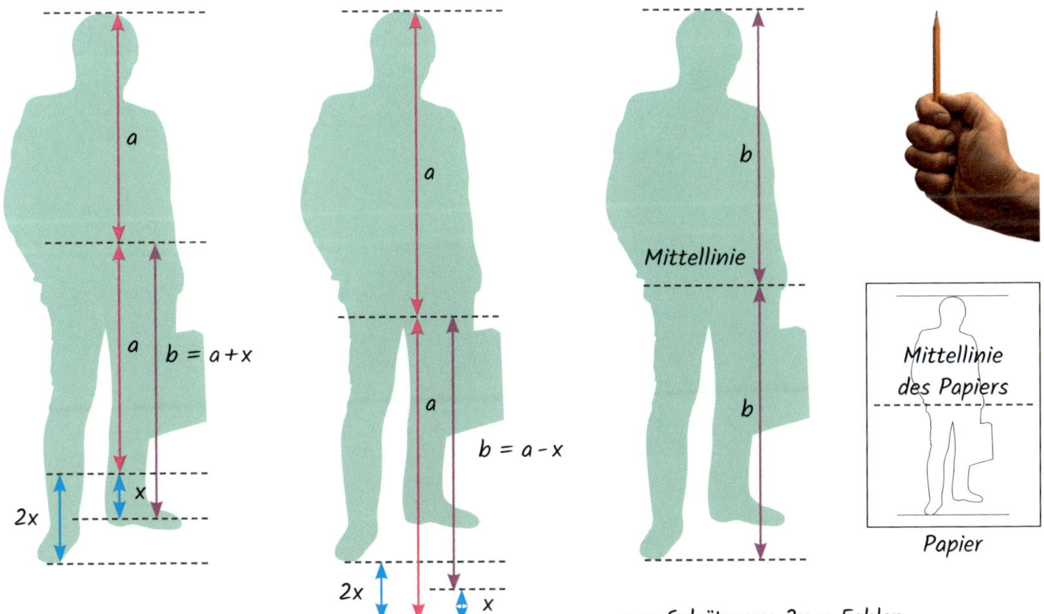

Zu geringe Schätzung: $b = a + x$

Zu große Schätzung: $b = a - x$

a = Schätzung; $2x$ = Fehler
b = genaues Maß der Mittellinie

Bestimmen Sie den Mittelpunkt Ihres Motivs nach Augenmaß und messen Sie ihn von oben (Maß „a" auf den Zeichnungen auf der vorherigen Seite). Gehen Sie vom geschätzten Mittelpunkt aus und wiederholen Sie das im unteren Abschnitt. Sie werden feststellen, dass Sie den oberen Bereich wahrscheinlich zu lang oder zu kurz eingeschätzt haben.

Vergrößern (oder verringern) Sie das erste Maß um die Hälfte dieser Differenz, dann erhalten Sie das genaue Maß, mit dem Sie die richtige Mittellinie finden können (in der Abbildung mit „b" gekennzeichnet).

Zeichnen Sie oben und unten auf dem Papier die Begrenzungslinien für Ihr Motiv ein und ziehen Sie einen dünnen Strich in dessen Mitte. Dann wissen Sie, welchen Teil Sie in der oberen Hälfte und welchen Teil Sie in der unteren Hälfte zeichnen müssen. Ich versichere Ihnen, dass Ihre Zeichnung so viel präziser und proportionaler wird. Üben Sie das Zeichnen eines Motivs zunächst ohne Ermittlung der Mittellinie und wenden Sie dann diese Methode an. Natürlich kann die Mittellinie, je nachdem wie es Ihnen am besten passt, senkrecht, waagerecht oder auch schräg gefunden werden. Auf dem Foto unten habe ich eine horizontale und eine vertikale Mittellinie eingezeichnet (ich wette, Sie hätten sich die vertikale weiter links vorgestellt).

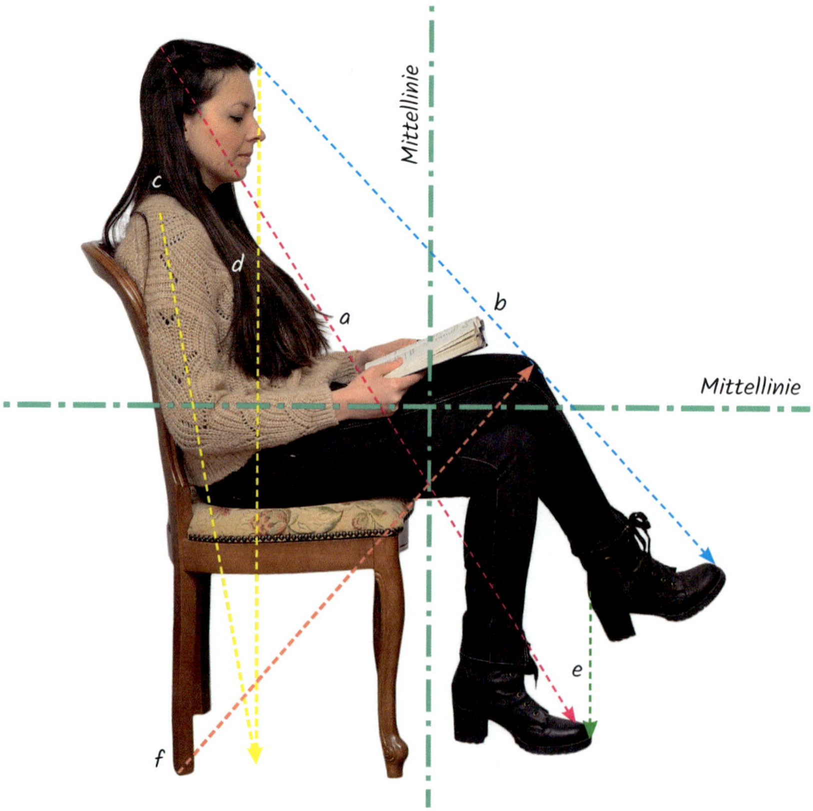

Außerdem habe ich weitere Linien eingezeichnet, mithilfe derer das Motiv getreuer dargestellt werden kann: Sie sehen, dass die Linie „a“, die den Hinterkopf mit der Spitze des linken Fußes verbindet, durch das Kinn verläuft und die rechte Hand kreuzt. Die Linie „b“, die von den Haaren zur Spitze des rechten Fußes verläuft, berührt das Knie. Die Linie „c“ verläuft parallel zum rechten Arm und trifft in Bodennähe auf die Linie „d“, die wiederum senkrecht von der Stirn nach unten führt. Die Linie „e“ verläuft von der Rückseite des rechten Schuhs senkrecht nach unten und trifft auf die Spitze des linken Schuhs, und die Linie „f“, die das untere Ende eines Stuhlbeins mit dem oberen Ende des anderen verbindet, geht durch das Knie.
Wenn Sie mit einem Bleistift auch nur einige solcher Beziehungen veranschaulichen, wird Ihre Zeichnung harmonisch und wohlproportioniert.

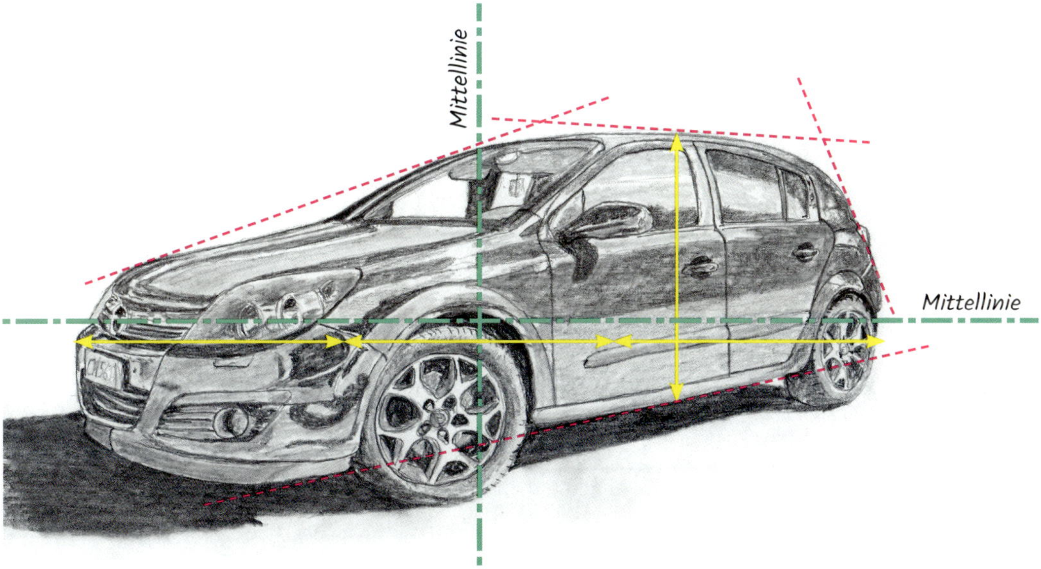

Auch in dieser Zeichnung des Autos waren die beiden Mittel- und die Verbindungslinien wertvoll. Sie haben verdeutlicht, dass die Länge des Autos etwa das Dreifache der Höhe der Vordertür beträgt.

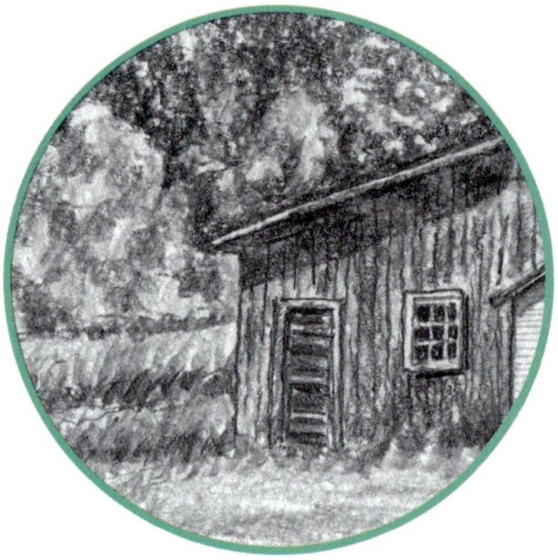

Phasen beim Zeichnen

Bevor man mit dem Zeichnen beginnt, sollte man das Motiv ganz genau betrachten, seine Eigenschaften untersuchen und entscheiden, was man betonen möchte und was weniger, um die Gefühle zu vermitteln, die einen dazu veranlasst haben, Papier und Bleistift in die Hand zu nehmen.

PHASE 1. Damit die Zeichnung harmonisch wird, sollte man die Maße des Motivs ermitteln. Im vorliegenden Fall sieht man auf Foto 1, dass das Haus etwa zwei Stifte breit und einen und ein Viertel Stifte hoch ist. In der Horizontalen kennzeichnen die vier einen halben Stift breiten Abmessungen (Pfeile) signifikante Punkte, wie den Abstand zwischen der linken Hauswand und dem Beginn des weißen Schuppens, die Breite des Schuppens, den Abstand zwischen ihm und der rechten Hauswand und die scheinbare Breite der Wand auf der rechten Seite. Mithilfe des Stifts lassen sich Winkel bestimmen. Übernehmen Sie diese Proportionen, dann wird Ihre Zeichnung naturgetreu und harmonisch. Man findet bei jedem Motiv Zusammenhänge.

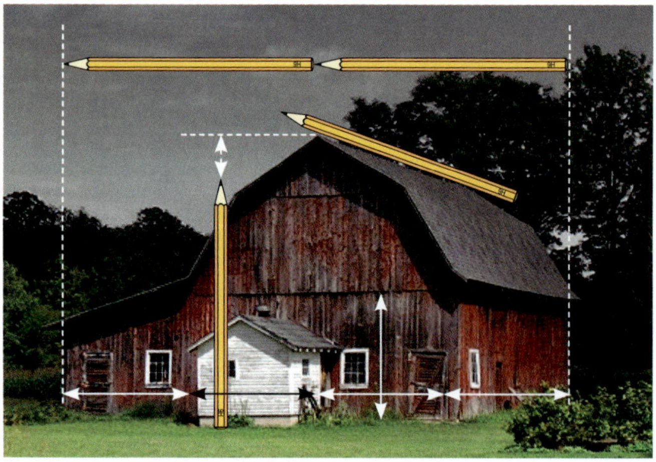

1

PHASE 2. Zeichnen Sie zuerst große Elemente und denken Sie erst zum Schluss an die Details. Ziehen Sie nur dünne Striche mit dem Bleistift und kontrollieren Sie alles noch einmal. Dann können Sie Ungenauigkeiten noch einmal korrigieren. Legen Sie gleich die Position der Schatten fest, weil sich diese mit dem Lauf der Sonne verändert. Wenn Sie mit der Zeichnung zufrieden sind, fügen Sie die Tonwerte hinzu.

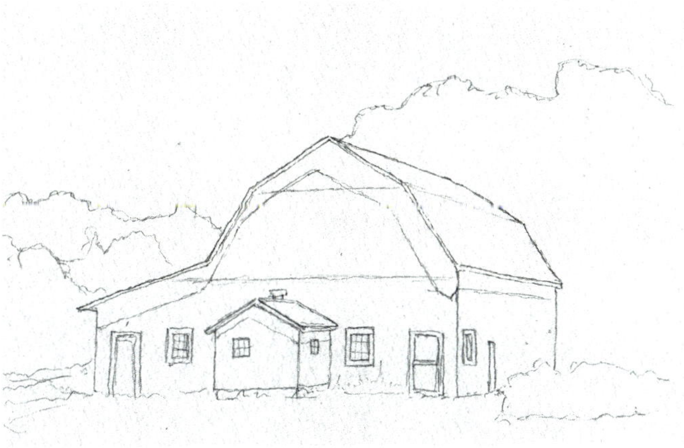

2

PHASE 3. Arbeiten Sie mit Bleistiften in den Härtegraden 2H, HB und 2B die Hell-Dunkel-Stellen am großen Haus heraus und zeichnen Sie die unregelmäßigen Tonwerte auf den alten Holzlatten. Dunkeln Sie den Schatten mit dem Stift in 2B ab, nicht jedoch den Schlagschatten des Dachs auf der kleinen weißen Hütte. Es ist ein schönes Beispiel für das Licht-Schatten-Schema: Obwohl beide Gebäude vom selben Licht angeleuchtet werden, ergeben sich durch die unterschiedliche Lokalfarbe auch im Schatten unterschiedliche Töne. Verschiedene Härtegrade bei den Stiften sind unerlässlich, um eine so große Palette an Tönen wiederzugeben. Durch die Struktur des Papiers lassen sich gut die Unregelmäßigkeiten der Holzlatten hervorheben.

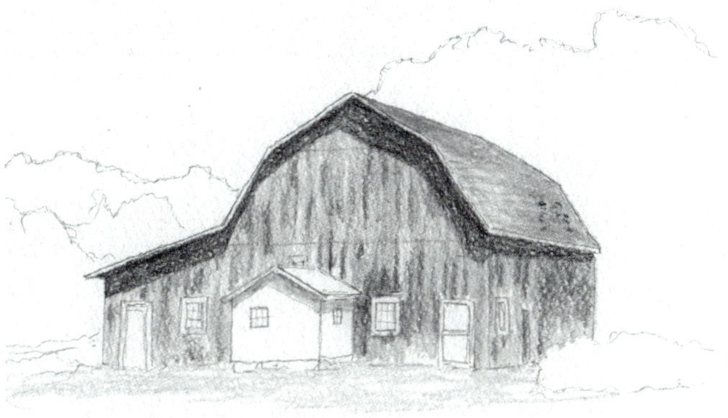

3

PHASE 4. Gehen Sie nun zu den Details über und dunkeln Sie die entsprechenden Stellen ab. Arbeiten Sie in dieser Phase mit den weichsten Bleistiften bis zum Härtegrad 6B. Die Dachlatten der weißen Hütte wurden mit dem 4H-Stift nachgezeichnet. Durch Licht, Schatten und Details gewinnt die Zeichnung nun an Form und Volumen. Beachten Sie in der fertigen Zeichnung die Transparenz des Schattens, durch den die Holzlatten noch zu erkennen sind. In Phase 4 ist der Schatten, den das Dach auf die Wand wirft, zu geschlossen und massiv; er wurde korrigiert, indem er mit einem Knetradiergummi abgetupft wurde. Dann wurden die Trennlinien der Latten neu gezeichnet.

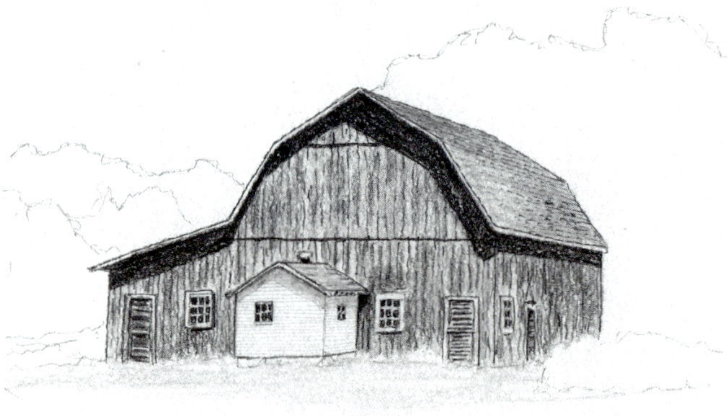

4

PHASE 5. Arbeiten Sie nun den Vorder- und den Hintergrund. Zeichnen Sie das Gras und die Bäume mit Bleistiften in 2H, HB und 2B.

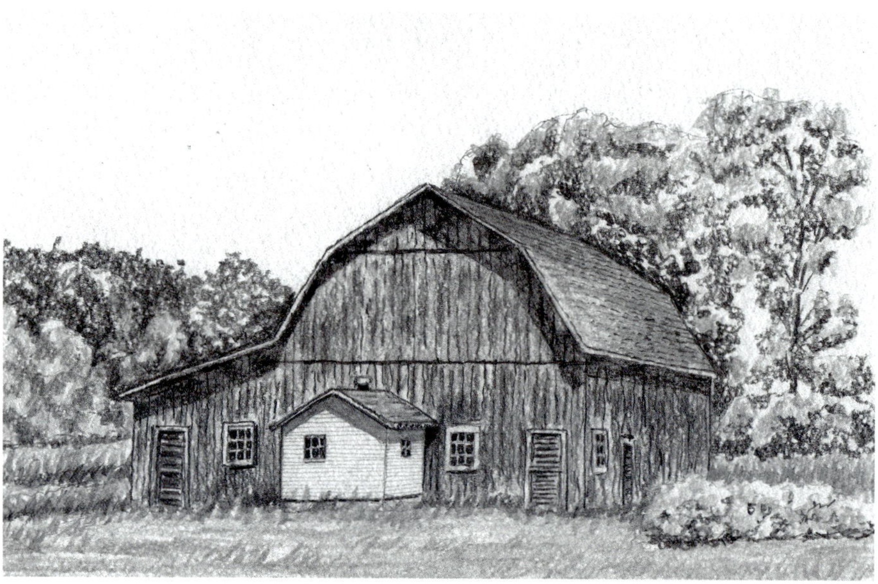

5

Bäume und Büsche zu zeichnen ist nicht leicht. Am besten achten Sie auf zusammenhängendes Laubwerk und darauf, welche Bereiche in der Sonne und welche im Schatten liegen. Vergessen Sie nicht die Freiräume dazwischen, durch die man den Himmel sehen kann. An manchen Stellen sieht man auch Stämme und Äste, an anderen werden sie von Blättern verdeckt. Der helle Teil der Büsche und Bäume kann durch die dunkleren Töne der Vegetation dahinter im Negativ gezeichnet werden. Nun ist die Zeichnung fertig.

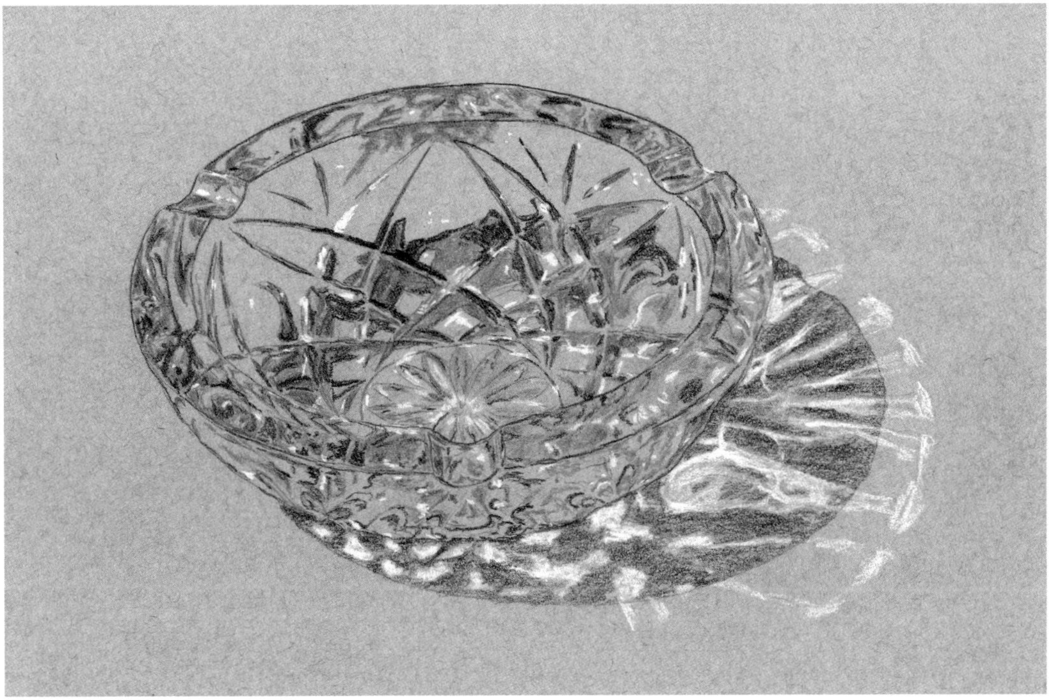

Die erste Phase ist in dieser Zeichnung sehr wichtig. Hier werden mit Strichen die Form sowie die Licht- und Schatten-Bereiche festgelegt. Wenn alles stimmt, wird der Rest darauf aufgebaut. In der zweiten Phase werden die dunklen Bereiche gefüllt, dabei muss man die richtigen Tonwerte verwenden und darauf achten, wo helle und wo dunkle hingehören. In der dritten und letzten Phase werden mit einem weißen Stift die Highlights hinzufügt. Das Grau des Papiers stellt den mittleren Tonwert bereits zur Verfügung. Die zahlreichen Schliffe im Kristall erzeugen Schatten, Lichtreflexe und transparente Stellen, die auf den ersten Blick schwierig wiederzugeben sind. Aber man muss nur die Linien, Formen und Tonwerte aufmerksam und geduldig analysieren, dann klappt es problemlos. Schon bald können Sie verkünden: „Ich kann jeden Gegenstand zeichnen." Das ist wirklich ein schöner Moment!

Die Perspektive

3

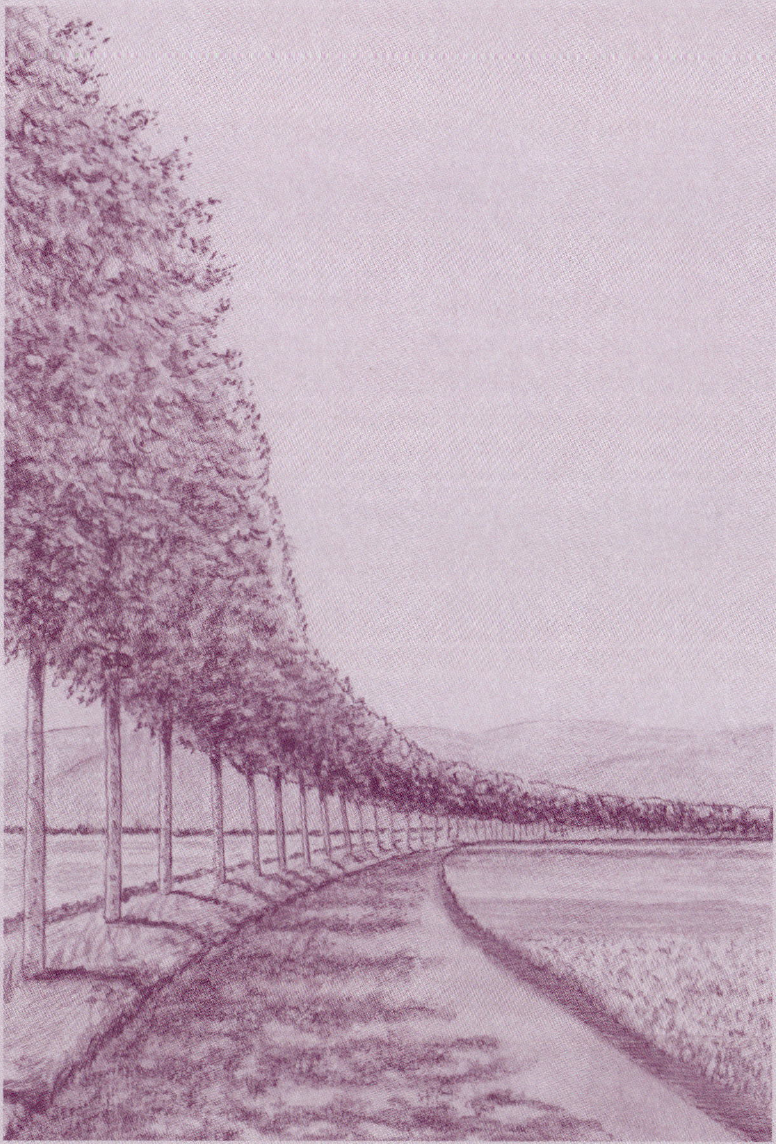

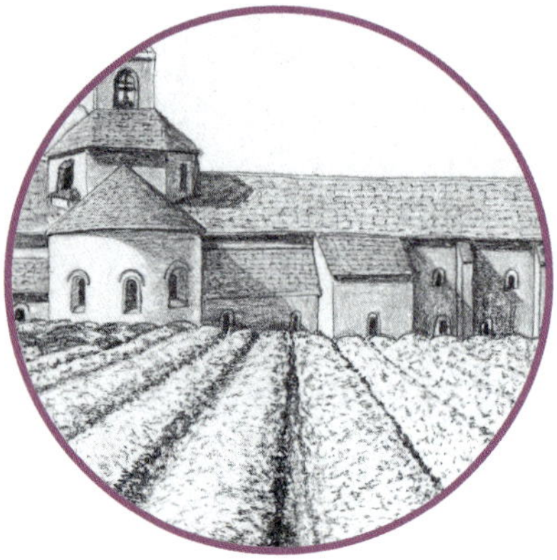

Horizontlinie und Fluchtpunkt

„Man sieht nur, was man weiß."

Das ist wahrhaftig eine wichtige Aussage, die auch für uns Zeichner gilt. Manchmal reicht es nicht, mithilfe eines Bleistifts Maße und Neigungen zu übertragen, um zu überzeugenden Ergebnissen zu kommen, vor allem, wenn die Formen komplex sind, wie bei Häusern und Wohngebieten.

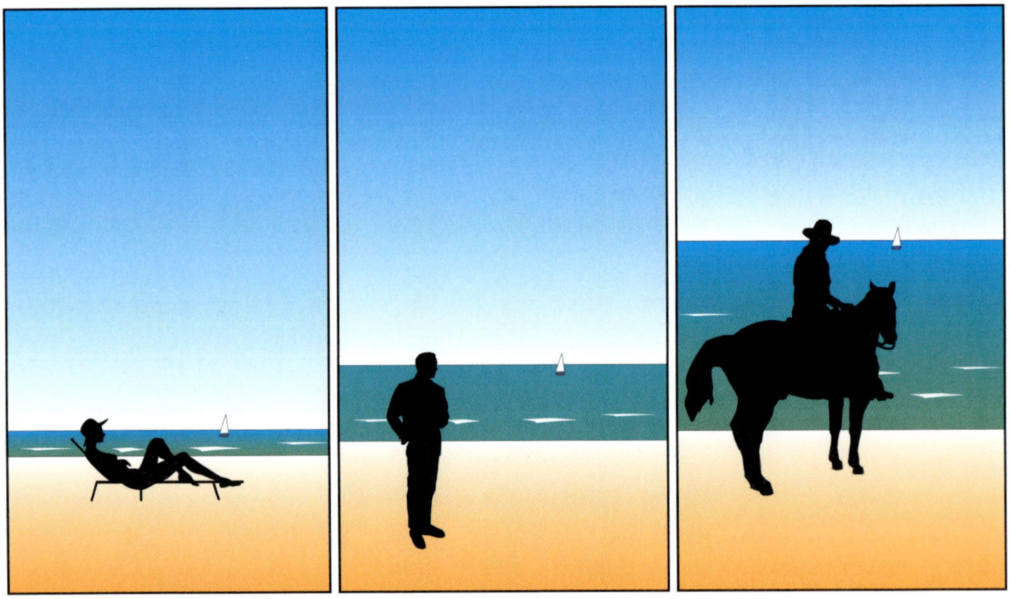

Die Horizontlinie befindet sich immer auf Augenhöhe des Betrachters.

Ich habe viele Bilder von renommierten Malern gesehen, die ausstellen und von ihrer Kunst leben, und selbst diese Bilder enthielten teilweise Fehler. So fiel etwa der Fluchtpunkt von Schatten direkt auf die Lichtquelle statt auf die Horizontlinie oder bei Gebäuden passte der Fluchtpunkt nicht oder Wasserspiegelungen enthielten deutliche Fehler. Wer sich mit der Materie nicht auskennt, nimmt wahr, dass dort etwas nicht stimmt, auch wenn er nicht weiß, was genau. Kurzum, die Zeichnung ist unstimmig und überzeugt nicht.
Aus diesem Grund gehört zum technischen und kulturellen Rüstzeug eines Künstlers, sich intensiv mit der Perspektive auseinandersetzen. Das gebe ich Ihnen in diesem Kapitel mit. Sie werden sehen, dass Sie beim Zeichnen in der Natur dann in der Lage sind, die Aspekte der Szene, die für andere verworren und unentzifferbar erscheinen, leicht aufzulösen, und Ihre Zeichnung wird stimmig.

Wenn man auf diesen Fotos die Horizontlinien von Mauer, Tür und Fenster sowie der Fliesen zieht und verlängert, laufen sie alle in einem Fluchtpunkt zusammen (FP). Die Horizontlinie, immer auf Augenhöhe des Betrachters, führt durch diesen Fluchtpunkt und ist natürlich waagerecht. Ihre Lage kann man mit bloßem Auge abschätzen, wenn man daran denkt, dass alle Linien über der Horizontlinie nach unten führen. Die Linien darunter zeigen nach oben.

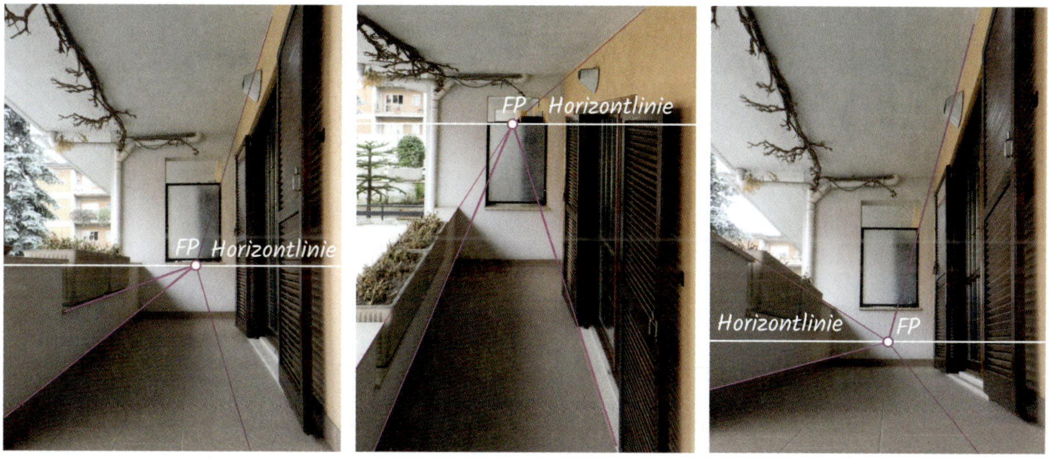

Mittels der Horizontlinie lässt sich auch exakt die Position des Objektivs feststellen, mit dem das Foto aufgenommen wurde. Bei einer Zeichnung zeigt sie die Position des Künstlers an.

Alle Linien, die in der Realität waagerecht sind und sich vom Betrachter wegbewegen, zeigen nach oben, wenn sie sich unterhalb der Horizontlinie, und nach unten, wenn sie sich darüber befinden. Nur Linien, die quer verlaufen und somit immer den gleichen Abstand zum Betrachter haben, bleiben horizontal und parallel.

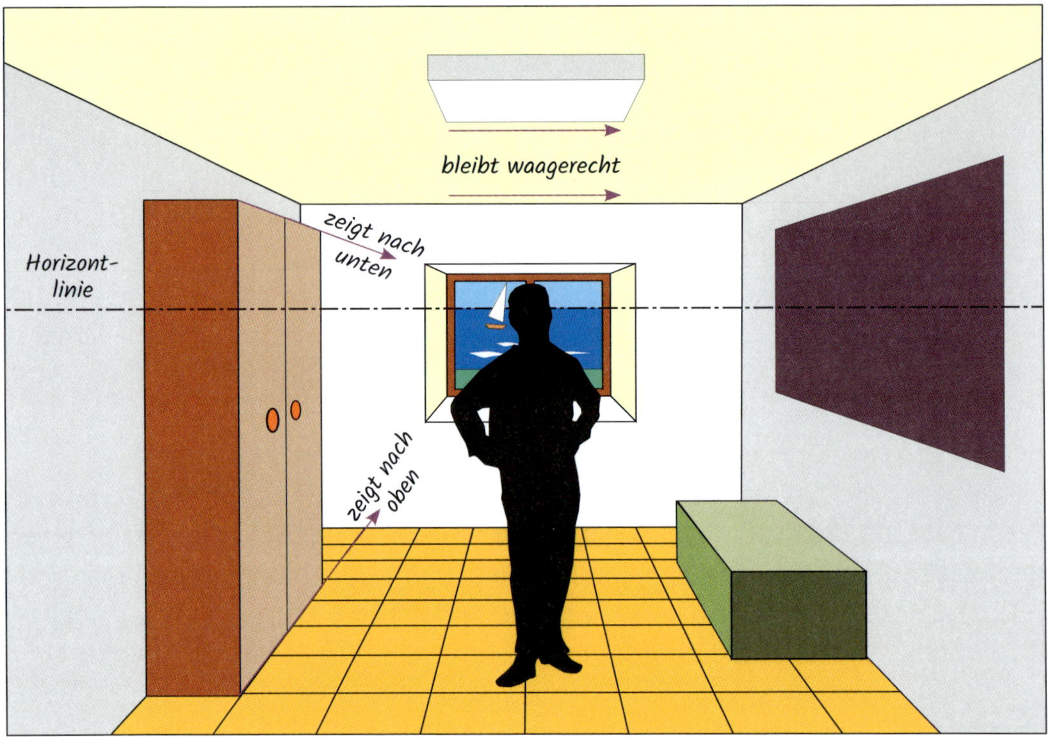

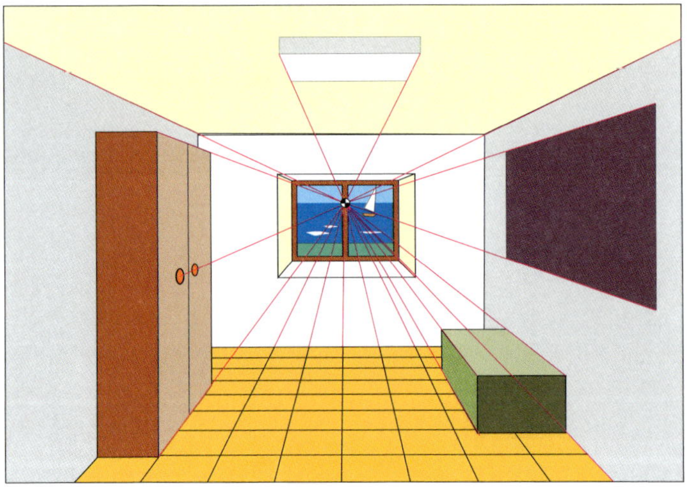

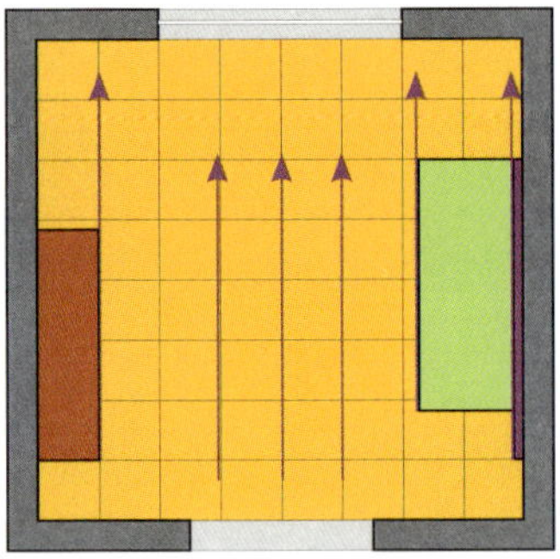

Alle Linien, die parallel zueinander verlaufen und sich vom Beobachter wegbewegen, laufen in demselben Punkt (dem Fluchtpunkt) auf der Horizontlinie zusammen.

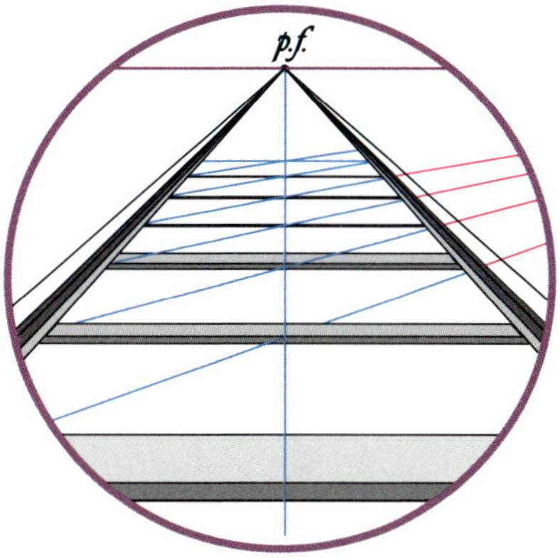

Frontal- oder Zentralperspektive (mit einem Fluchtpunkt)

In der Frontalperspektive hat das Motiv (in diesem Fall ein Gebäude) Kanten, die von links nach rechts parallel zur Papierkante verlaufen. Sie bleiben auch in der Perspektive parallel. Andere Kanten entfernen sich vom Betrachter. Diese, die in Wirklichkeit parallel zueinander verlaufen, treffen sich alle im selben Punkt (FP) am Horizont.

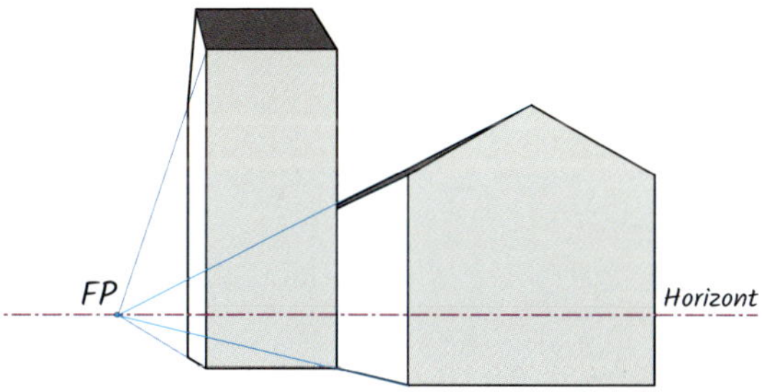

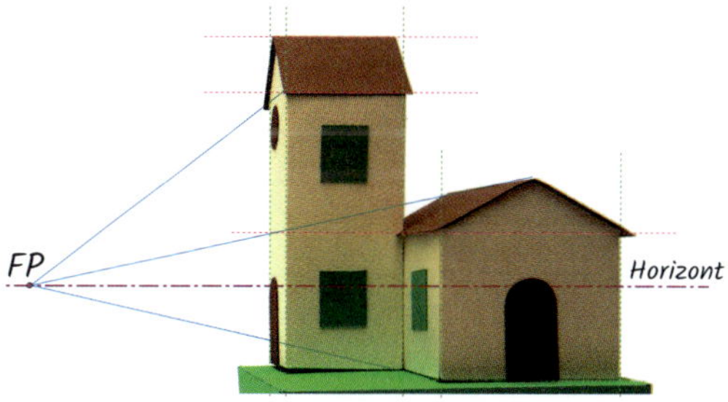

Die rot gepunkteten Linien (horizontal) und die grünen (vertikal) verlaufen im Bild parallel und bleiben auch in der Zeichnung parallel. Die blauen Linien, die vom Betrachter wegführen, laufen in der Zeichnung auf den Fluchtpunkt zu, obwohl sie in der Realität ebenfalls parallel verlaufen.

Übung: Würfel in der Frontalperspektive zeichnen

Eine Seite des Würfels liegt parallel zum Zeichenblatt und zu unserer Stirn. Die vier Seiten befinden sich alle im gleichen Abstand von unseren Augen und bleiben daher parallel (die beiden vertikalen und die beiden horizontalen). Da wir uns weiter oben (Horizontlinie über dem Würfel) und rechts befinden, sind auch die oberen und rechten Flächen für uns sichtbar, aber wir sehen sie verkürzt, weil sie sich von uns wegbewegen.

Wiederholen Sie die Übung, indem Sie die Horizontlinie und den Fluchtpunkt unterschiedlich positionieren: mit einer Horizontlinie, die das Quadrat schneidet, mit der Horizontlinie unter dem Quadrat, Zentralansicht, Blickpunkt von links.

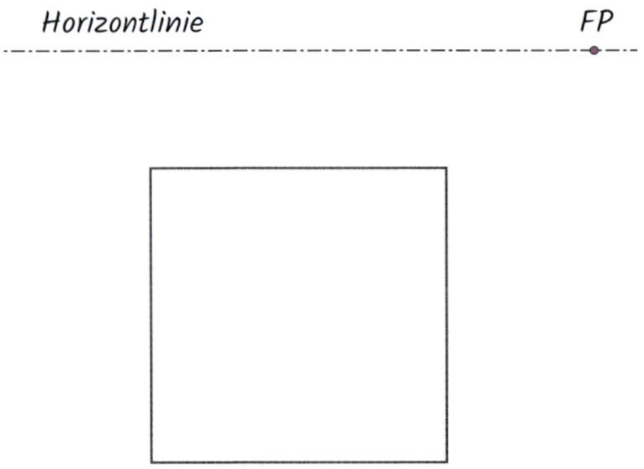

1. Zeichnen Sie ein Quadrat, die Horizontlinie und darauf einen Fluchtpunkt (FP).

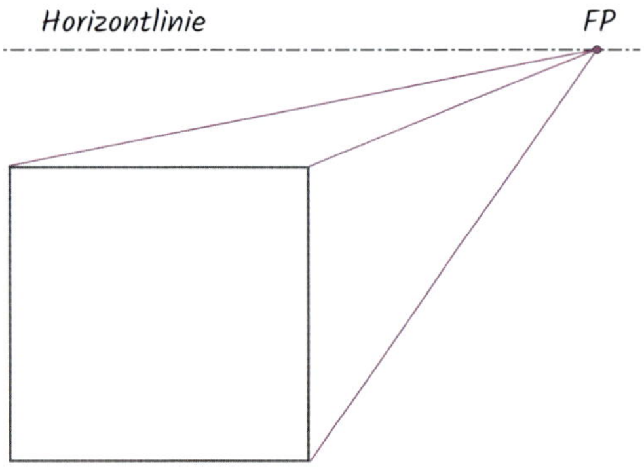

2. Zeichnen Sie dünne Linien von den drei Ecken des Quadrats zum Fluchtpunkt.

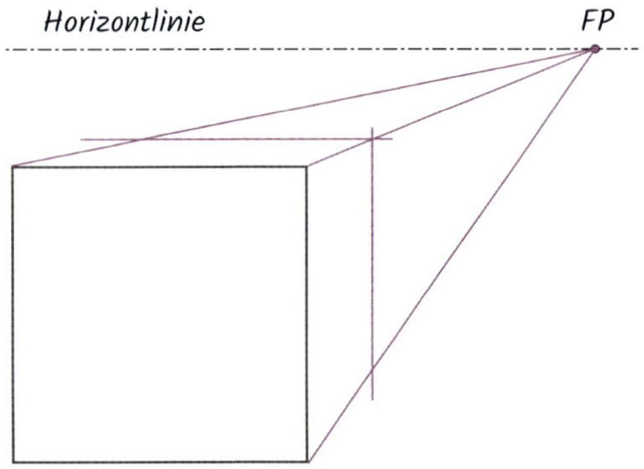

3. Zeichnen Sie eine dünne vertikale und eine horizontale Linie, die sich auf der mittleren Linie zum Fluchtpunkt kreuzen. Das sind die Kanten der oberen und seitlichen Fläche des Würfels.

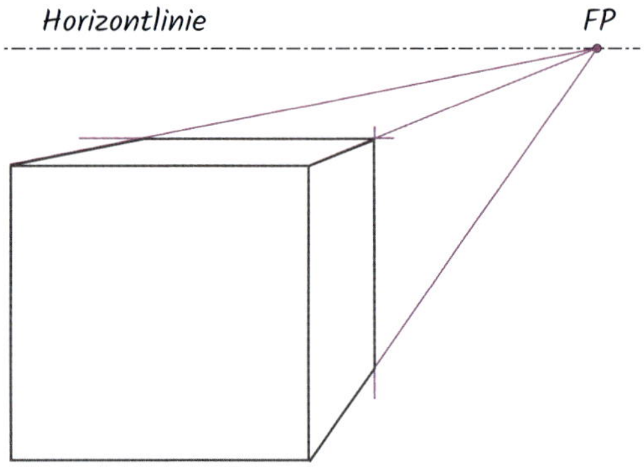

4. Fahren Sie die Seiten dicker mit einem 2B-Bleistift oder Pinsel nach. Und fertig ist Ihr Würfel in der Frontalperspektive.

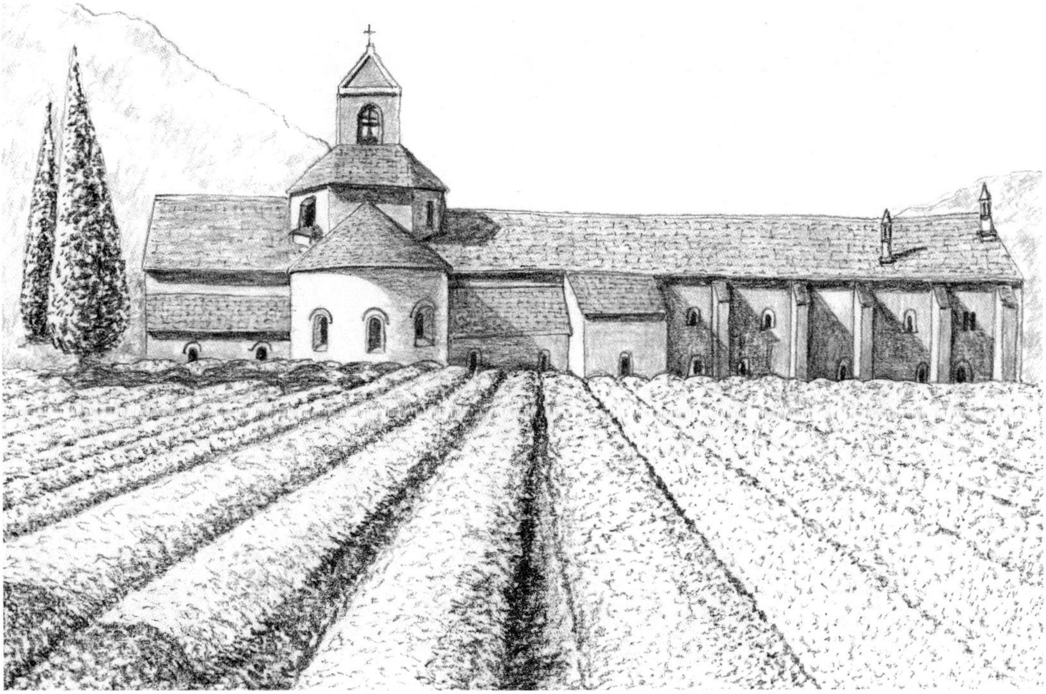

Notre-Dame de Sénanque, Provence.

Zentralperspektive oder mit einem Fluchtpunkt.

Beachten Sie, dass links mehr Schattenstreifen auf dem Lavendelfeld zu sehen sind als rechts. Das liegt daran, dass das Licht von links kommt und rechts Schatten und Schlagschatten vom Lavendel verdeckt werden. Links sieht man die rechte Seite der Reihen, rechts die linke Seite in hellem Licht. Zeichnen Sie diese Szene und vollziehen Sie diese Phänomene nach.

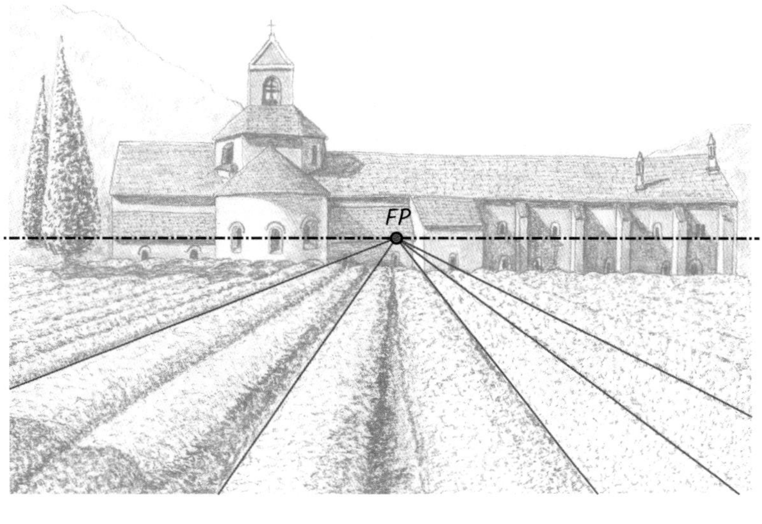

Details in entfernte Bereiche einfügen

Für einen perspektivischen Effekt erscheinen räumlich gleich weit entfernte Elemente perspektivisch näher beieinander, je weiter sie vom Blickpunkt entfernt liegen (erhöhte Verdichtung). Um das darzustellen, können zwei Methoden angewendet werden.

Erste Methode: Man zeichnet die ersten beiden Elemente (die beiden Pfosten 1 und 2) und zieht Linien von deren Enden bis zum Fluchtpunkt. Dann zieht man eine dritte Linie vom Fluchtpunkt zur Mitte des ersten Elements (gestrichelte Linie). Anschließend eine Linie von der Oberkante des ersten Elements zur Mitte des zweiten (der Punkt, durch den die dritte Fluchtlinie verläuft) und verlängert sie bis zur unteren Fluchtlinie. Der Schnittpunkt dieser letzten beiden Linien bestimmt die Position des dritten Elements. So fährt man weiter fort, um die Position der anderen Elemente zu ermitteln.

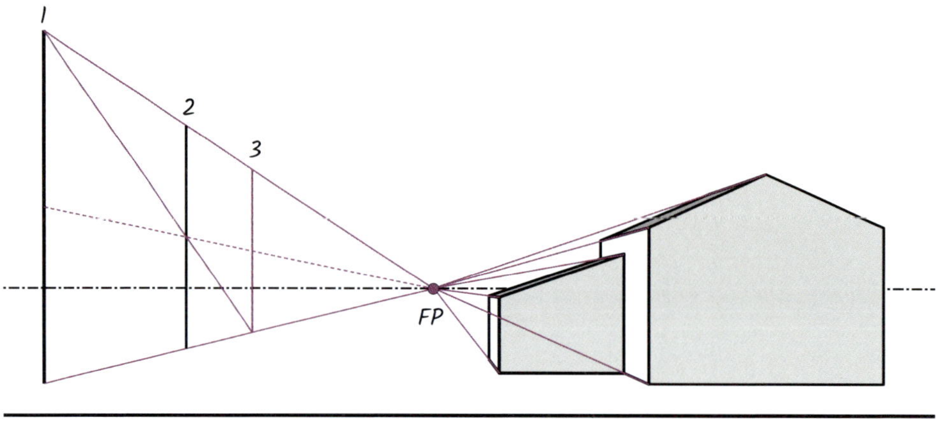

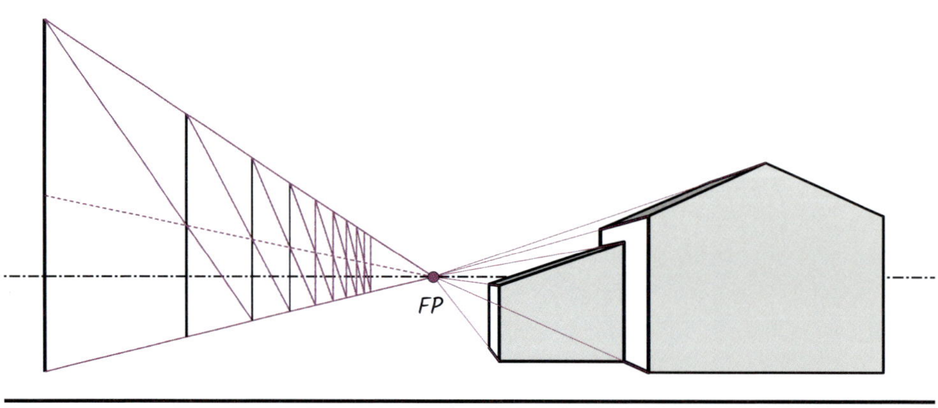

Zweite Methode: Nachdem die ersten beiden Elemente gezeichnet sind, zieht man eine Linie, die von der Oberkante des ersten Elements zur Mitte des zweiten verläuft und verlängert wird, bis sie eine Linie kreuzt, die vom Fluchtpunkt aus senkrecht nach unten gezogen wird. Dieser Schnittpunkt bildet einen zweiten Fluchtpunkt, von dem aus weitere Linien gezeichnet werden. Diese führen immer zum Ende des vorletzten gezeichneten Elements und schneiden dabei die untere Fluchtlinie an dem Punkt, durch den das nächste Element senkrecht nach oben zeigt.

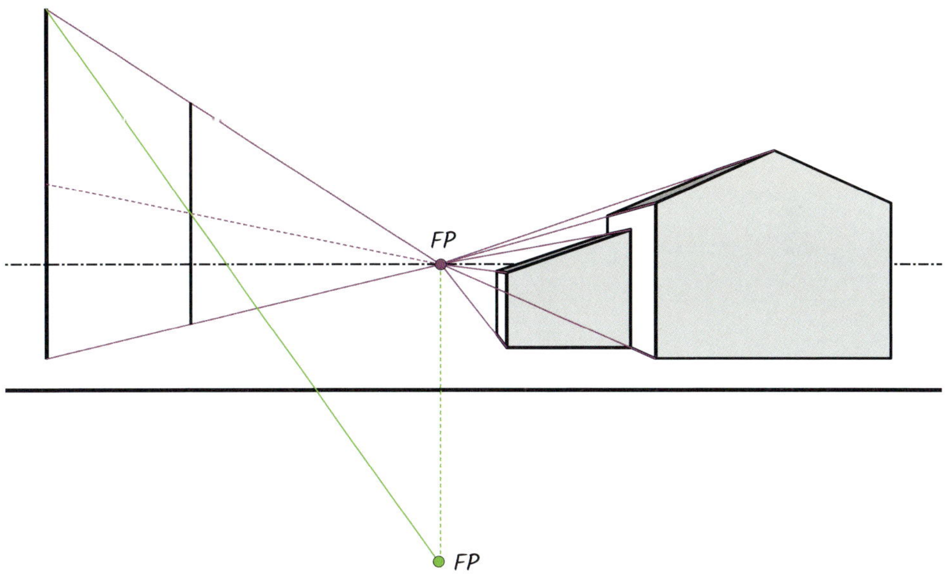

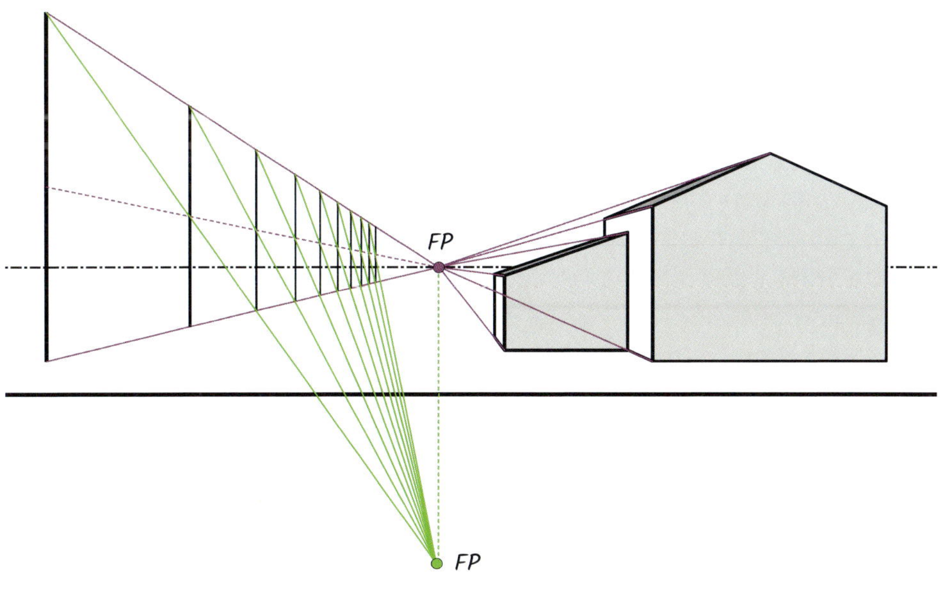

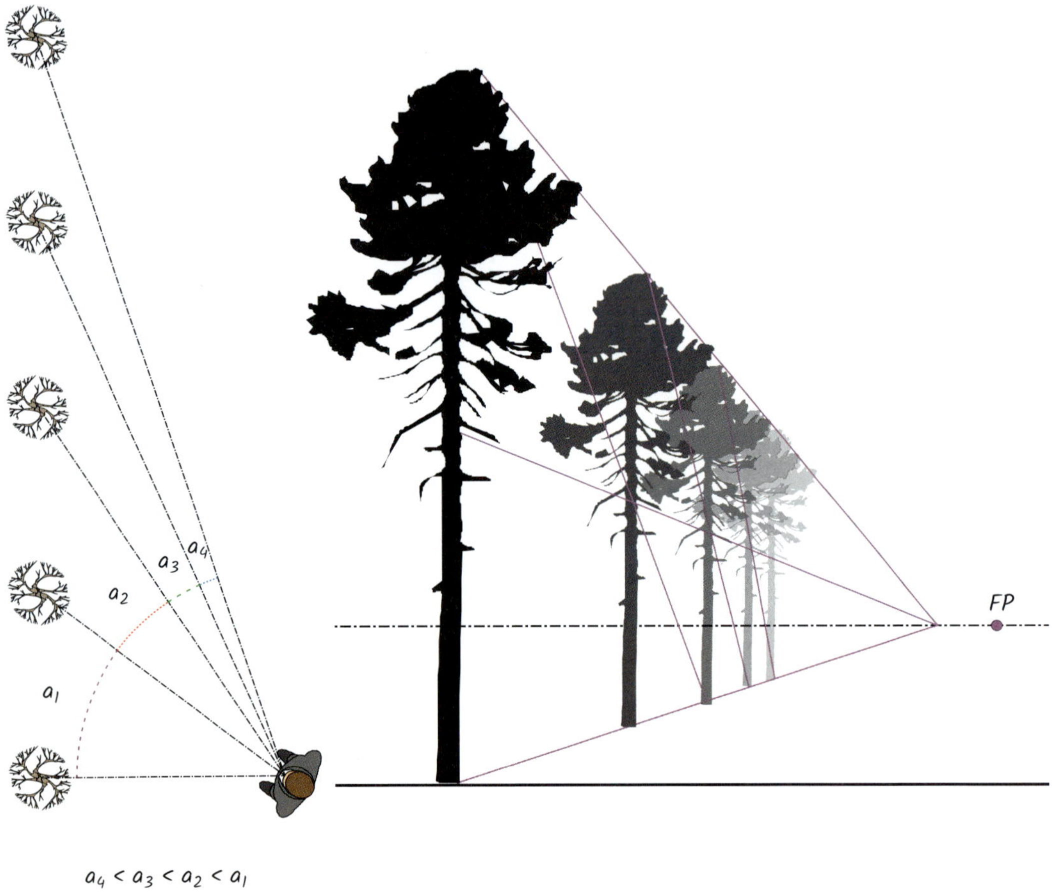

Die Zeichnung oben zeigt den Grund für die scheinbare Verdichtung der Elemente, die in der Realität jeweils gleich weit voneinander entfernt liegen.
Links sieht man von oben fünf Bäume in gleichmäßigem Abstand sowie einen Mann, der neben dem ersten Baum steht und die Bäume ansieht. Wie man sieht, werden die Winkel zwischen zwei benachbarten Bäumen bei den weiter entfernten Paaren immer kleiner. Je kleiner die Blickwinkel werden, umso geringer werden scheinbar auch die Abstände.
Um die Perspektive zu verdeutlichen, habe ich die Bäume entsprechend mit immer hellerem Grau gezeichnet.

Perspektive und Orthogonalprojektion

In der Perspektive gilt die Verdichtung der Elemente mit zunehmender Entfernung natürlich auch für horizontal angeordnete und anderweitig ausgerichtete. Das perspektivische Sehen verzerrt Objekte, aber es ist die natürliche Sichtweise, wie unsere Augen die Realität wahrnehmen, daher ist sie für Künstler von großem Interesse.

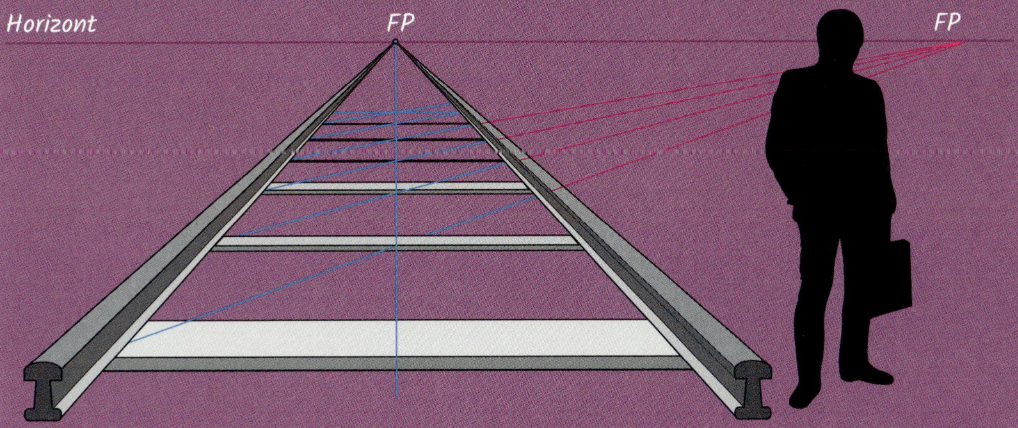

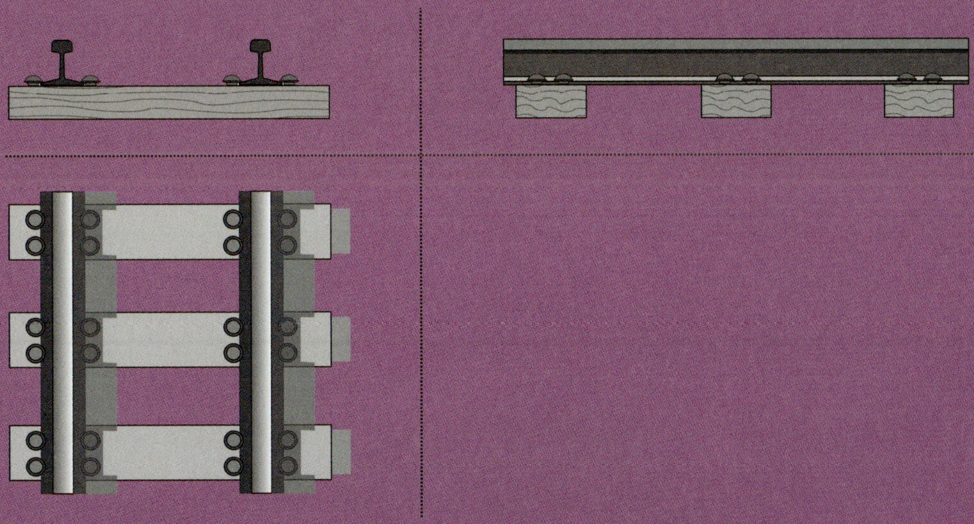

Es gibt noch weitere Arten der Darstellung, die von technischen und Projektzeichnern verwendet werden, etwa die Orthogonalprojektion (in diesem Beispiel) und die axonometrische Darstellung.

Übung: Schachbrett oder Fußboden perspektivisch zeichnen

Zeichnen Sie auf der Grundlinie in regelmäßigen Abständen Markierungen ein und davon ausgehend die auf den Fluchtpunkt zulaufenden Linien. Zeichnen Sie dann eine diagonale Linie, die außerhalb des Schachbretts endet. Dort, wo sie die Linien schneidet, werden die Parallelen zur unteren Kante des Bretts gezogen. Dann ist die Arbeit praktisch beendet.

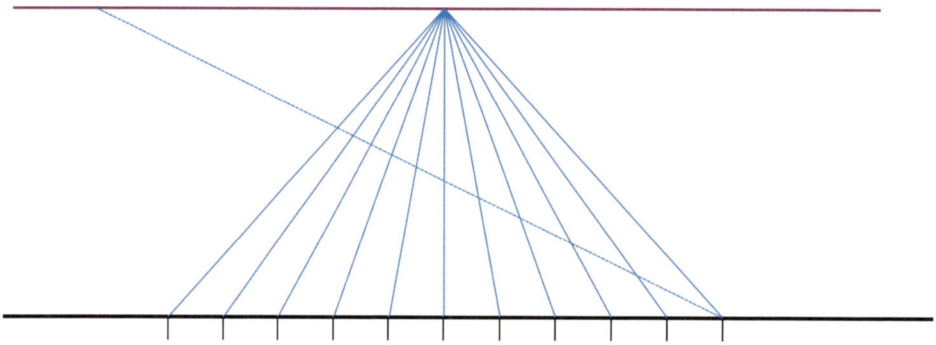

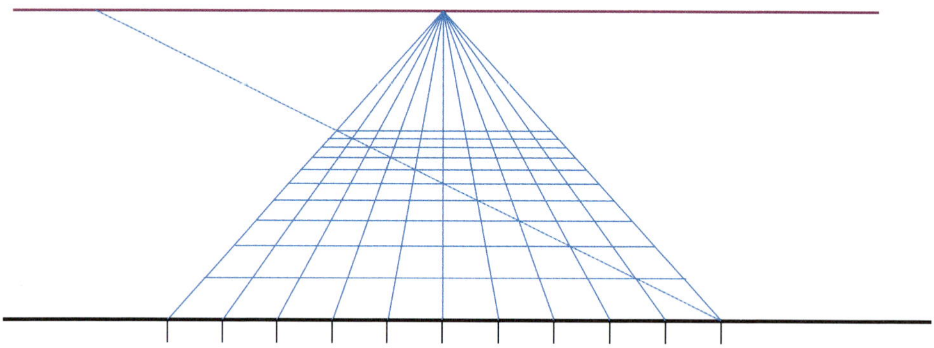

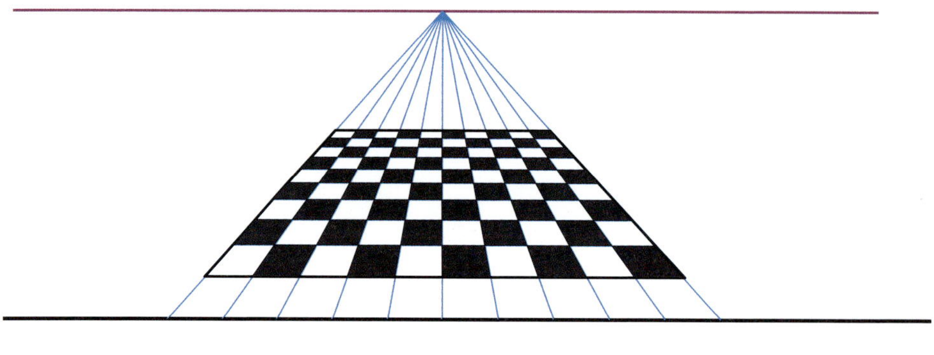

Übung: Figuren in den richtigen Dimensionen positionieren

Links sieht man sozusagen die Ausgangsfigur. Sie steht auf der Höhe des Betrachters, was man daran erkennt, dass die Horizontlinie durch ihre Augen führt.
Ich erinnere daran, dass die Horizontlinie immer auf Augenhöhe des Zeichners liegt. Zeichnen Sie zwei Linien von den beiden Enden der Ausgangsfigur zu einem Fluchtpunkt am Horizont.
Die Höhe einer anderen Figur in diesem Raum (natürlich gleich groß, wobei diese Figur auch den Ausgangs- bzw. Vergleichspunkt für eine Figur in einer anderen Größe bildet) erhält man, indem man zwei parallele Linien von diesen beiden Fluchtlinien zu dem Punkt zieht, an dem die andere Figur gezeichnet werden soll. Das Kreuz auf dem Boden markiert die Position einer weiteren Figur, deren Höhe mithilfe dieses Verfahrens ermittelt werden kann (schwarz gestrichelte Linien). Wie Sie sehen, liegen die Augen aller Figuren auf der Horizontlinie, außer natürlich die des kleinen Mädchens und des Hündchens.

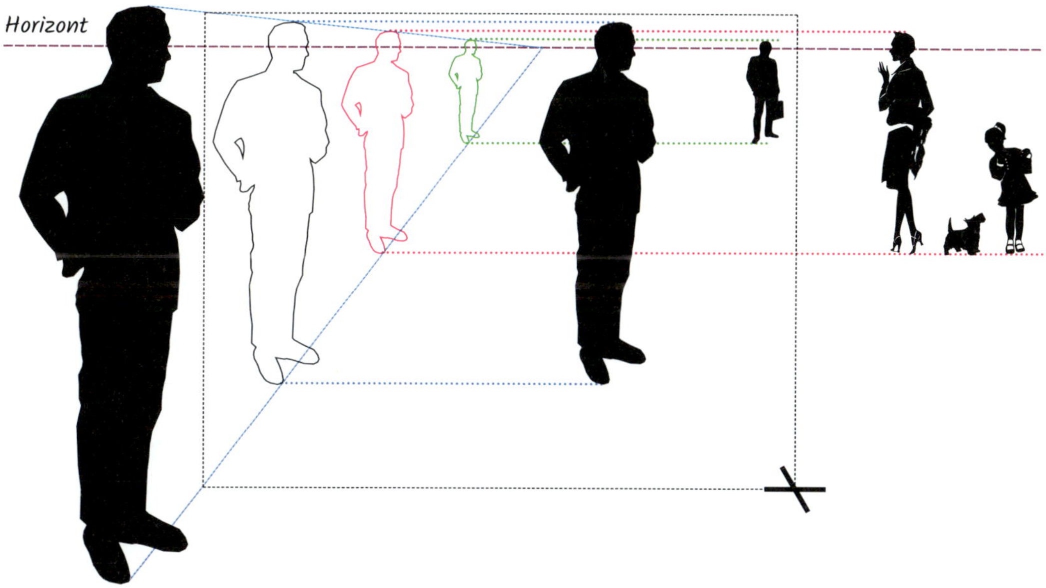

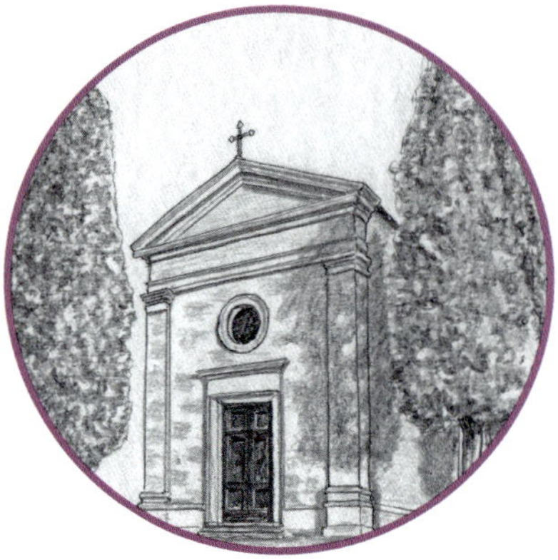

Übereckperspektive (mit zwei Fluchtpunkten)

Wenn keine der Gebäudeseiten parallel zum Papierrand liegt, laufen ihre Kanten auf zwei verschiedene Fluchtpunkte zu. Nur die vertikalen Linien (parallel zu den vertikalen Kanten des Papierrands) verlaufen parallel zueinander. Wenn wir uns vorstellen, das Gebäude im Uhrzeigersinn zu drehen, wird sich der Fluchtpunkt 1 (FP 1) zur Mitte der Zeichnung hinbewegen, während sich der Fluchtpunkt 2 (FP 2) immer weiter entfernt und das Blatt nach rechts verlässt. Wenn die Fassade parallel zum Bild gedreht ist, liegt FP 2 im Unendlichen und wir sind wieder bei der Ein-Fluchtpunkt-Perspektive.

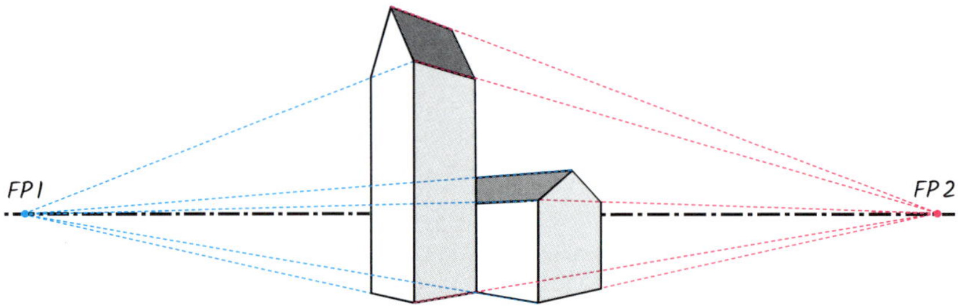

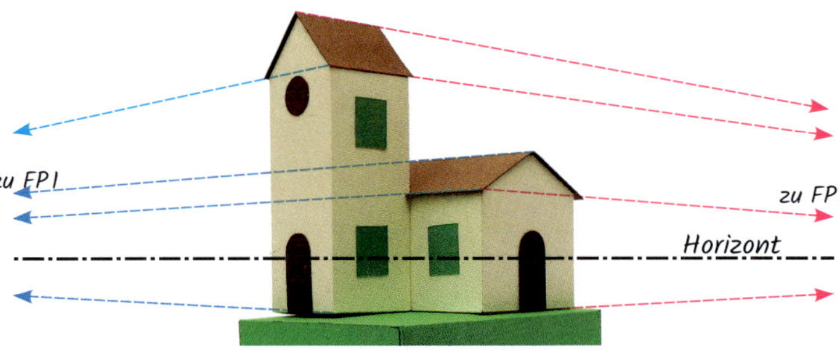

In unseren Zeichnungen in der Natur liegt einer der Fluchtpunkte meist außerhalb der Zeichnung. Beim Skizzieren ist es nicht notwendig, geometrische Konstruktionen ganz genau umzusetzen. Man kann den Verlauf der Fluchtlinien abschätzen oder mit einem Bleistift ungefähr abmessen (siehe Messtechniken).

Übung: Würfel in der Übereckperspektive zeichnen

Vorne liegt eine Kante des Würfels und alle Seiten bewegen sich von uns weg, sodass wir sie in verkürzter Ansicht sehen. Zeichnen Sie die beiden Fluchtpunkte recht weit auseinander, da sonst Verzerrungen auftreten (so wie in den unten stehenden Zeichnungen, in denen die Fluchtpunkte aus Platzgründen zu dicht beieinanderliegen). Dabei entsteht ein Effekt wie bei einem Foto, das mit einem Weitwinkelobjektiv von einem Standpunkt sehr nahe am Motiv aufgenommen wurde. Viele Motive haben eine Kubus- oder Quaderform. Auch Gebäude haben einfache Formen, die man mit Würfeln, Pyramiden und Zylindern vergleichen kann. Nachdem Sie diese Übung durchgeführt haben, versuchen Sie, Schachteln (Schuhkartons, Milchtüten) aus dieser Perspektive zeichnen.

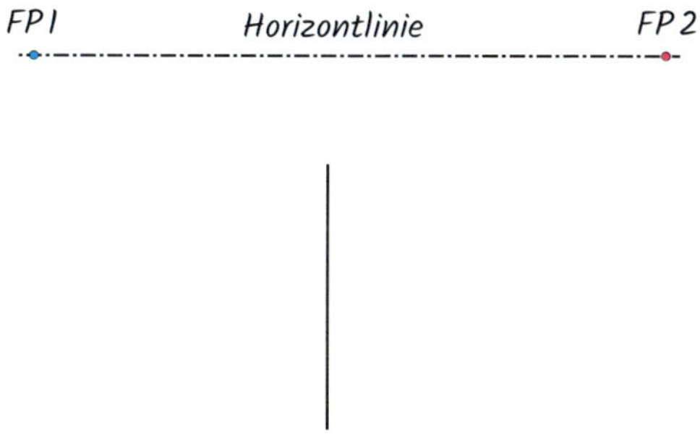

1. Zeichnen Sie die Kante des Würfels, die Horizontlinie und darauf zwei Fluchtpunkte (FP1 und FP2).

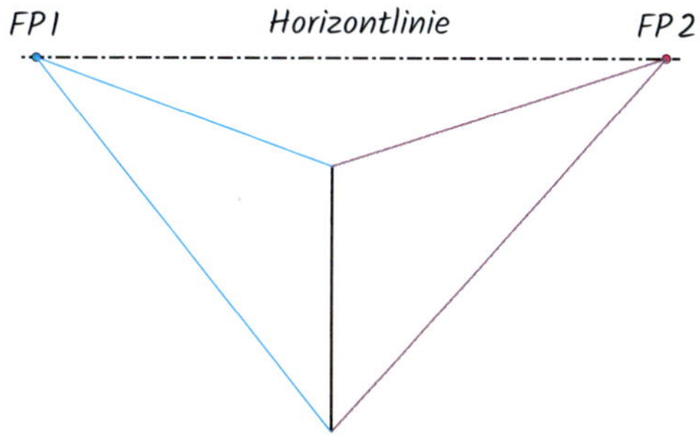

2. Zeichnen Sie dünne Linien von den Enden der Kante zu den beiden Fluchtpunkten.

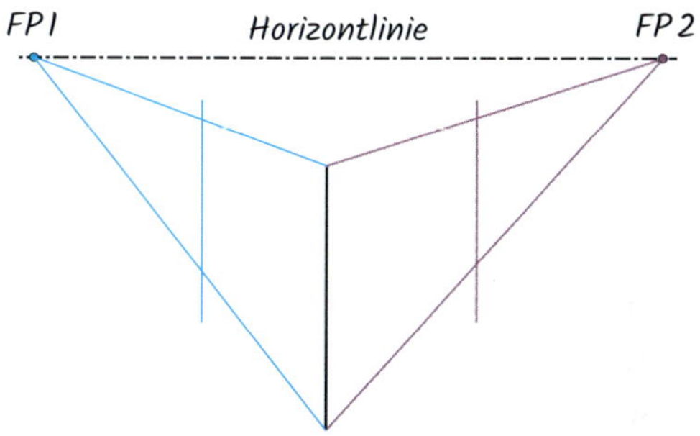

3. Zeichnen Sie dann zwei dünne Vertikalen für die beiden Außenkanten der Seiten.

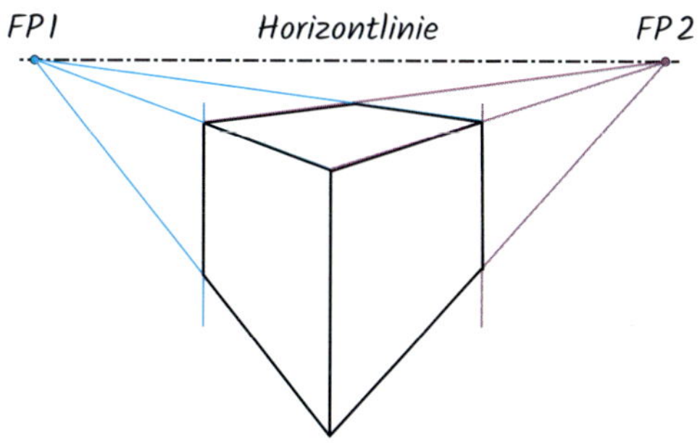

4. Ziehen Sie dann Linien von dort, wo die Außenkanten die Fluchtlinien kreuzen, zu den Fluchtpunkten. So entsteht die obere Seite des Würfels.

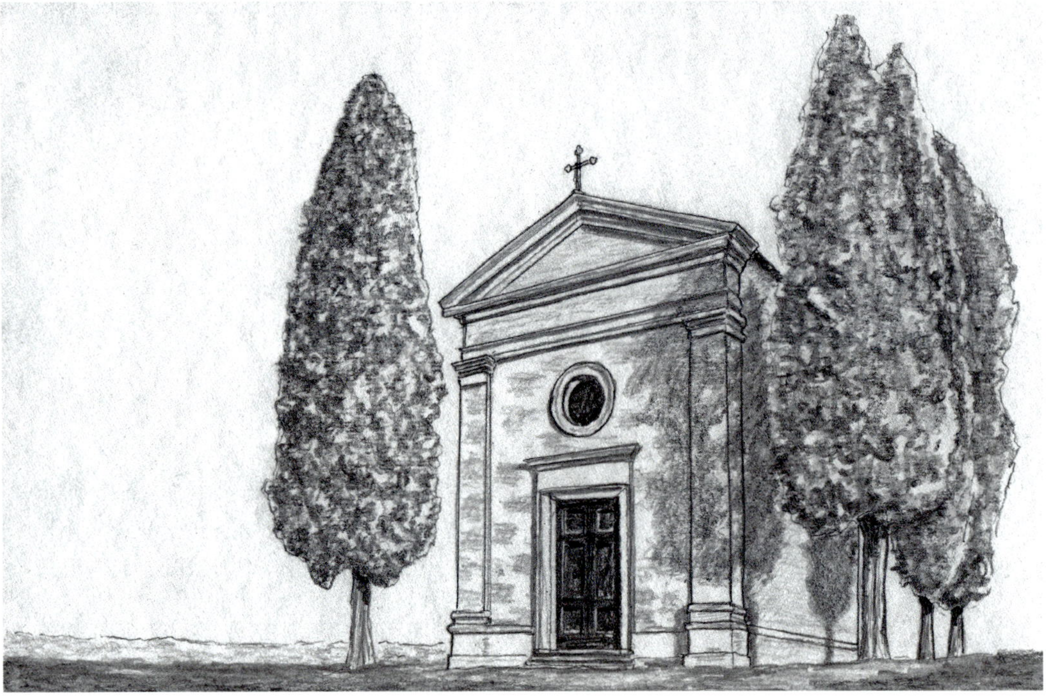

Kapelle Madonna di Vitaleta, San Quirico d'Orcia.

Zwei-Punkt- oder Übereckperspektive.

Die beiden Seiten der Kapelle verlaufen nicht parallel zur Bildtafel.
Die mittlere Kante ist näher am Zeichner, die beiden anderen entfernen sich von ihm und werden kleiner. Daraus ergeben sich zwei unterschiedliche Fluchtpunkte. Die Horizontlinie liegt sehr niedrig, sogar unter der Zeichnung. Das liegt daran, dass sich die kleine Kirche auf einem kleinen Hügel befindet und der Zeichner weiter unten sitzt.

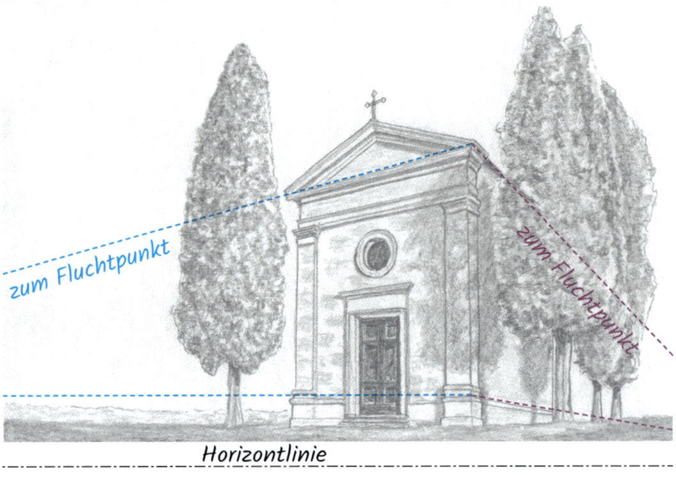

Übereckperspektive mit mehreren Fluchtpunkten

Wenn Gebäude nicht in einer Linie, sondern entlang einer Biegung angeordnet sind, laufen die Fluchtlinien in verschiedenen Fluchtpunkten zusammen, die immer am Horizont liegen. Das Gleiche gilt für Gegenstände und Möbel.

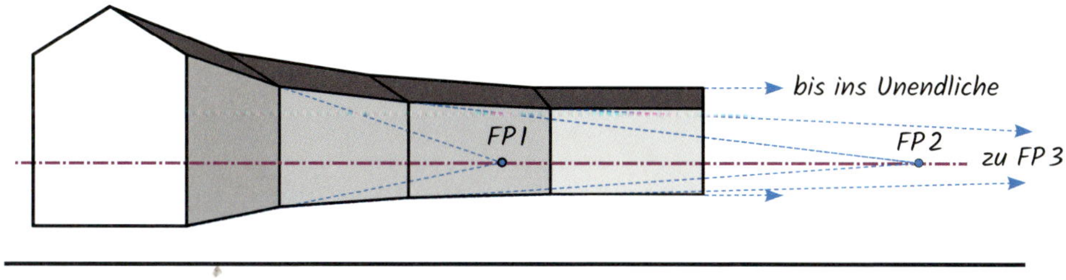

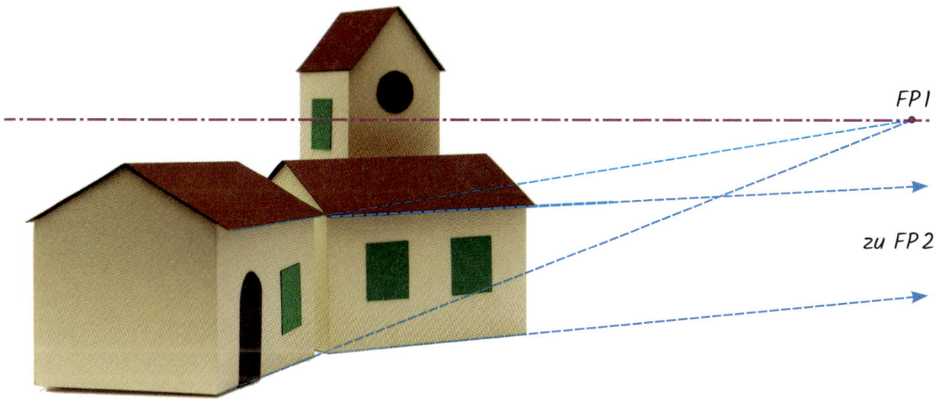

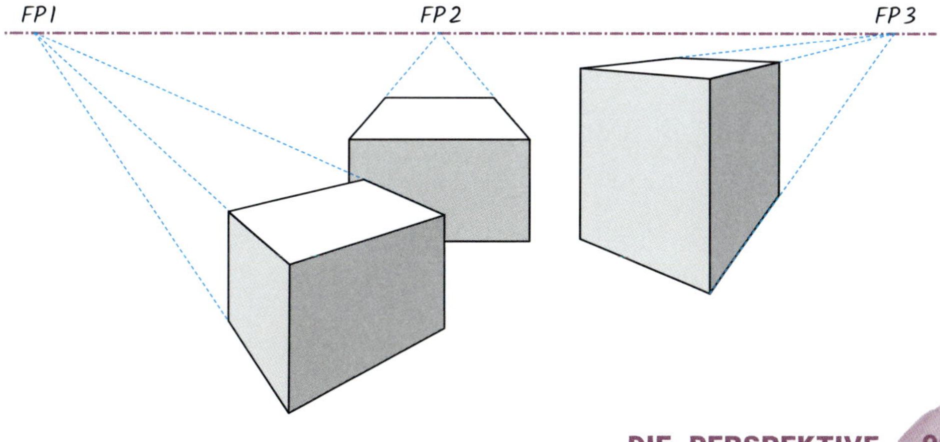

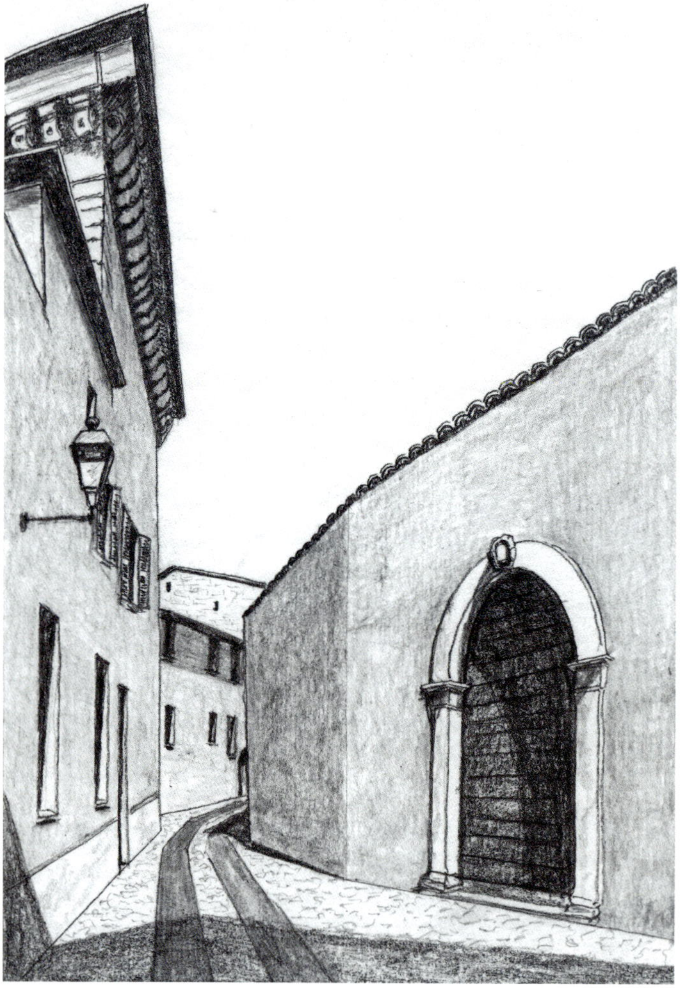

Brescia, historisches Zentrum.

Übereckperspektive mit mehreren Fluchtpunkten.
Die horizontalen Linien der parallelen Flächen laufen alle auf denselben Fluchtpunkt zu. Die Wände dieser Gebäude sind nicht parallel, sodass ihre Linien zu verschiedenen Fluchtpunkten hin verlaufen, die sich aber immer auf der gleichen Horizontlinie befinden.

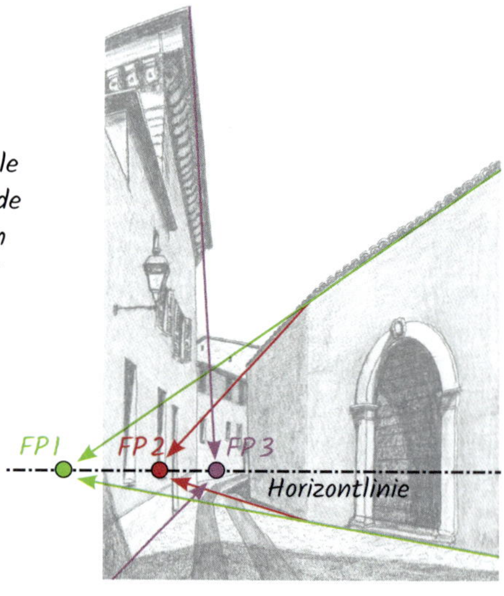

Perspektive bei geneigten Motiven

Eine geneigte (schiefe) Ebene hat Fluchtlinien, die nicht auf den Horizont zulaufen, sondern auf einen Fluchtpunkt, der darüber (wenn die Neigung nach oben zeigt) oder darunter (wenn sie nach unten zeigt) liegt. Im folgenden Beispiel ist die schiefe Ebene der Deckel der Schachteln. Während die Fluchtlinien beider Schachteln (Schachteln liegen parallel zueinander) auf denselben Fluchtpunkt am Horizont zulaufen, liegen die Fluchtpunkte der Deckel oberhalb und unterhalb des Horizonts, aber immer auf einer vertikalen Linie durch den FP 0, wobei die horizontalen Kanten der Deckel parallel zu den Kanten der jeweiligen Schachteln sind. Ein klassisches Beispiel für diesen Typ in der Landschaft sind Dachschrägen.

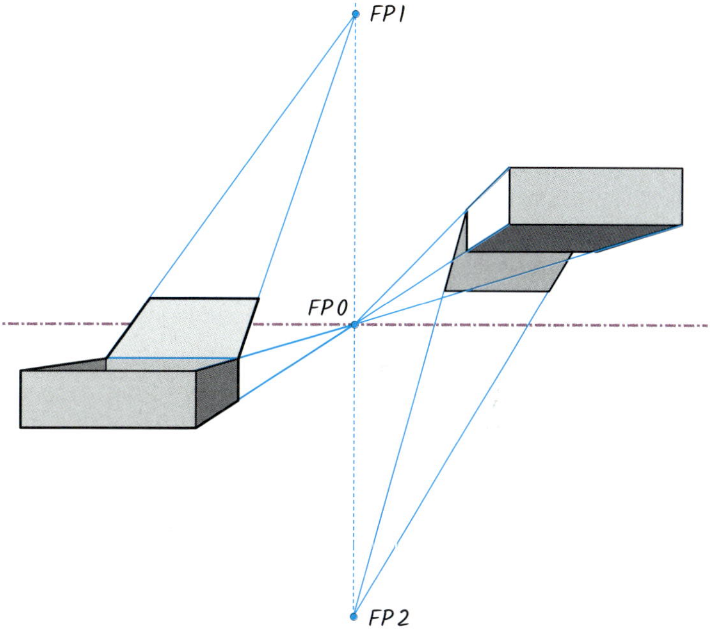

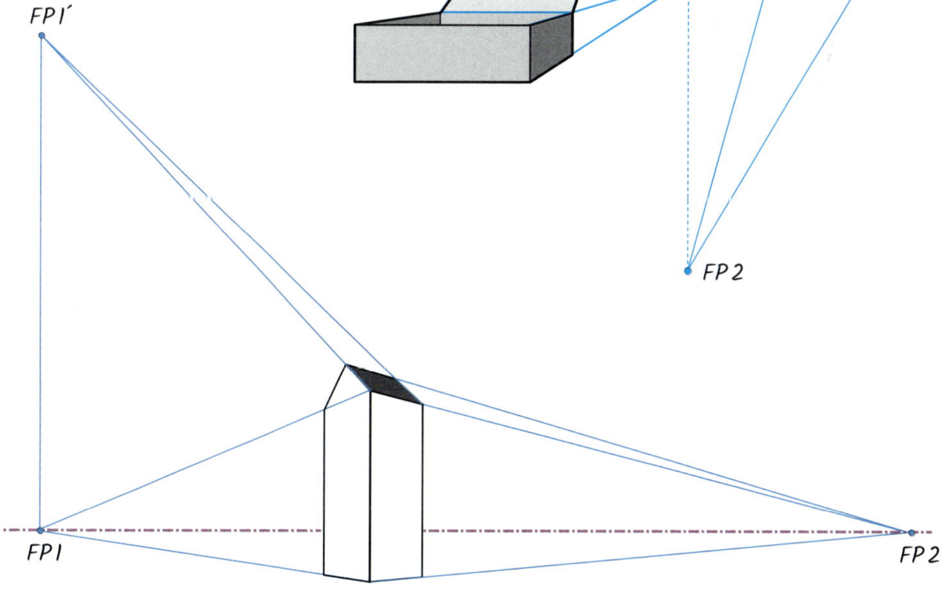

Beachten Sie, dass sich der Fluchtpunkt des Dachs (FP1´) über der Horizontlinie befindet, vertikal über dem Fluchtpunkt auf dem Horizont, auf den die Fluchtlinien der Wand zulaufen.

In dieser Skizze ist die lange Marmorplatte an der kleinen Wand, die die Treppe nach unten auf der rechten Seite begrenzt, horizontal. Parallel dazu verlaufen die Treppen, die links hinauf- und rechts hinunterführen. Nur der Fluchtpunkt der horizontalen Fläche (FP 0) liegt auf dem Horizont.
Die Fluchtpunkte der Treppen (FP 1 und FP 2) liegen entsprechend tiefer und höher, alle drei liegen dabei auf derselben Vertikale. Dies ist jedoch eine freihand gezeichnete Skizze.

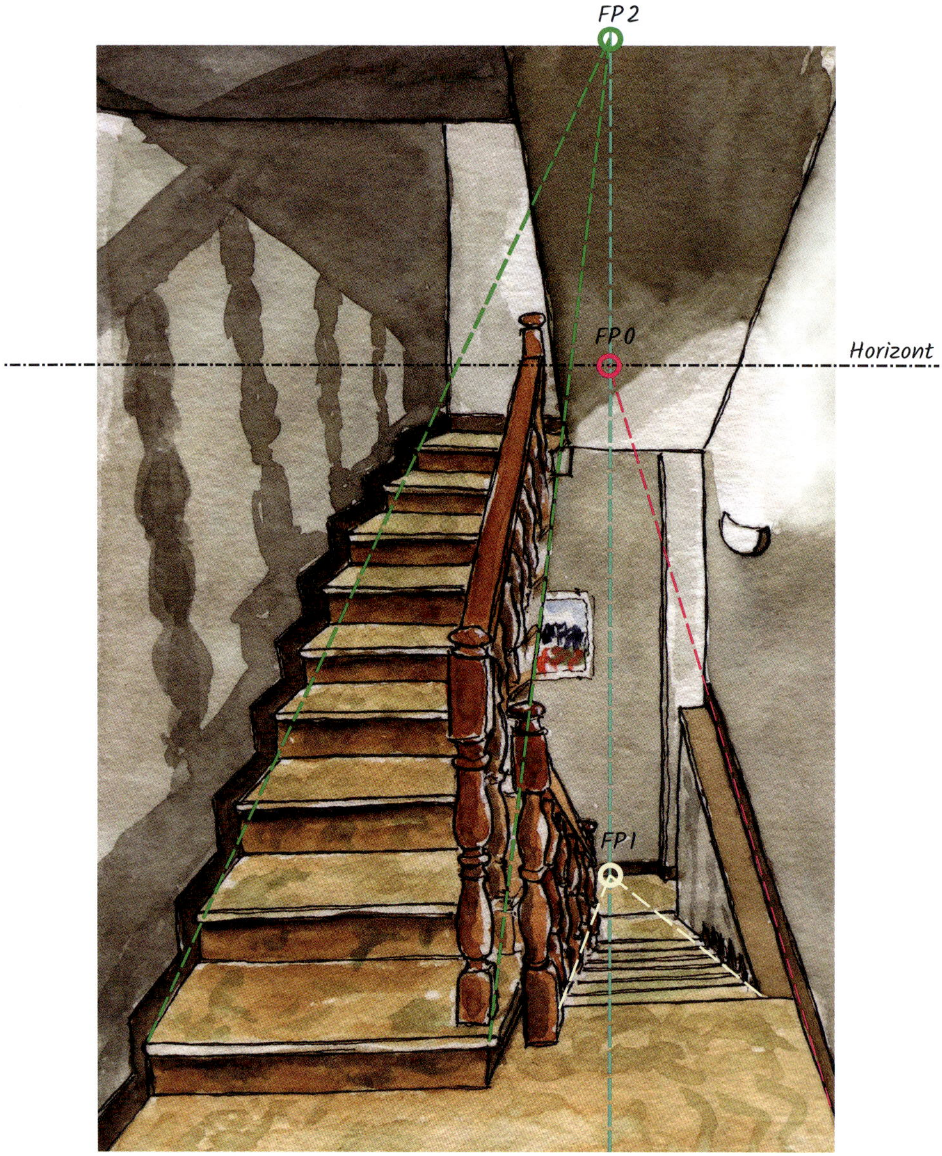

Straßen mit Steigung oder Gefälle

Für Straßen gilt dasselbe wie für schiefe Ebenen und Dachneigungen. Wenn sie flach sind, treffen sich ihre Fluchtlinien am Horizont. Wenn es bergauf oder bergab geht, treffen sich die Fluchtlinien an einem Punkt, der höher bzw. tiefer als der Horizont liegt. Und je höher oder tiefer, desto steiler ist die Steigung bzw. das Gefälle.

In den beiden Beispielen unten können Sie sehen, wie sich der Fluchtpunkt von Gebäuden, die ja immer horizontal gebaut sind, von dem von bergauf oder bergab führenden Straßen unterscheidet.

FPG = Fluchtpunkt der Gebäude
FPS = Fluchtpunkt der Straße

Straße mit Steigung

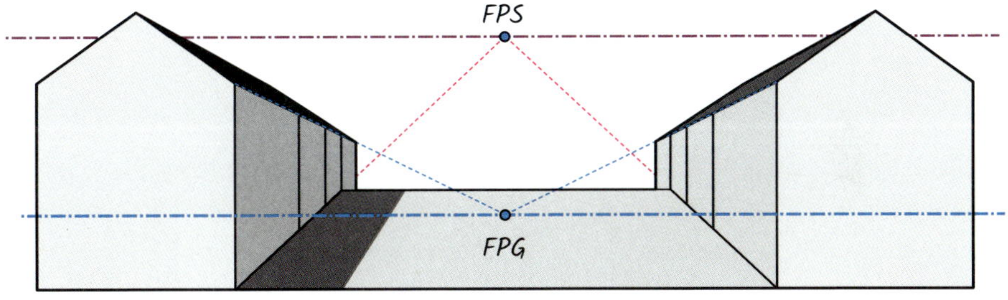

Straße mit Gefälle (und anschließend gerade)

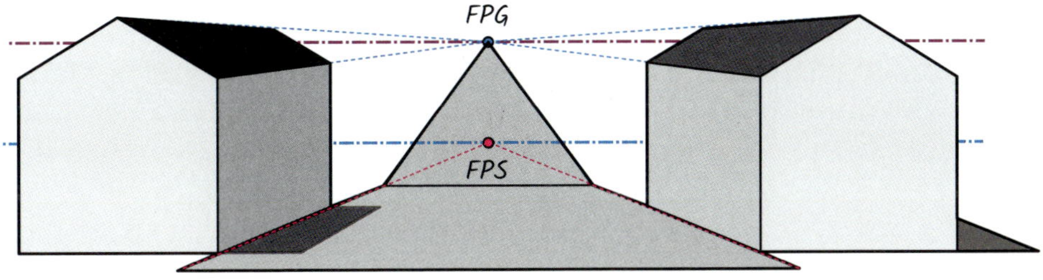

Die Mitte eines Rechtecks in der Perspektive ermitteln

Die Diagonalen in einem Rechteck kreuzen sich immer genau in seiner Mitte. Man muss also nur die Diagonalen einzeichnen, um in der Perspektive die Mitte einer Fläche zu ermitteln. Unten ist man genau so vorgegangen, um die Vase mittig auf dem Tisch zu positionieren. Ganz unten haben wir mit dieser Methode den Dachfirst positioniert und die Tür an der anderen Wand zentriert (unter der Annahme, dass die Tür in der Mitte der Wand liegt).

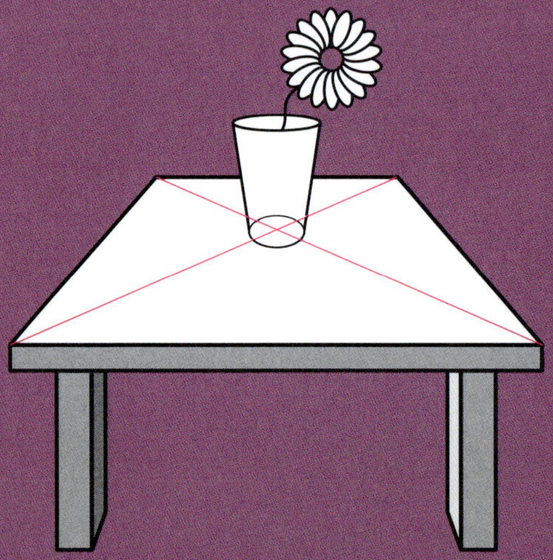

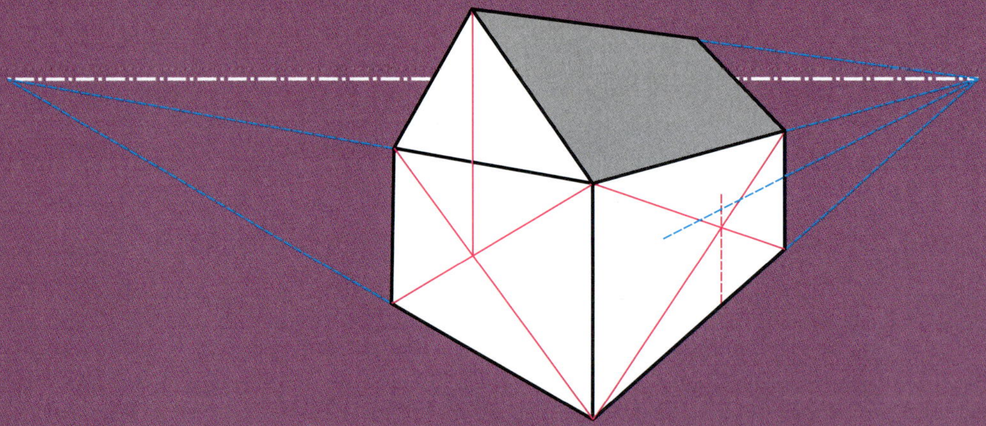

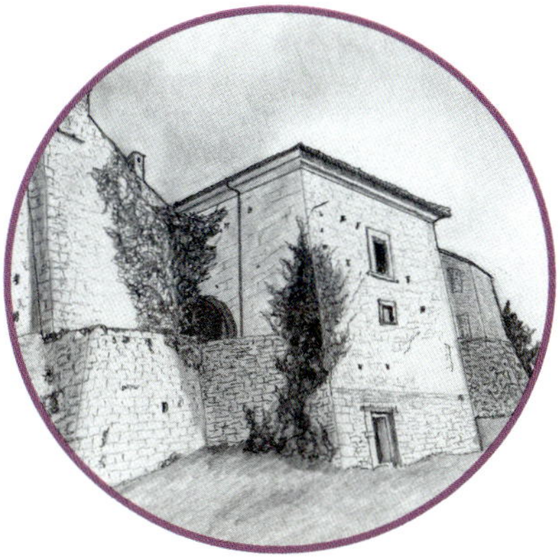

Drei-Punkt-Perspektive

Bis hierhin haben wir Situationen behandelt, in denen der Zeichner einen horizontalen Blickwinkel eingenommen hat und das Bild vertikal ausgerichtet ist. Nun sehen wir, was passiert, wenn man den Blick nach oben oder unten richtet (wobei auch der Bildausschnitt perspektivisch geneigt wird). Die vertikalen Linien, die in allen vorherigen Fällen in der Zeichnung vertikal und parallel zueinander lagen, laufen nun ebenfalls in einem Fluchtpunkt zusammen, da sie nicht mehr parallel zum Bild sind. In den Abbildungen auf der nächsten Seite betrachtet der Künstler das Gebäude von unten (er schaut also nach oben) und das Bild ist nach oben geneigt. Zusätzlich zu den beiden Fluchtpunkten rechts und links, auf die die in Wirklichkeit horizontalen Seiten zulaufen, gibt es einen dritten Fluchtpunkt (FP 3), auf den nun die in Wirklichkeit vertikalen Seiten zulaufen.

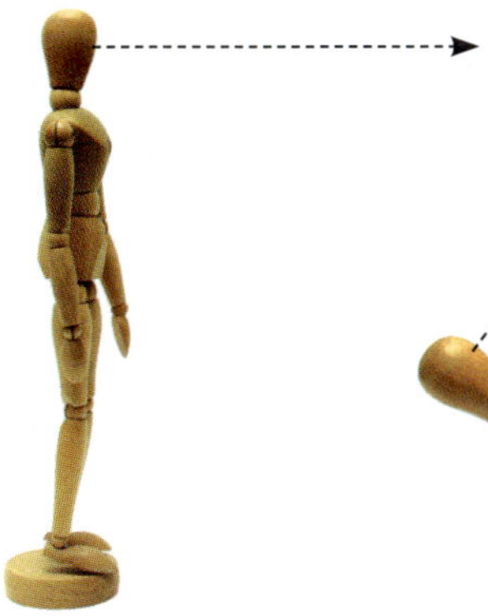

Perspektive mit 1 oder 2 Fluchtpunkten

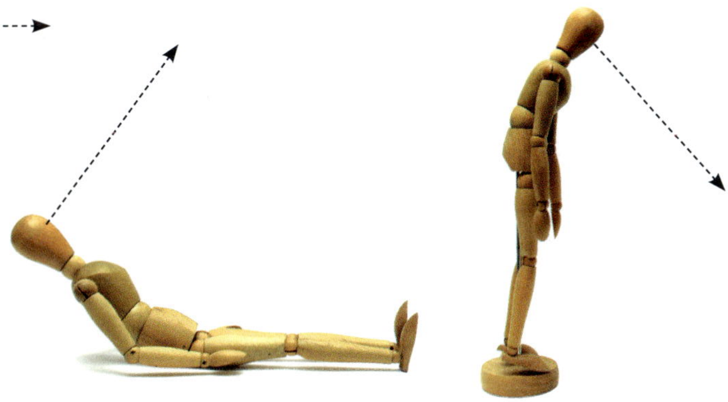

Perspektive mit 3 Fluchtpunkten

Wenn der Künstler nach oben sieht, liegt der dritte Fluchtpunkt (FP 3) über dem Horizont.

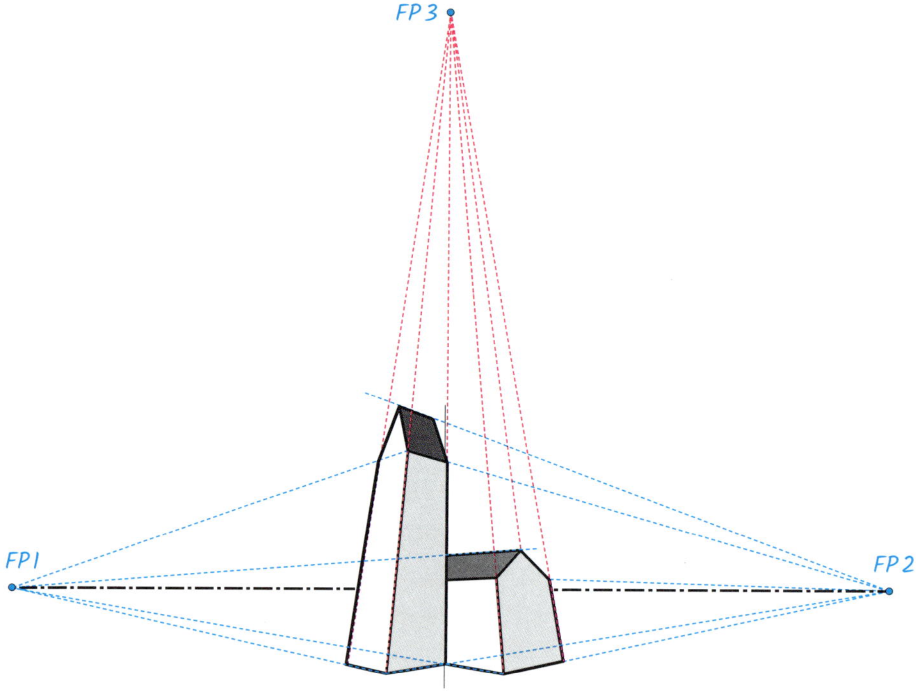

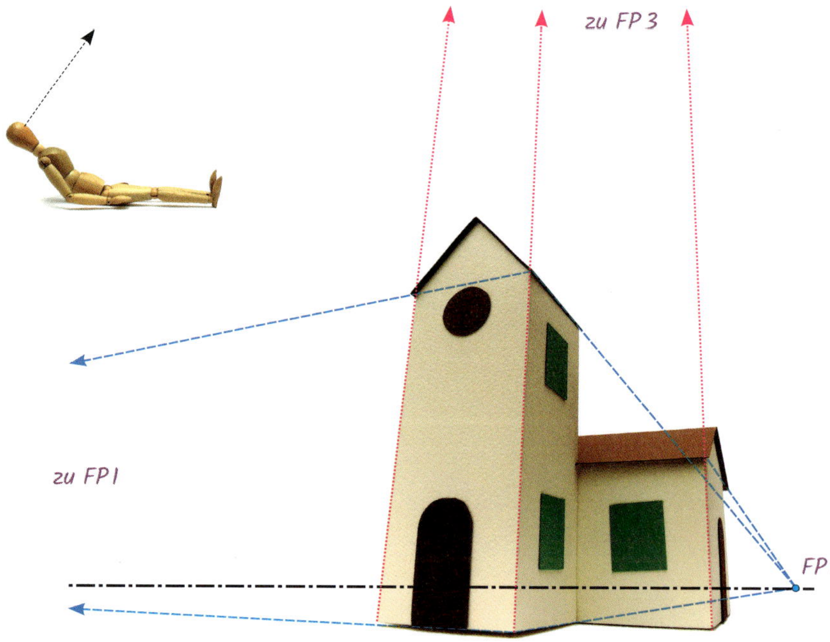

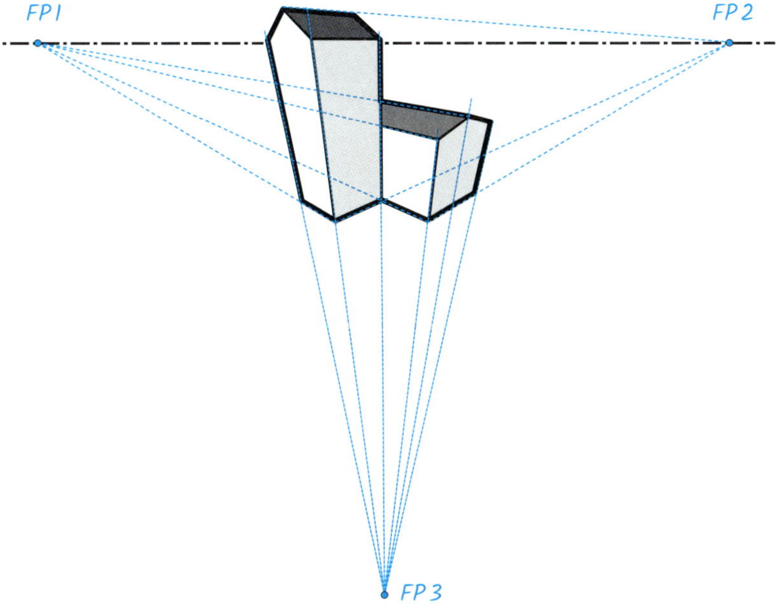

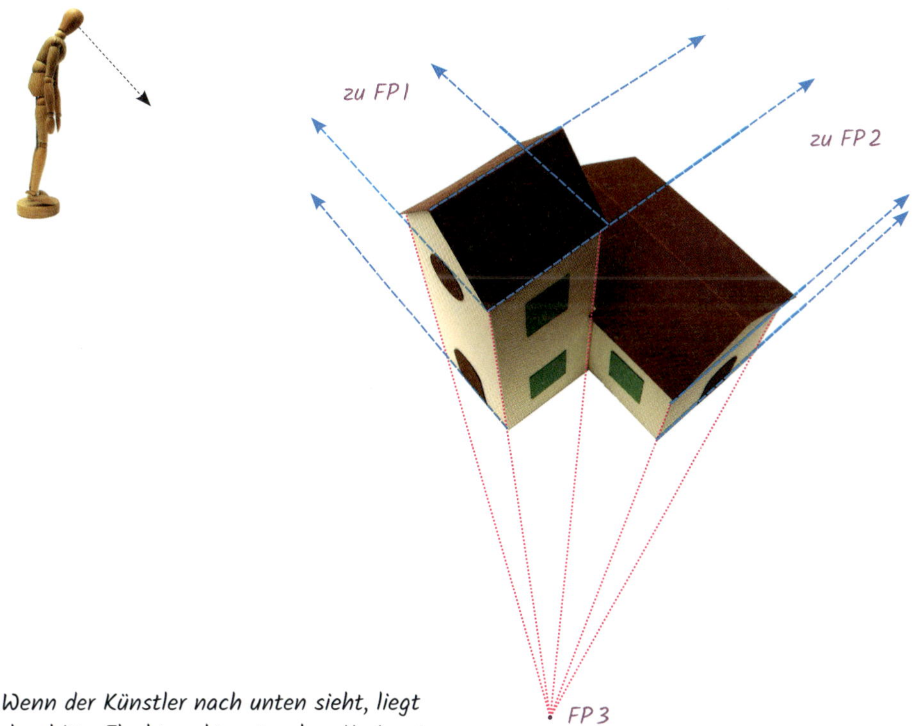

Wenn der Künstler nach unten sieht, liegt der dritte Fluchtpunkt unter dem Horizont.

Übung: Perspektive mit drei Fluchtpunkten

Stellen Sie sich vor, Sie stehen ganz nah an einem hohen Gebäude und wenden den Kopf nach oben, um es anzusehen. Damit Sie alle Flächen auf einen Blick sehen können, liegt keine parallel zu Ihrer Stirn.

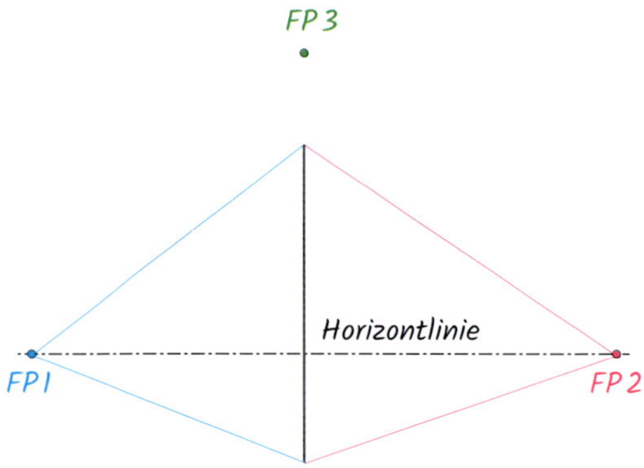

1. Zeichnen Sie die Ecke des Gebäudes, die Horizontlinie und darauf zwei Fluchtpunkte. Tragen Sie nun einen dritten Fluchtpunkt oberhalb der Horizontlinie und in der Verlängerung der Ecke ein. Ziehen Sie dann Linien von den Enden der Ecklinie zu den beiden Fluchtpunkten am Horizont.

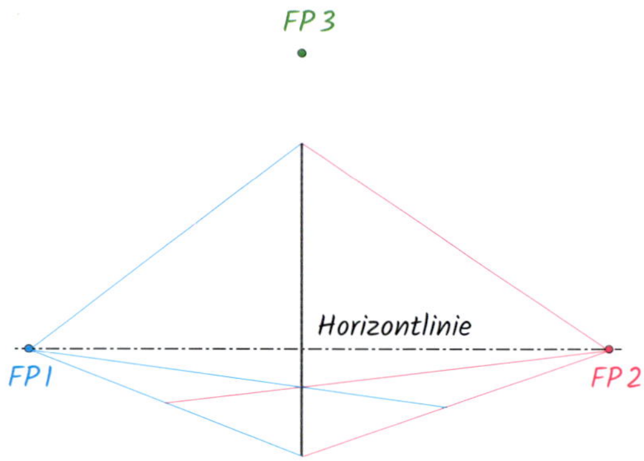

2. Ziehen Sie anschließend zwei weitere Fluchtlinien von den Enden der zuletzt gezogenen Linien aus, die die Grundfläche des Gebäudes bilden.

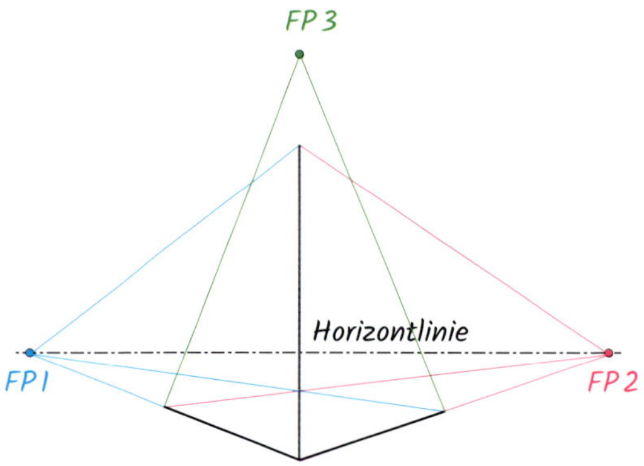

3. Ziehen Sie von deren Enden zwei Verbindungslinien zum dritten Fluchtpunkt. Diese bilden die hinteren Kanten der beiden vertikalen Seiten des Gebäudes.

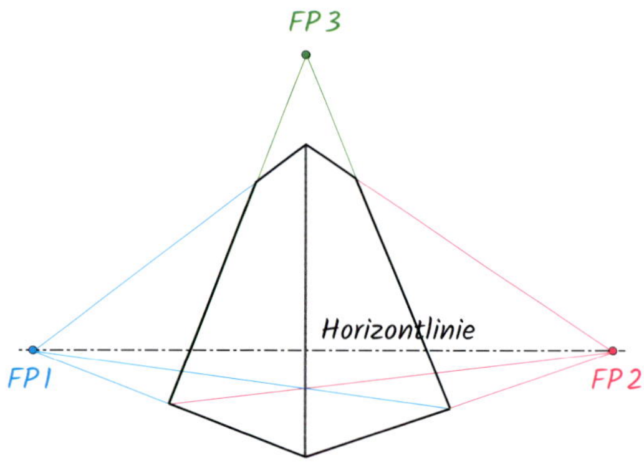

4. Fahren Sie die Linien der sichtbaren Seiten des Gebäudes mit einem dickeren Stift nach. Von Ihrem Blickwinkel aus sind es nur zwei.

Übung: Blick von oben aus der Vogelperspektive

Diesmal blicken wir von oben nach unten auf das Gebäude. Der dritte Fluchtpunkt liegt also unter der Horizontlinie.

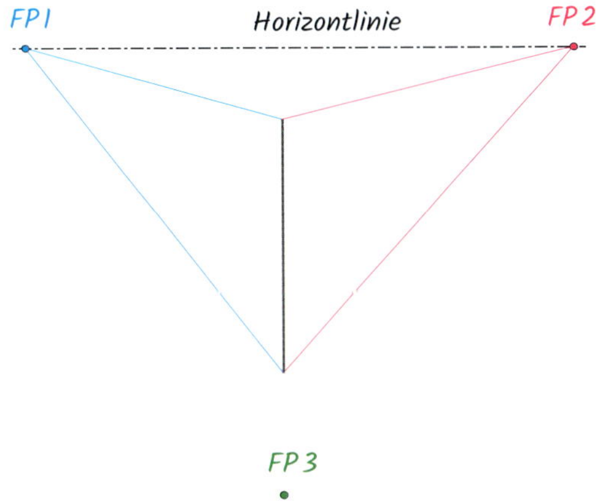

1. Zeichnen Sie die Kante des Würfels, die Horizontlinie und darauf zwei Fluchtpunkte ein. Markieren Sie dann einen dritten Fluchtpunkt unterhalb der Horizontlinie. Ziehen Sie Linien von den Enden der Kante zu den beiden Fluchtpunkten.

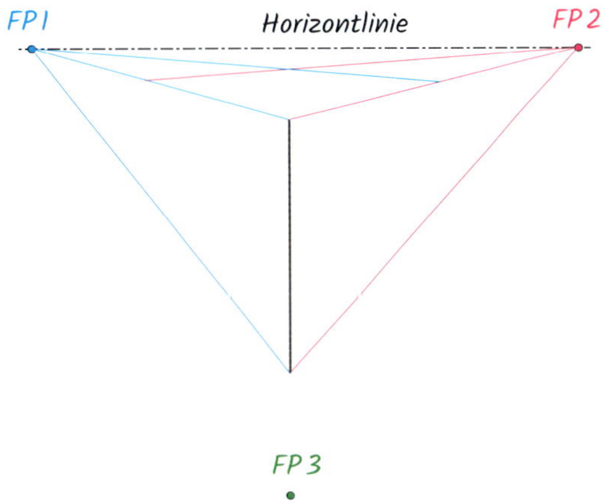

2. Ziehen Sie anschließend zwei weitere Fluchtlinien von den Enden der zuletzt gezogenen Linien aus, die die Oberseite des Gebäudes bilden. Sie ist aufgrund der eingenommenen Vogelperspektive nun zu sehen.

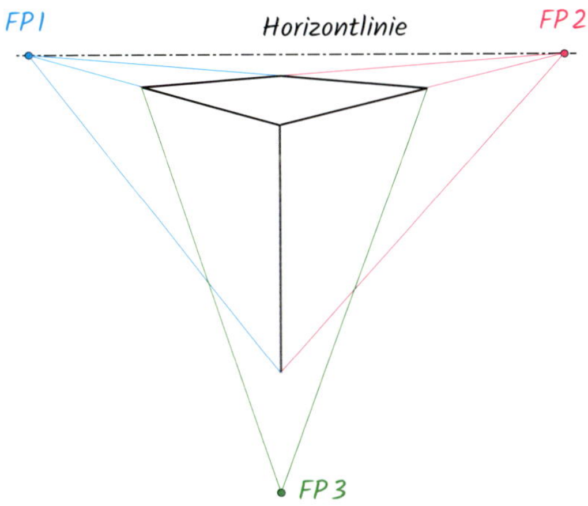

3. Zeichnen Sie von beiden Kanten Linien zum dritten Fluchtpunkt. So entstehen die hinteren Kanten der beiden vertikalen Gebäudeseiten.

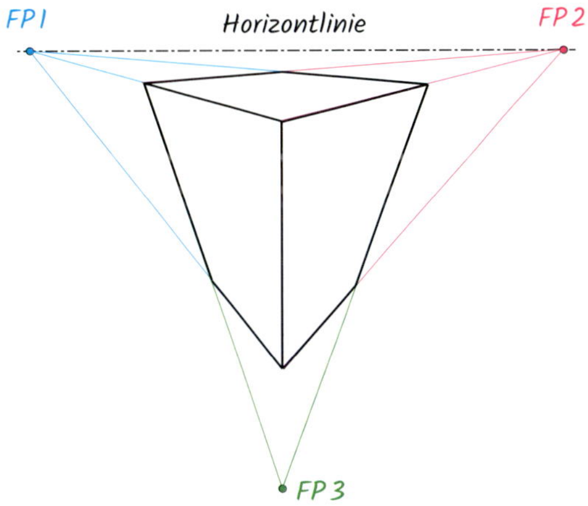

4. Fahren Sie die Linien der sichtbaren Seiten des Gebäudes mit einem dickeren Stift nach. Von Ihrem Blickwinkel aus sind es drei.

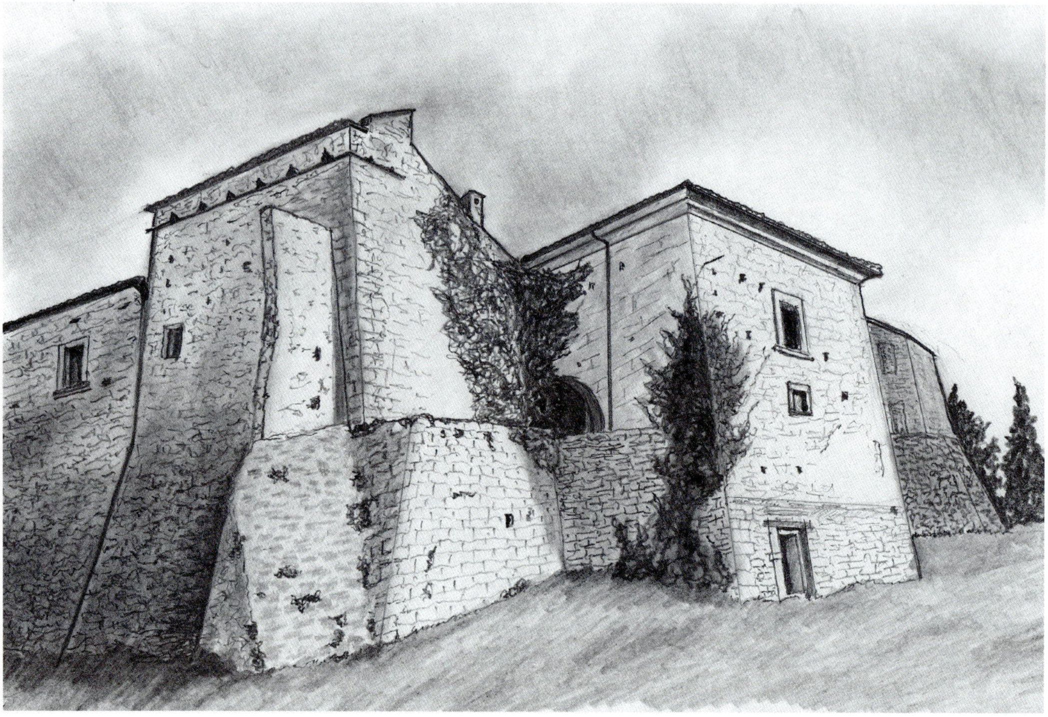

Castello Farnese, San Valentino in Abruzzo Citeriore.

Perspektive mit drei Fluchtpunkten.

Wenn man nach oben sieht, verlaufen auch die vertikalen Linien, die in Wirklichkeit parallel zueinander liegen, auf denselben höher gelegenen Fluchtpunkt hin. Bei einem Foto ergibt sich das aufgrund des geneigten Fotoapparats automatisch, bei einer Zeichnung ist dieser Effekt gewollt.

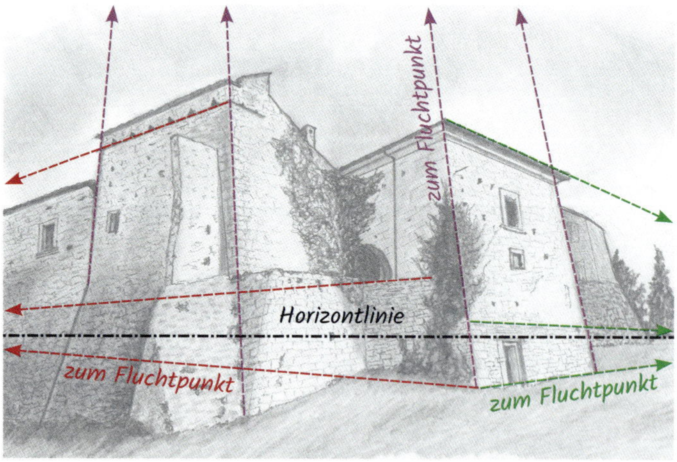

Der Kreis in der Perspektive

In unserer Umgebung hat vieles eine kreisförmige Form: Räder, Dosen, Bögen. Um sie perspektivisch korrekt darzustellen, legen Sie sie einfach in ein Quadrat und zeichnen zuvor dort Mittellinien und Diagonalen ein.
Perspektivisch verschoben, wird der Kreis je nach Blickwinkel zu einer mehr oder weniger weit auseinandergezogen Ellipse. Wenn er auf Augenhöhe liegt (auf der Horizontlinie), nimmt man ihn als runden Kreis wahr. Je weiter man sich davon entfernt, desto mehr erscheint er als abgeflachte Ellipse.

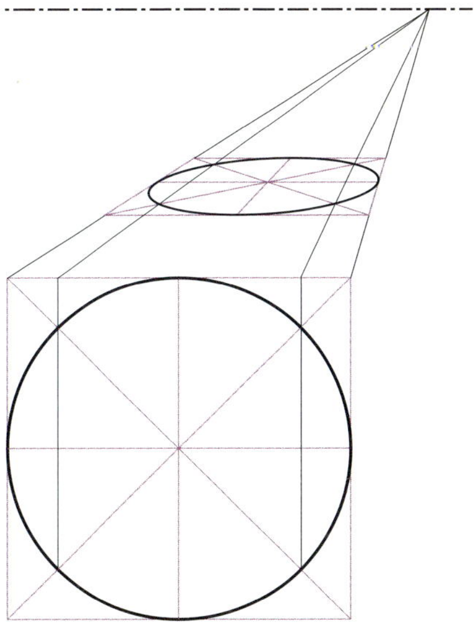

Kreis, in ein Quadrat eingefügt, in das zuvor Mittellinien und Diagonalen eingezeichnet wurden.

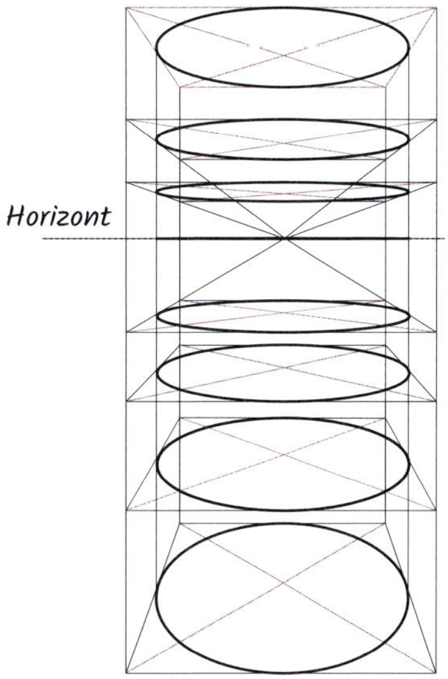

Eine Ellipse weniger abgeflacht, je weiter sie von der Horizontlinie entfernt ist.

Häufige Fehler

Beim ersten Glas endet die Ellipse in Ecken, was niemals sein kann. Auch beim zweiten Glas liegt ein Fehler vor: Die Ellipse ist zu hoch, zu nah am Auge. Sie müsste nach unten hin flacher verlaufen.
Das dritte Glas ist korrekt gezeichnet.

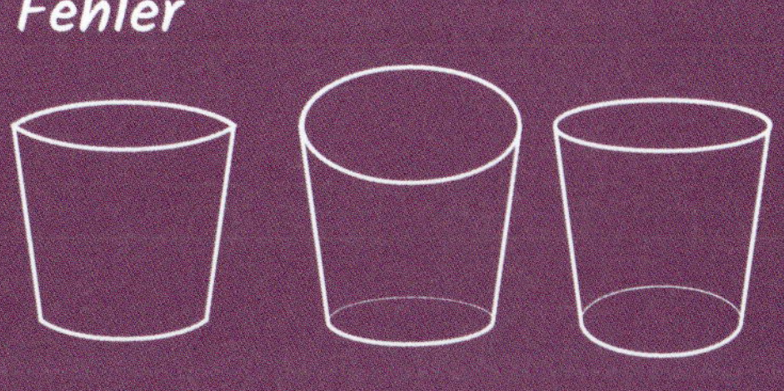

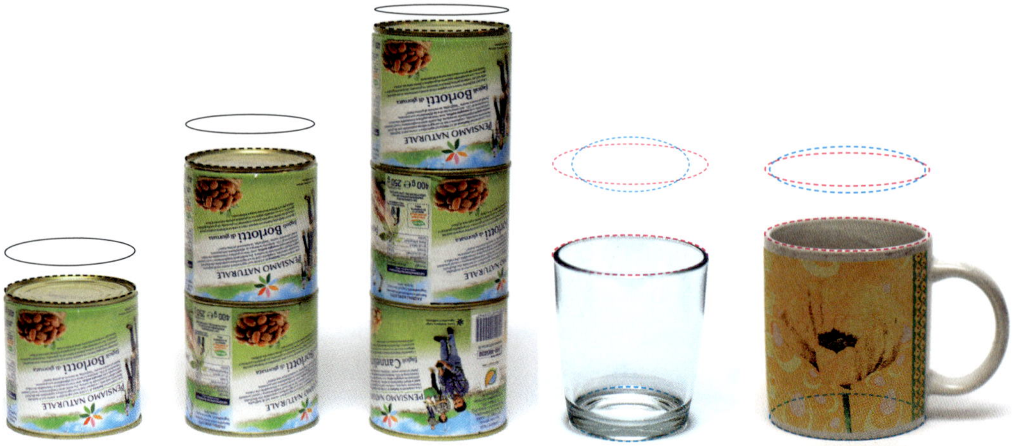

Demonstration mithilfe von Fotos, wie sich der Kreis perspektivisch zu einer Ellipse wandelt.

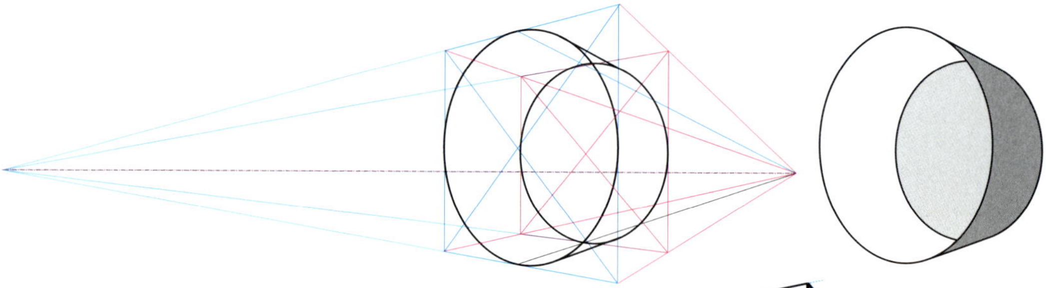

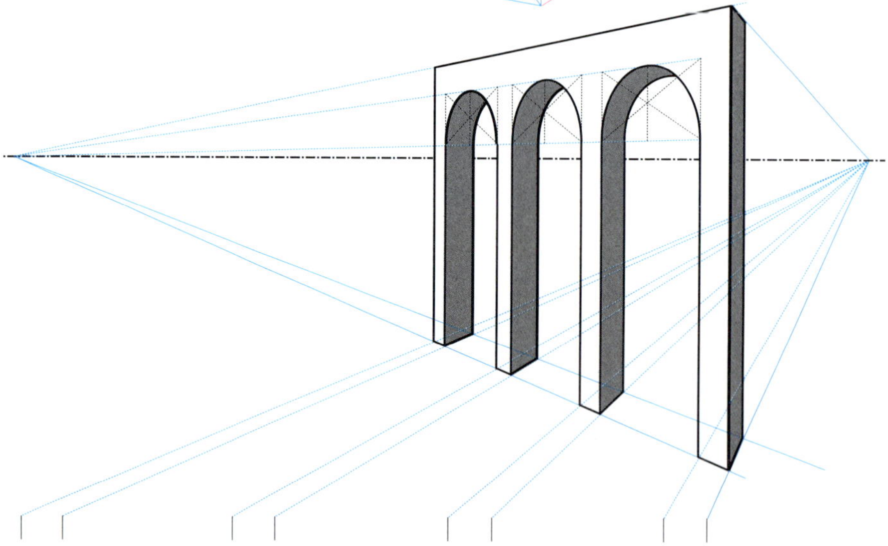

Selbst die vertikalen Kreislinien, die nicht parallel zum Bild verlaufen, erscheinen uns als Ellipsen. Sie sind um so schmäler, je weiter sie perspektivisch entfernt sind, und um so flacher, je mehr sie im Vordergrund stehen.

Transparent zeichnen

Transparent zu zeichnen, ist eine wertvolle Technik, um Ungenauigkeiten und Fehler zu vermeiden und die Darstellung wahrheitsgetreuer und überzeugender zu machen. Dabei werden auch die Teile gezeichnet, die nicht sichtbar sind, weil sie sich im Inneren des Objekts befinden oder durch Objekte im Vordergrund verdeckt sind.

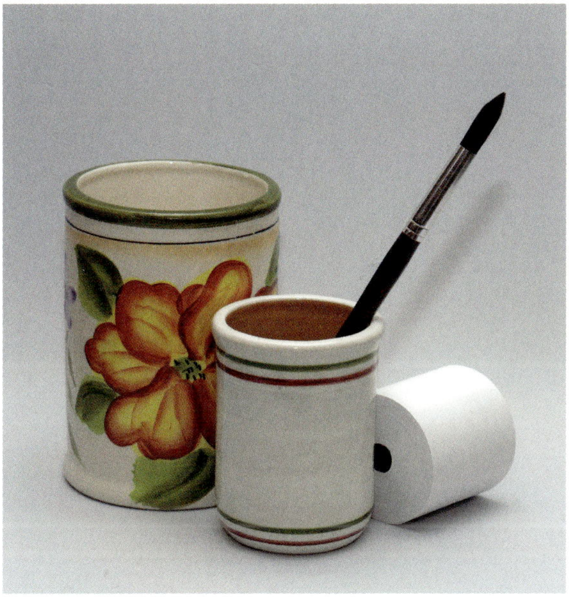

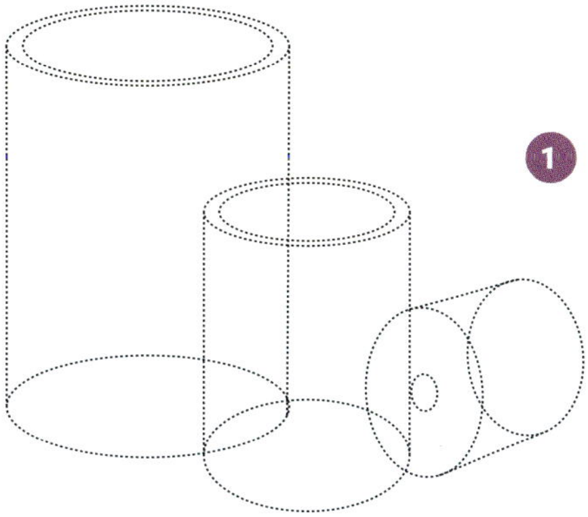

1

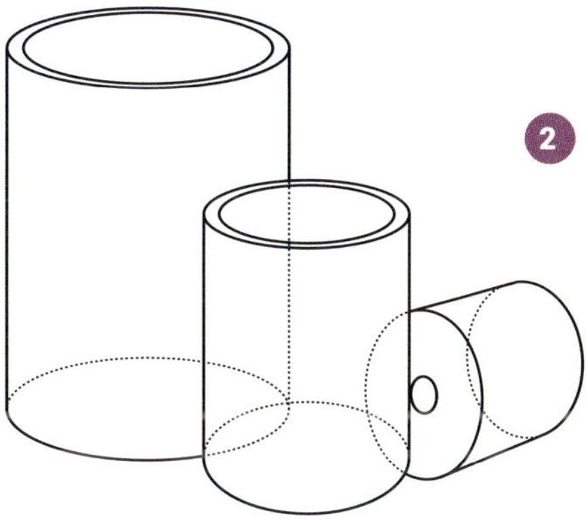

2

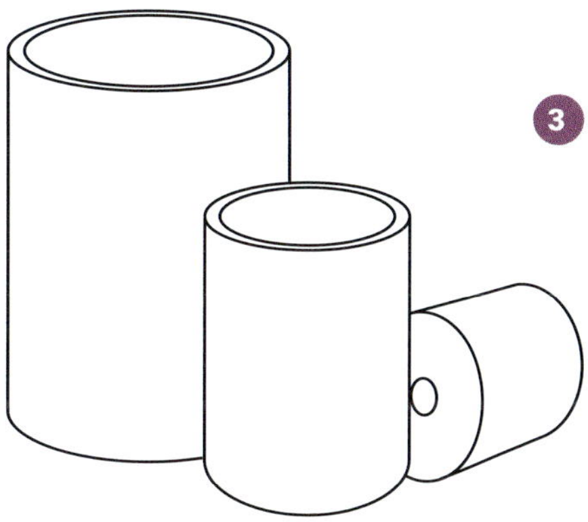

3

1. Zeichnen Sie in dünnen Linien.
2. Wenn Sie mit dem Ergebnis zufrieden sind, ziehen Sie die später sichtbaren Linien nach.
3. Radieren Sie dann die nicht sichtbaren Linien aus.

Transparent zu zeichnen, ist in vielen Situationen hilfreich. Um eine Fensterlaibung richtig zu darzustellen, zeichnen Sie den Umriss des Fensters noch einmal versetzt. Liegt es oberhalb der Horizontlinie, wird der versetzte Umriss etwas abgesenkt (gestrichelte Linie). Theoretisch sollten Sie auch die Größe reduzieren, da sie weiter von der Außenkante entfernt ist, aber der Größenunterschied ist so gering, dass Sie ihn vernachlässigen können. Radieren Sie zum Schluss den inneren Teil der Laibung, der nicht sichtbar ist, wieder aus.

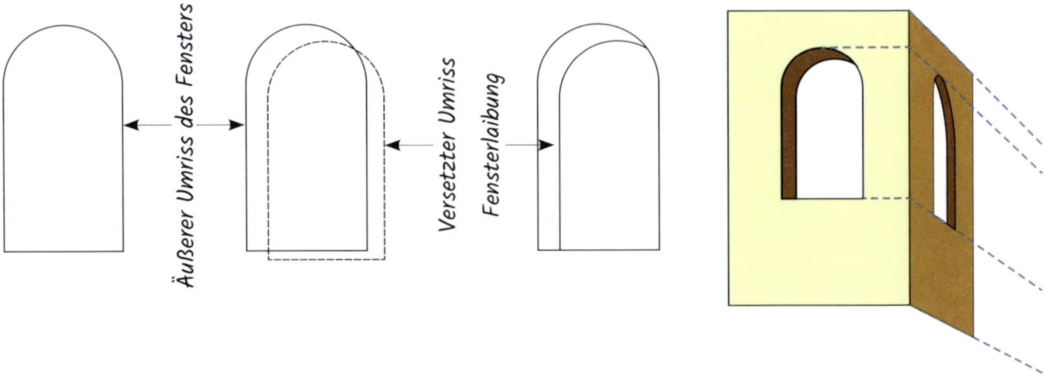

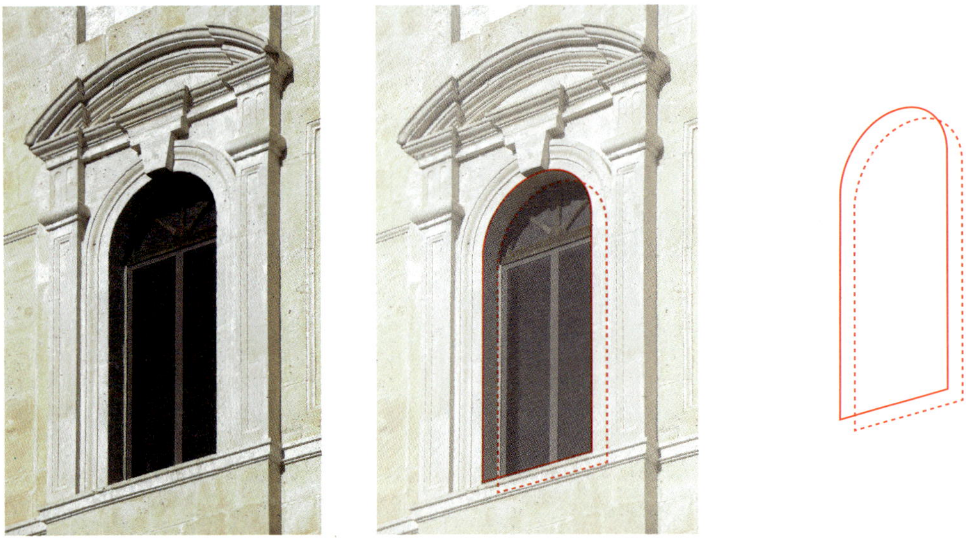

Als weiteres Beispiel nehmen wir die nach unten geneigten Blätter einer Pflanze. Um sie richtig wiederzugeben, zeichnen Sie den Verlauf der beiden Kanten (oder stellen sich ihn vor), auch in den verdeckten Bereichen. Dann erscheint alles einfach, klar und einleuchtend. Man könnte noch viele weitere Beispiele nennen, aber ich denke, diese reichen aus. Wenn Sie die Technik einmal erlernt haben, bin ich sicher, dass sie beim Zeichnen solcher Situationen sehr hilfreich ist.

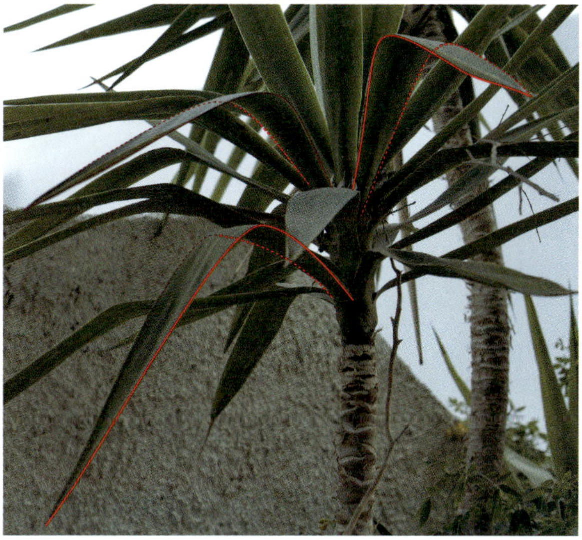

Diese Blätter zu zeichnen, kann zunächst kompliziert scheinen.

1. Zeichnen Sie jeweils beide Kanten, auch die nicht sichtbaren.
2. Radieren Sie dann die verdeckten Linien wieder aus und stellen Sie die Zeichnung fertig.
3. Aufhellungen (oder Farbe) heben den oberen Blattteil deutlich von dem unteren ab.

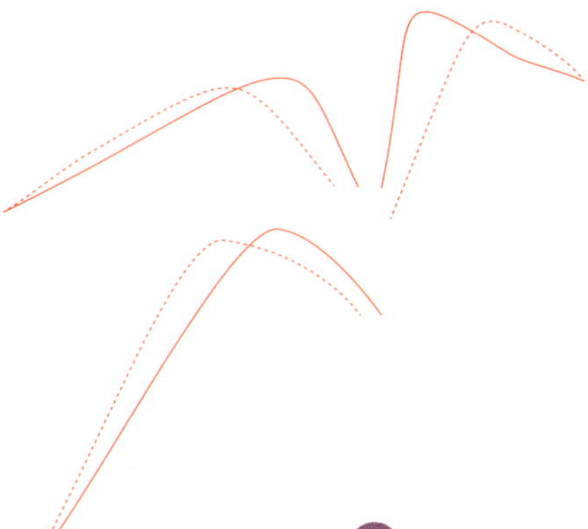

1

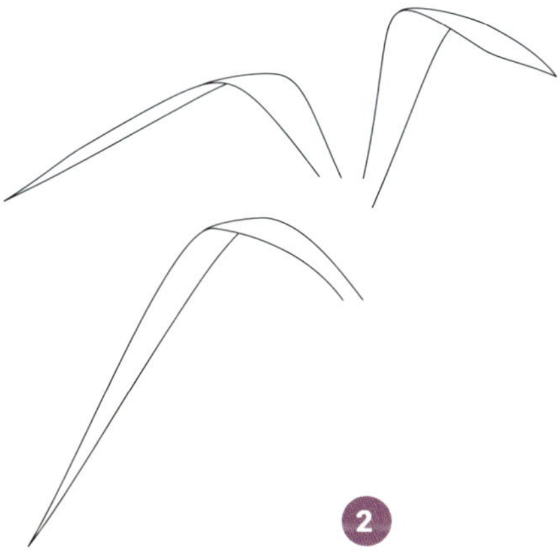

2

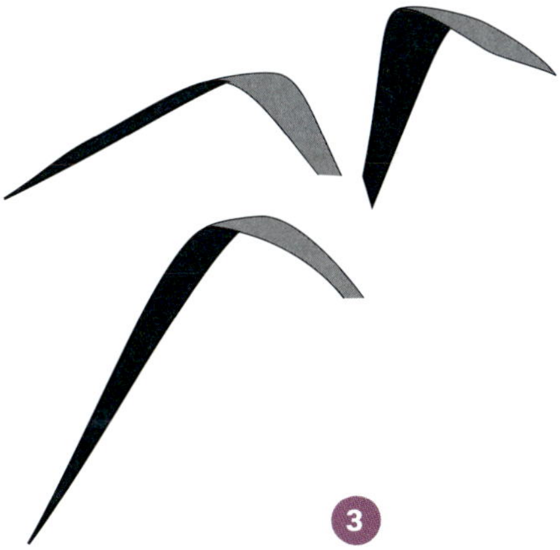

3

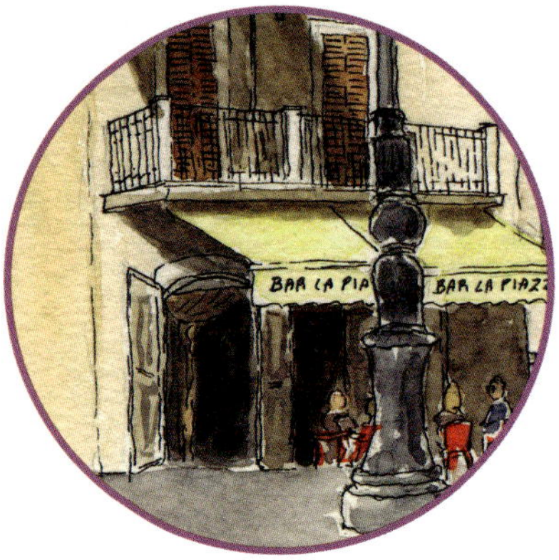

Theorie des Schattens

Es gibt einfache geometrische Konstruktionen, mithilfe derer man Schatten in der Perspektive mit mathematischer Präzision zeichnen kann. Auch wenn wir in unseren Skizzen kein Lineal und kein Quadrat verwenden, hilft uns deren Kenntnis, das Gesehene besser zu verstehen und richtig und damit überzeugend zu zeichnen.

Seitlicher Lichteinfall

Hier kommt das Licht ganz genau von rechts. Die Schattenkanten liegen horizontal und parallel zueinander (blaue Linien mit großen Punkten). Die Lage der Scheitelpunkte entspricht den Ecken des Würfels, über dessen Kanten die Sonnenstrahlen verlaufen (in Orange). Diese Strahlen sind hier auch in der Zeichnung parallel, da sie bei der gewählten Position der Quelle parallel zum Papierrand liegen.

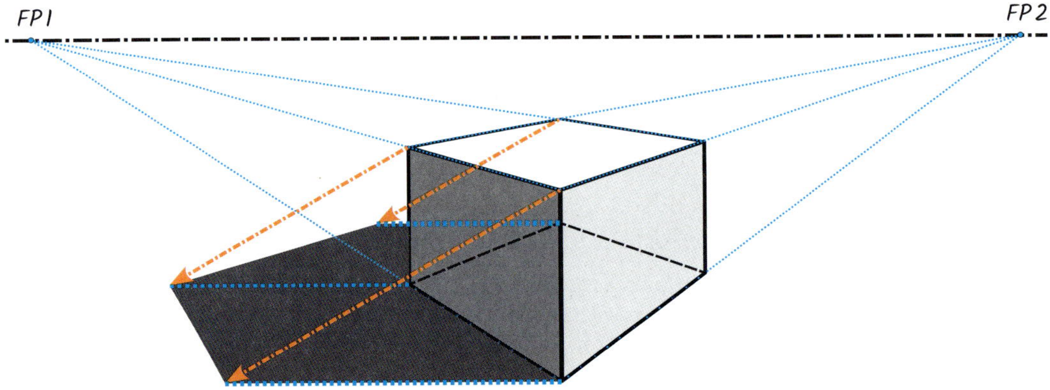

Gegenlicht

Der Fluchtpunkt des Schattens (S') liegt auf dem Horizont, auf der Vertikalen zur Sonne (S). Die Spitzen des Schattens liegen dort, wo sich die blauen Linien (die auf S' zulaufen) und die Sonnenstrahlen (in Orange) schneiden.

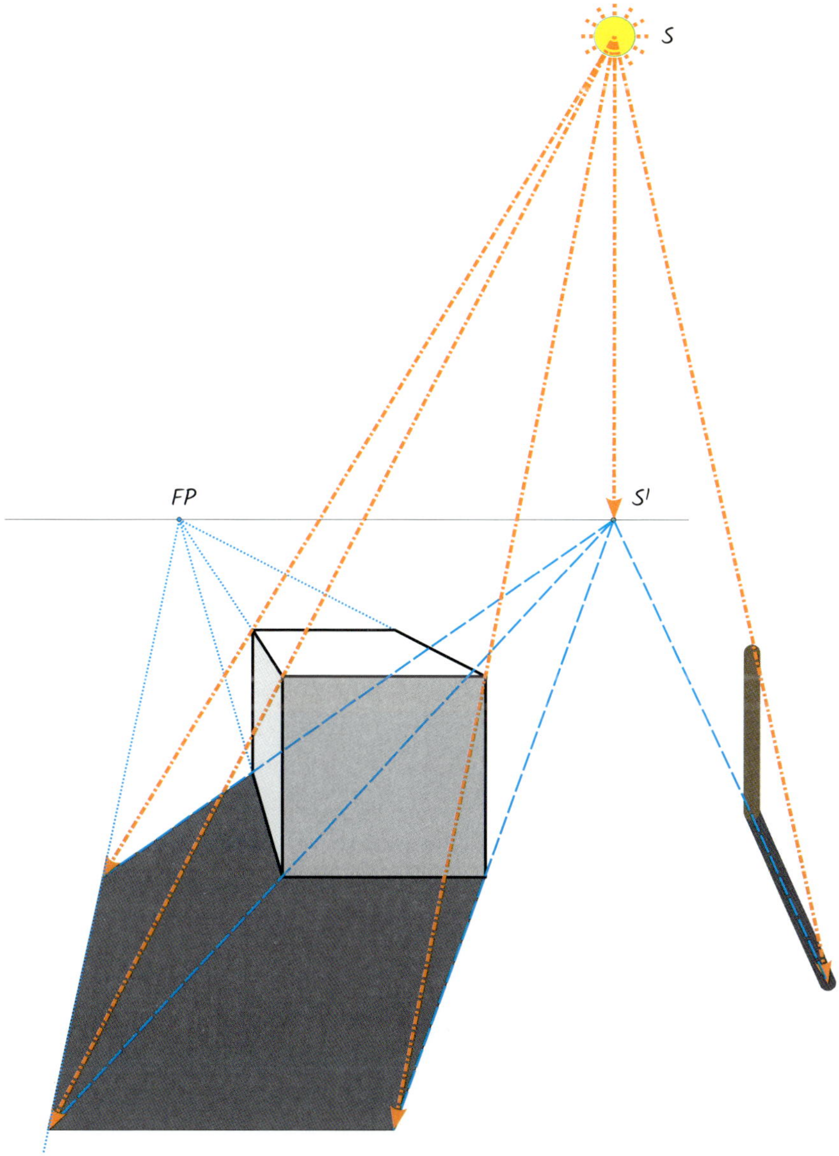

Frontale Beleuchtung

Die Sonne liegt hinter dem Künstler. Der Fluchtpunkt des Schattens liegt auf dem Horizont gegenüber der Sonne (in einer gedachten Verlängerung der Linie Sonne – Künstler). Die Sonnenstrahlen kommen aus einer spiegelbildlichen Position in Bezug auf die Sonne (S), die wir uns unterhalb des Horizonts in gleicher Höhe wie die reale Sonne über dem Horizont, aber auf der anderen Seite, vorstellen. Die Scheitelpunkte des Schattens befinden sich an den Schnittpunkten zwischen den Fluchtlinien und den Sonnenstrahlen. Wenn Sie mit Fantasie arbeiten und überzeugen wollen, dann kommt Ihnen die Theorie zu Hilfe.

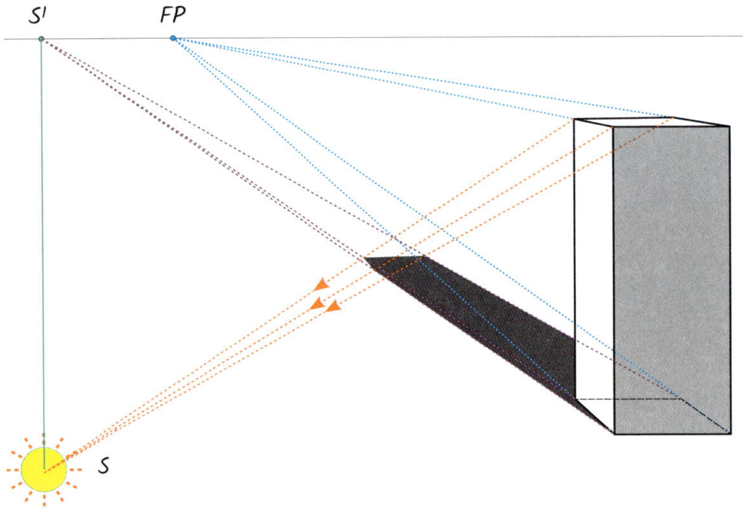

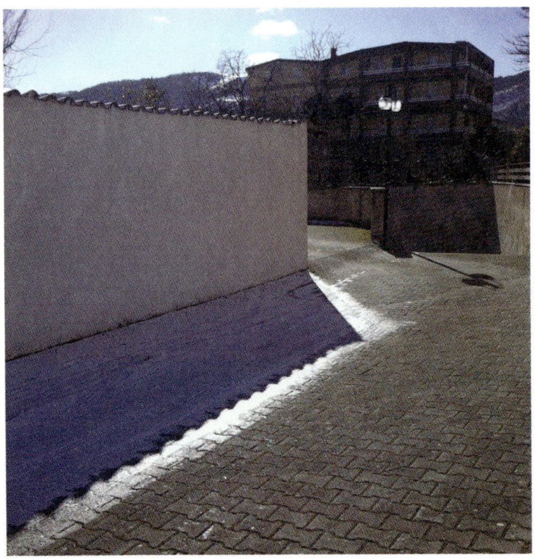

Dank dieses Wissens können Sie nun genau die Stellung der Sonne auf dem nebenstehenden Foto bestimmen, die hier außerhalb des Bildbereichs liegt. Das geht wie folgt: Beachten Sie, dass etwas Raureif innerhalb, aber auch außerhalb des Schattenbereichs zu sehen ist. Dies lässt sich dadurch erklären, dass das Eis eine hohe latente Schmelzwärme hat, sodass es einige Zeit braucht, bis es schmilzt. Was dabei herauskommt, und das ist außergewöhnlich, ist, dass der Frost die Posi-

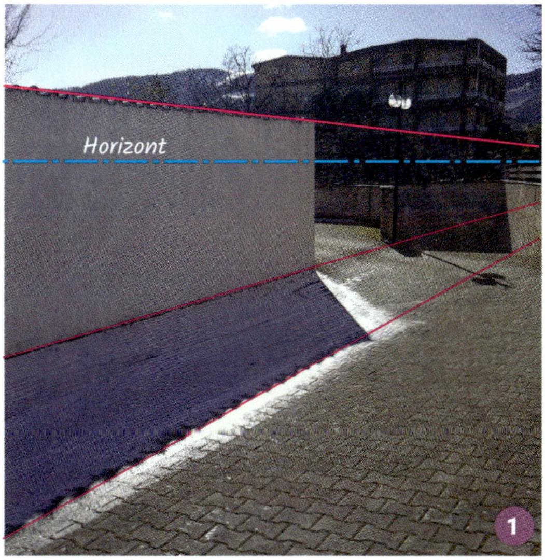

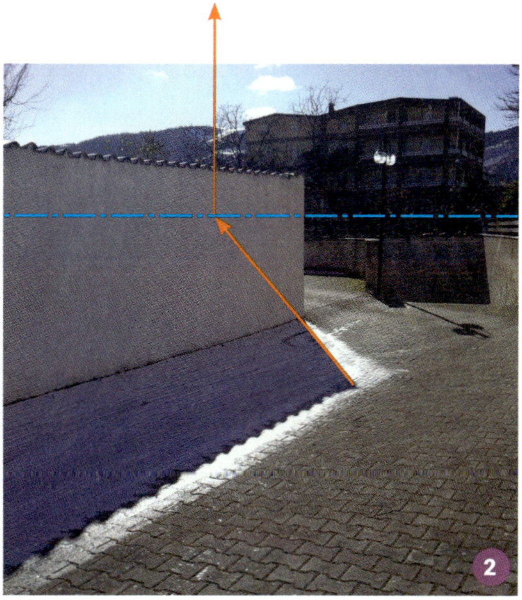

tion des Schattens so festgehalten hat, wie sie einige Minuten vor der Aufnahme des Fotos war. Denn die Sonne und mit ihr der Schatten wandert am Himmel. Das zeigt, dass wir nur sehen und verstehen können, was wir wissen. Wer weiß, wie viele fantastische Dinge uns jeden Tag begegnen, ohne dass wir sie erkennen.

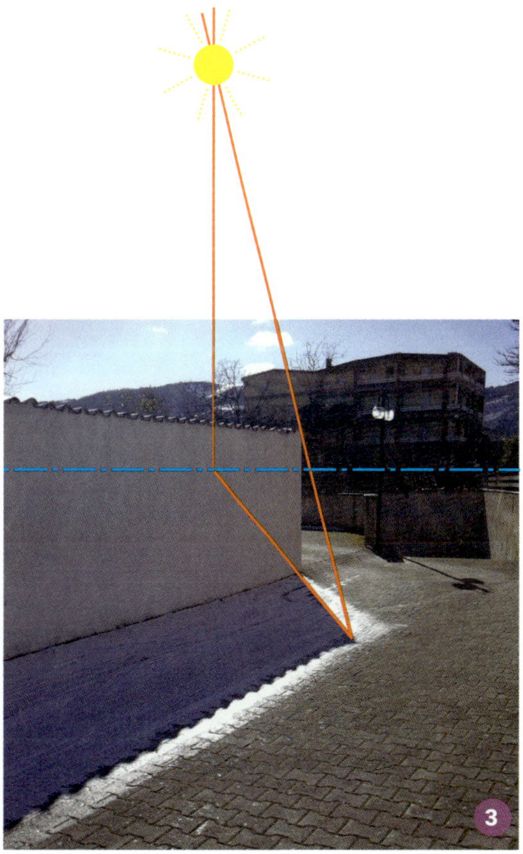

1. Zunächst legt man die Horizontlinie fest, was einfach ist, da man dafür nur die Linien der Hauswand und ihres Schattens verlängern muss.
2. Eine Linie von der äußeren Kante des Schattens zur Horizontlinie lokalisiert die Projektion des Sonnenstandes dort. Von diesem Punkt aus zieht man eine senkrechte Linie nach oben zur Sonne.
3. Die genaue Position der Sonne ergibt sich aus dem Schnittpunkt dieser senkrechten Linie mit einer Geraden, die über die Ecke des Schattens und der zugehörigen Mauerecke nach oben gezogen wird.

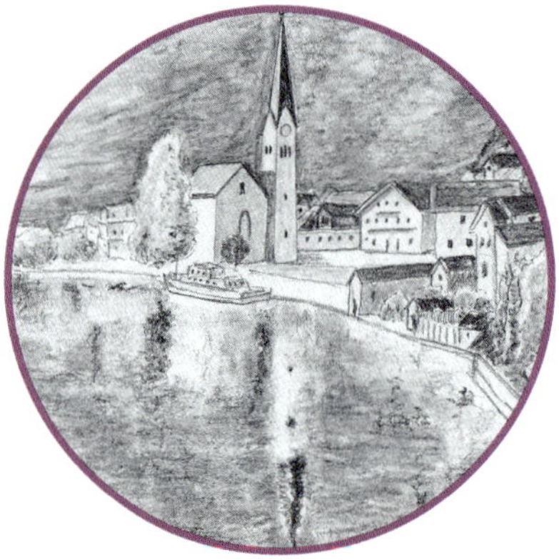

Spiegelungen

Der Abstand eines jeden Reflexionspunktes zur Wasseroberfläche ist genauso groß wie zum gespiegelten Punkt. In der Abbildung unten links ist a = a_r und b = b_r. Die Fluchtlinien des Objekts und der Reflexion laufen auf denselben Punkt hin. Bei der Reflexion ist es so, als würde das Objekt von unten und aus einer Tiefe gesehen, die der Höhe des Beobachters über dem Wasserspiegel entspricht.

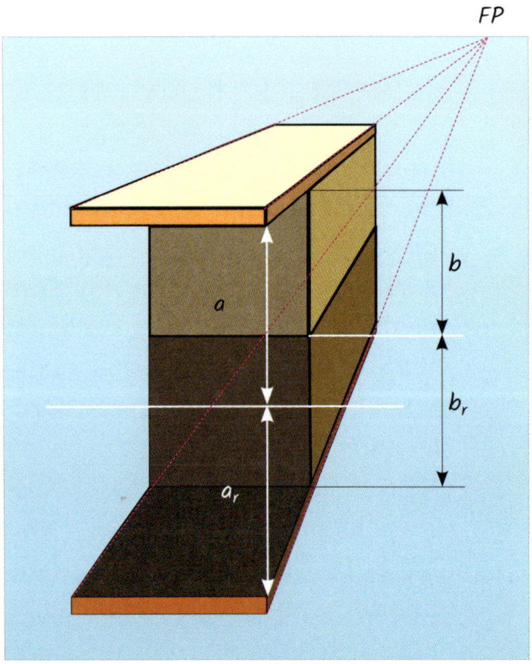

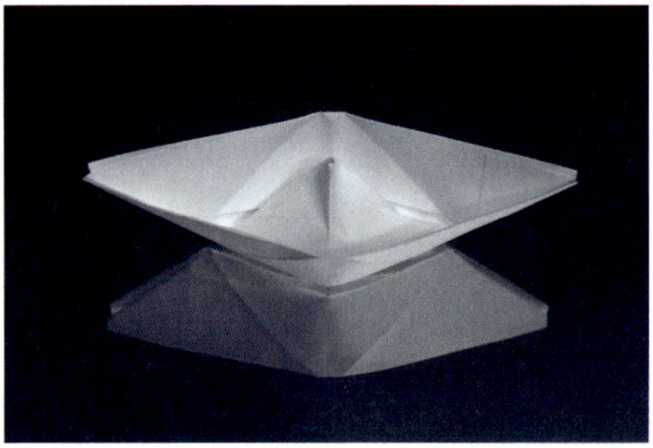

Auf dem Foto ist erkennbar, dass in der Spiegelung das Objekt wie von unten betrachtet aussieht. Das führt dazu, dass die in Richtung Betrachter geneigte Seite in der Spiegelung weiter auseinandergezogen ist.

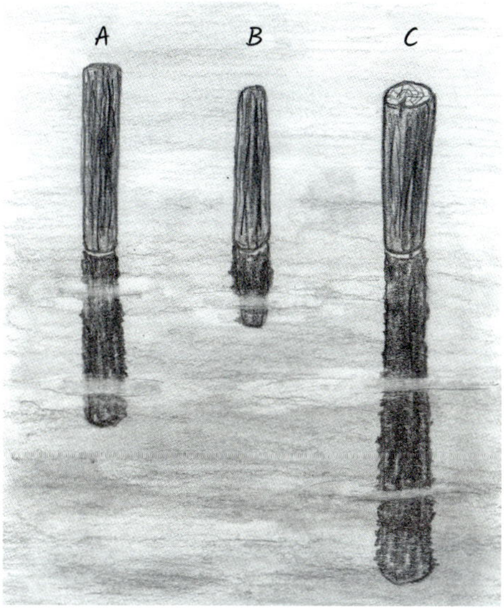

In der Spiegelung ist der vertikale Pfosten (A) genauso lang wie in der Realität. Der nach hinten geneigte Pfosten (B) ist in der Spiegelung kürzer, während der nach vorne geneigte (C) gespiegelt länger ist. Der Grund wird unten mithilfe der Abbildungen erklärt.

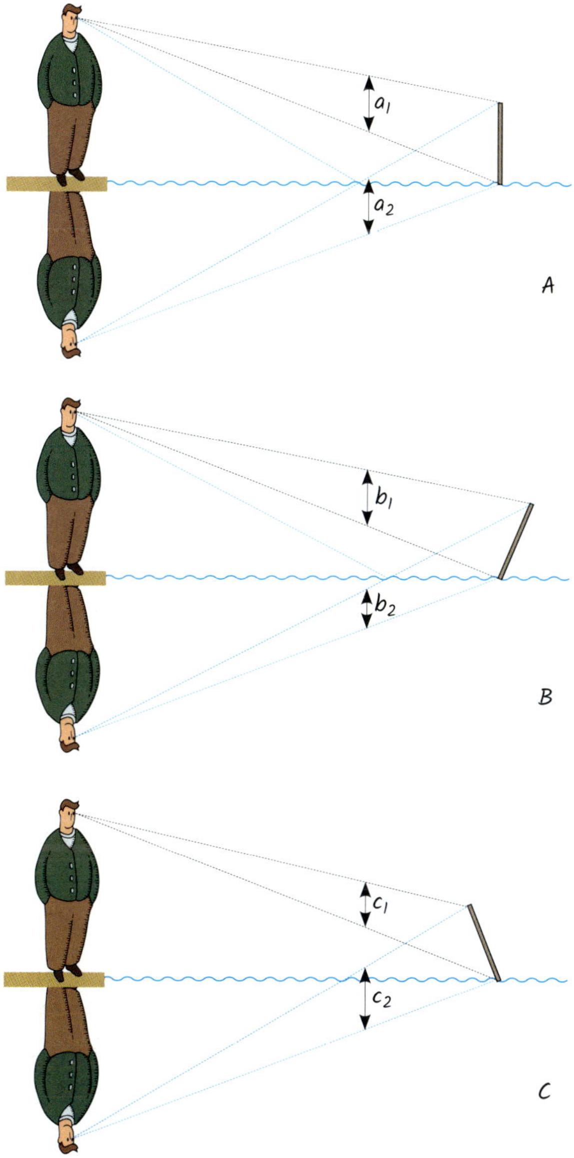

A Reflektierte Strahlen sind Strahlen, die vom Motiv kommen und vom Wasser gespiegelt die Augen des Betrachters erreichen. Es ist, als ob sie gerade nach unten auf einen untergetauchten und auf dem Kopf stehenden Betrachter zulaufen würden. Der Winkel, in dem das Objekt von den beiden Positionen aus gesehen wird, ist identisch. Das bedeutet, dass $a_1 = a_2$ ist.

B Im Fall des Pfostens, der sich vom Betrachter weg neigt, sind die beiden Winkel nicht identisch und $b_1 > b_2$.

C Wenn sich der Pfosten zum Betrachter hin neigt, sind die beiden Winkel ebenfalls nicht identisch, aber diesmal ist $c_2 > c_1$.

Mit anderen Worten: Im Fall B sieht der fiktive, umgedrehte Betrachter den Pfosten verkürzt und im Fall C weniger stark verkürzt (als der reale, über dem Wasser stehende Betrachter). Die Länge der Reflexion nimmt dann bei bewegtem Wasser und Wellen etwas zu.

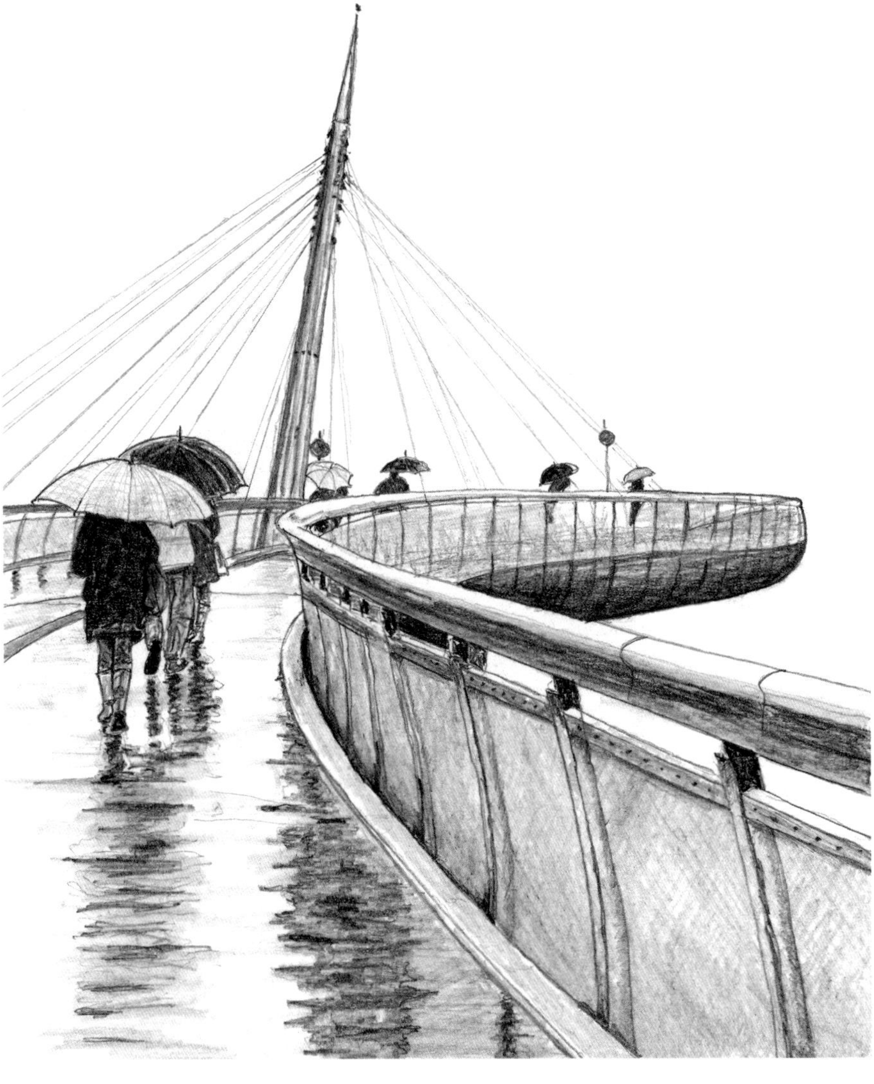

Pescara: Brücke zum Meer. Architekt Walter Pichler. Das ist die längste Brücke für Fußgänger und Radfahrer in Italien und eine der längsten in Europa.

Spiegelungen und Schatten sind verschiedene Dinge, sehr verschiedene. Spiegelungen auf horizontalen Flächen verlaufen immer vertikal. Schatten hingegen laufen auf einen Fluchtpunkt am Horizont zu, auf eine zur Lichtquelle senkrecht verlaufene Linie. Als ich diese Zeichnung angefertigt habe, war der Himmel vollständig bedeckt. Bei solch einem Wetter gibt es keinen Schatten, sondern nur Spiegelungen auf dem nassen Boden.

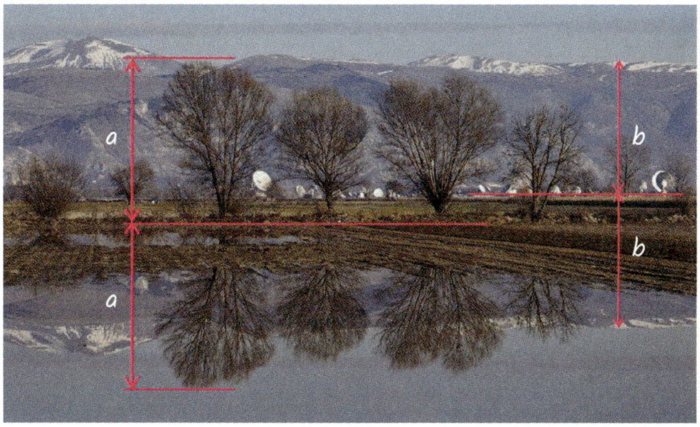

Auf dem Foto links sieht man, dass die Höhe der Spiegelungen der der gespiegelten Motive entspricht (wir müssen uns vorstellen, dass sich der Wasserspiegel weiter erstreckt).

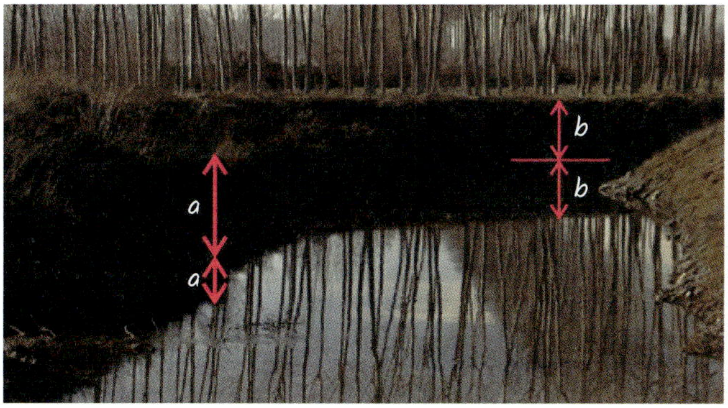

Das Ufer an der Stelle a ist nach hinten geneigt, daher ist seine Spiegelung, wie bereits erklärt, kürzer als dieses selbst (ein untergetauchter Beobachter würde es verkürzt sehen).

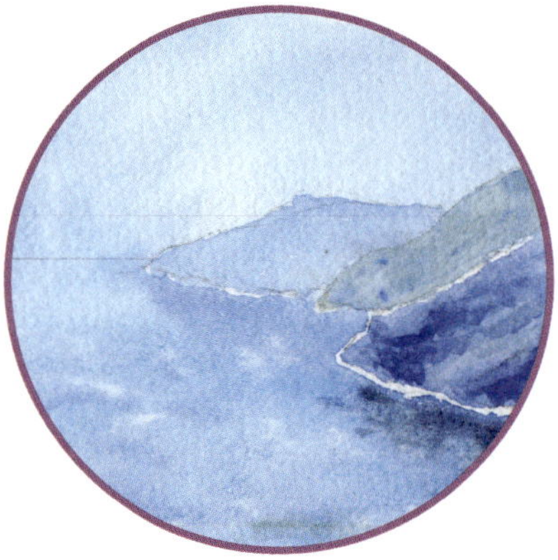

Luftperspektive

Der erste, der die Luftperspektive angewendet hat, war Leonardo da Vinci. Wenn wir uns ein Landschaftsbild ansehen, erkennen wir, dass die Farbtöne der Landschaft mit der Entfernung heller und blauer werden. Darüber hinaus werden Details weniger deutlich und der Kontrast nimmt ab.
Wenn wir diese Beobachtungen auf unsere Zeichnungen und Gemälde anwenden, lässt sich in ihnen mehr Tiefe erzeugen. Eines der Elemente, die zur Dreidimensionalität einer Zeichnung beitragen, ist die Luftperspektive. Mit der Tiefe gehen nach und nach Details verloren (vergleichen Sie die Häuser im Vordergrund mit den weiter entfernten in der Bleistiftzeichnung auf der nächsten Seite) und der Kontrast nimmt ab (vergleichen Sie den Hell-Dunkel-Unterschied zwischen dem nahen Berg – mit Stiften in 4H bis 6B gezeichnet – und den beiden weiter entfernten, für die ich nur 6H, 4H und 2H verwendet habe). Außerdem nimmt alles allmählich hellere Töne an. Bei Bleistiftzeichnungen zeichnet man entferntere Motive mit einem leichteren Strich (eventuell mit Bleistiften der H-Serie) und skizziert sie nur grob, ohne Details darzustellen. Bei den nahen Motiven wird das Gegenteil gemacht. Gehen Sie beim Malen von Details genauso vor und verwenden Sie warme Farben für den Vordergrund und zunehmend kühlere und hellere Farben für den Hintergrund.

Für Motive im Hintergrund:

1. Die Farbtöne sind heller.
2. Die Farben werden kühler und tendieren ins Hellblau.
3. Es gibt weniger Details.
4. Die Kontraste werden geringer.

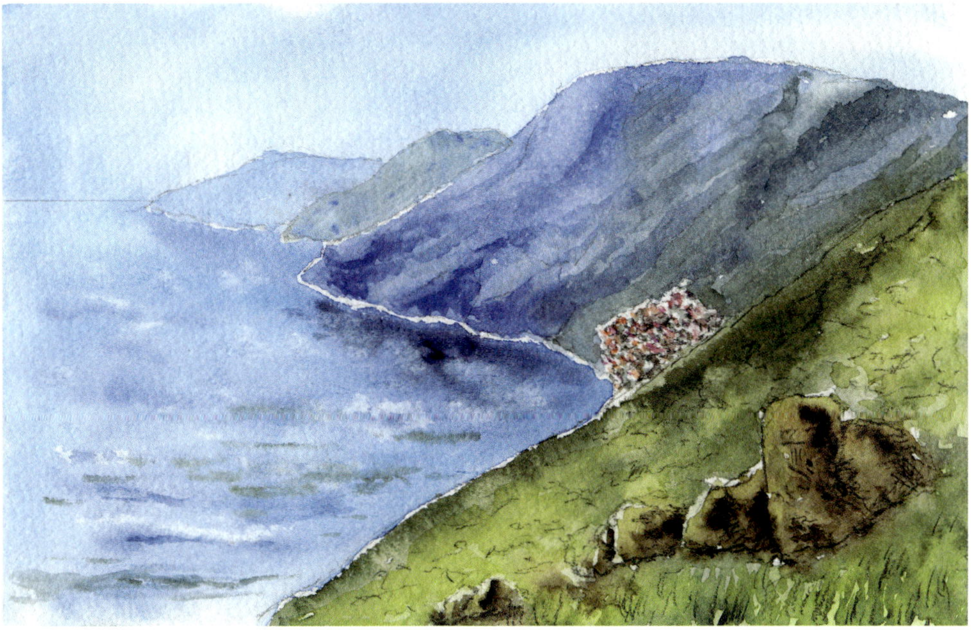

In einem farbigen Bild tendieren die Flächen mit zunehmender Entfernung immer mehr ins Hellblau.

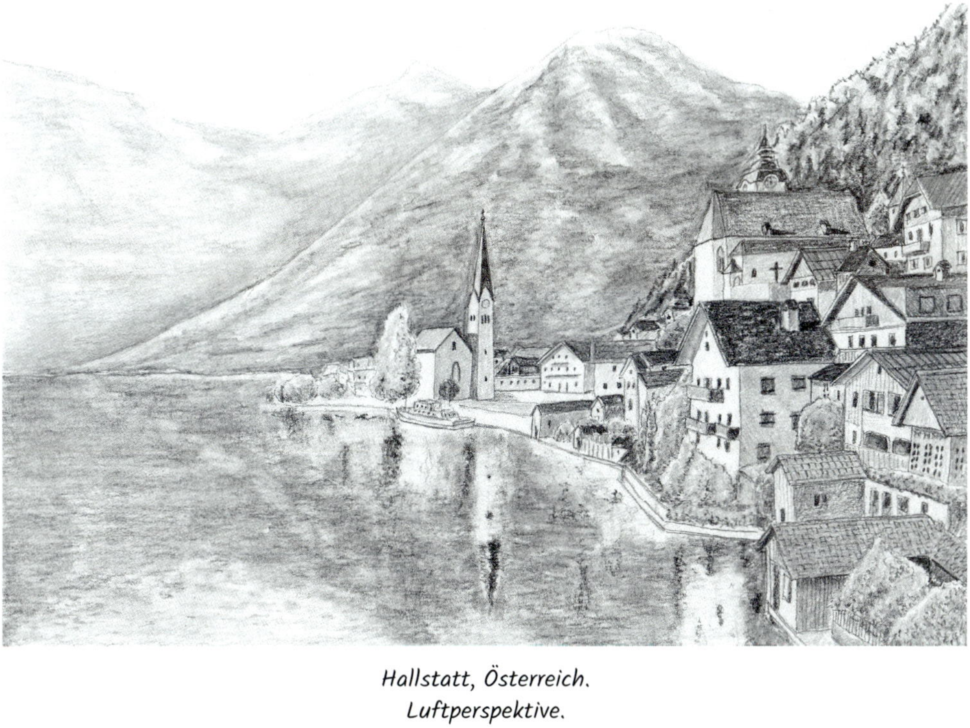

Hallstatt, Österreich.
Luftperspektive.

Die Bildkomposition

4

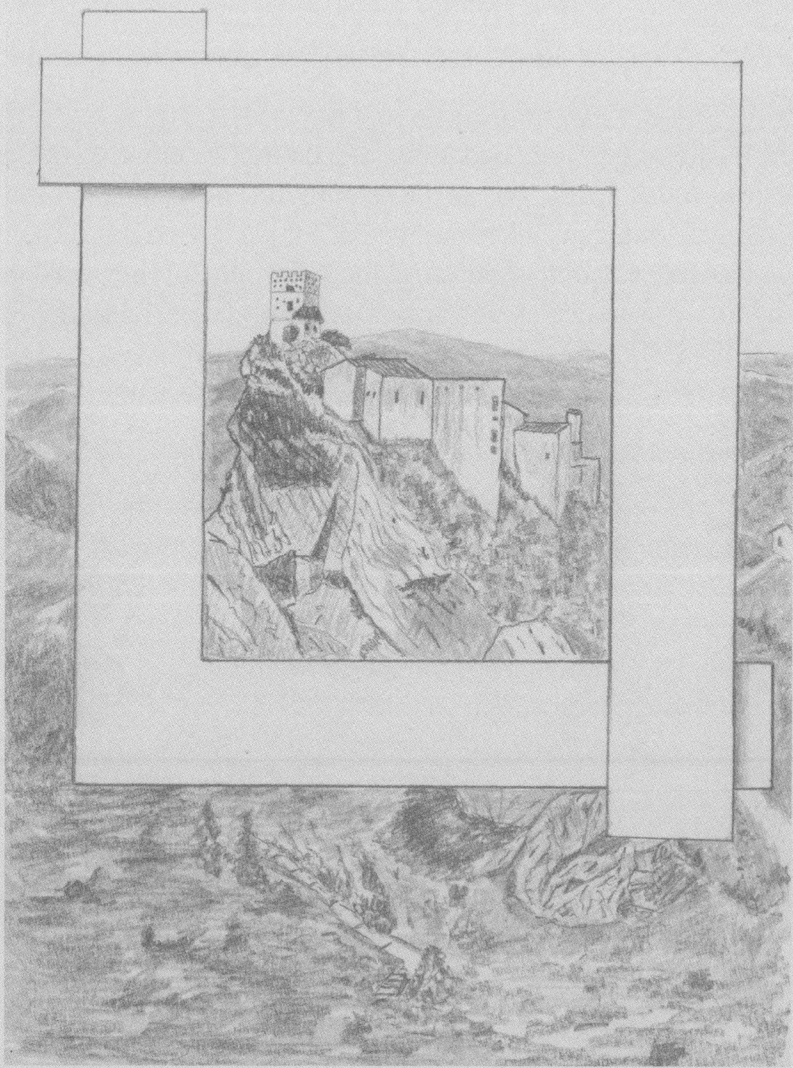

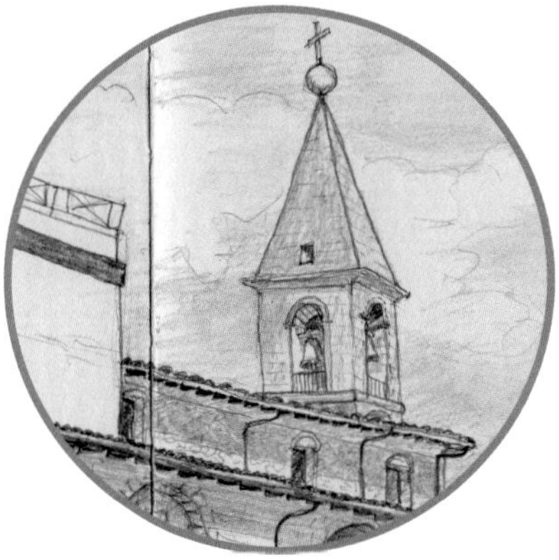

Aspekte der Bildkomposition

Ein Bild zu komponieren, bedeutet, die Elemente einer Szene auf eine bestimmte Weise anzuordnen. Eine Anordnung ist harmonisch und stimmt, wenn klar ist, was das Hauptmotiv einer Story ist. Anders formuliert: was uns dazu bewogen hat, das Mäppchen zu öffnen und den Stift hervorzuholen. Alle anderen Elemente müssen das Hauptmotiv stützen und dazu beitragen, den Blick auf dieses zu lenken, ohne dass es dabei zu sehr dominiert.

Blickpunkt

Dafür ist die Wahl des Blickpunkts sehr wichtig. Rücken Sie nach rechts und nach links, verlagern Sie den Blick nach unten oder nach oben, bis alles so zu sehen ist, wie Sie möchten. Anders als ein Fotograf haben wir Künstler den Vorteil, dass wir störende Elemente einfach ignorieren können, indem wir sie weglassen oder etwas anderes hinzufügen oder an die richtige Position verschieben, damit die Komposition möglichst ausgewogen wirkt.

Bildausschnitt

Wenn wir eine Szene zeichnen, wählen wir dafür einen Ausschnitt der Welt, die uns umgibt. Anders formuliert: Wir schneiden einen Teil aus einer größeren Szene aus. Dafür muss man zuvor entscheiden, was man einbeziehen und was man weglassen möchten. Dabei hilft es, wenn wir mit den Händen einen Rahmen bilden, indem wir die Fingerspitze des rechten Zeigefingers an die Spitze des linken Daumens und die des linken Zeigefingers an die des rechten Daumens halten.

Oder man bastelt sich aus einem Stück Pappe einen einfachen Ausschnittsucher (siehe Anhang). Dabei sollten die Kanten des Suchers dasselbe Seitenverhältnis wie das des Papiers haben, auf das man zeichnet. Indem man dann den Sucher zum Auge hinführt oder davon wegbewegt, wählt man einen größeren oder kleineren Ausschnitt der Szene, wie man es auch beim Fotografieren mit dem Zoom macht.

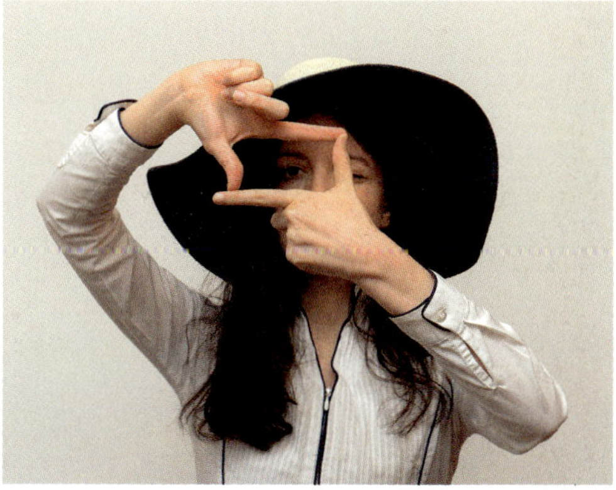

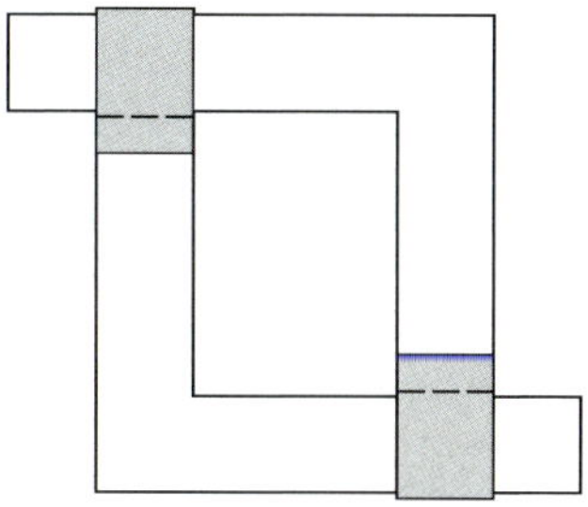

Zwei Möglichkeiten, um den Bildausschnitt festzulegen: mit den Händen oder mit einem verschiebbaren Rahmen aus Pappe.

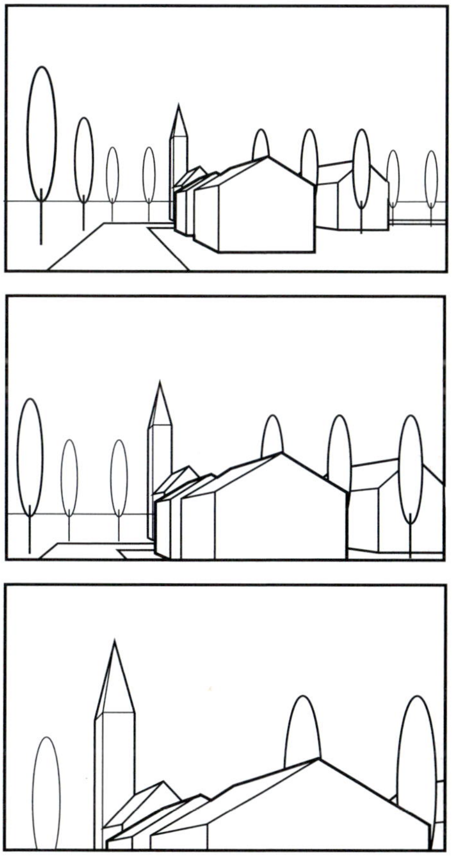

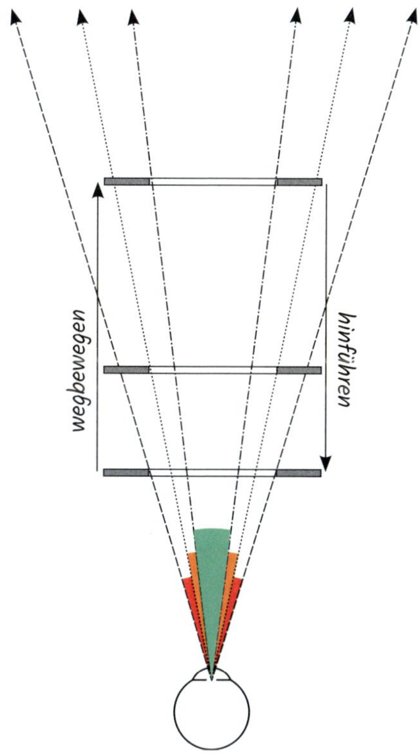

Indem man den Ausschnittsucher vom Auge weg- oder zu ihm hinbewegt, vergrößert oder verkleinert man den eingerahmten Bereich.

Präzisierung oder Fokussierung

Um die Aufmerksamkeit auf ein Motiv zu lenken, beschreibt man dieses minutiös und deutet seine Umgebung nur grob an.
Eine andere Möglichkeit, das Motiv hervorzuheben, ist, den Farbkontrast oder die Farbintensität im Vergleich zum Rest des Bildes zu verstärken, den man auch einheitlich zeichnen kann. Das ist vergleichbar, wie wenn man in der Fotografie die Schärfentiefe reduziert und damit das Motiv scharf und den Rest weniger deutlich einstellt.

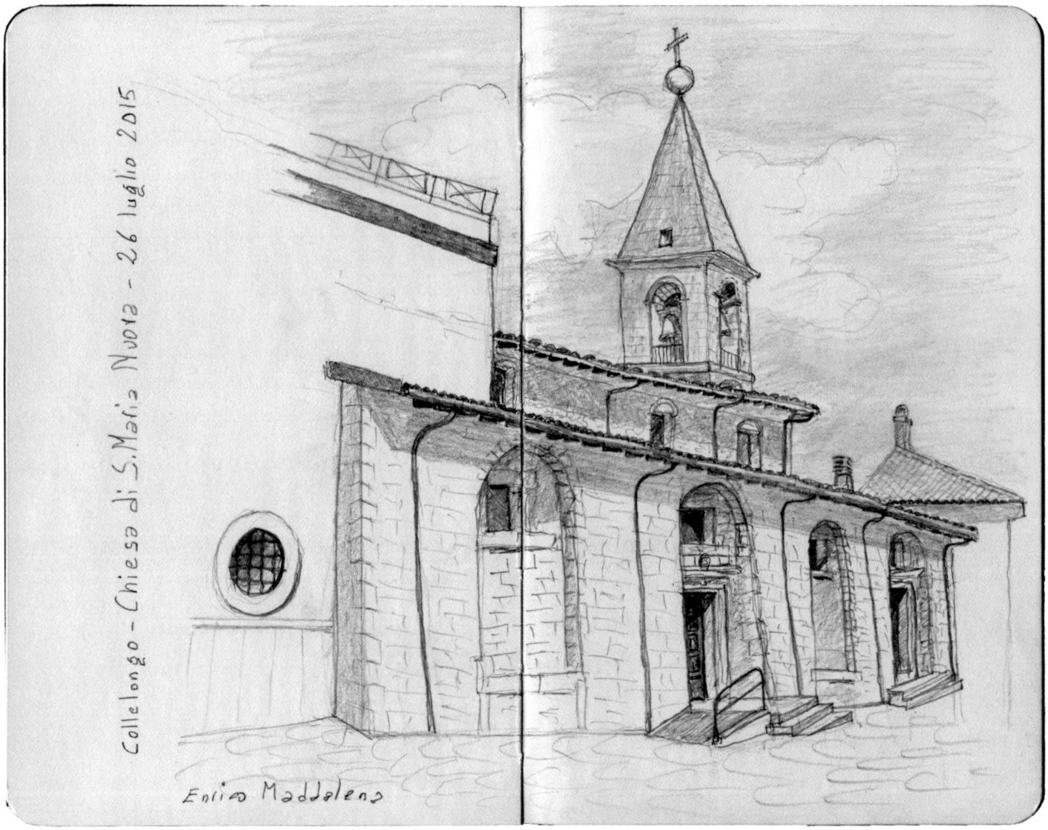

Skizze über beide Seiten eines Skizzenbuches.

Das Motiv ist eindeutig die Kirche mit dem Kirchturm. Das Gebäude links davon habe ich nur angedeutet und bis auf das Dach unten rechts kaum skizziert, um das Hauptmotiv in seiner Umgebung zu verankern, ohne die Aufmerksamkeit auf andere Elemente zu lenken. Bei einer Zeichnung ohne klare Konturen, aber stattdessen mit fließenden Übergängen, spricht man auch von „Vignettierung".

Hoch- oder Querformat

Eine weitere Entscheidung, die getroffen werden muss, ist die des Formats. Passt das Hoch- oder das Querformat besser? Oder sogar ein quadratisches Format? Generell strahlt ein Bild im Querformat mehr Ruhe aus, betont die Statik, die räumliche Ausdehnung und ist vor allem für Landschaften geeignet. Das Hochformat wirkt dynamischer und unterstreicht die Höhe, den Schwung, die Ausrichtung der Elemente zum Himmel. Es wird vorzugsweise für Porträts gewählt. Aber entscheiden Sie von Mal zu Mal selbst, eventuell mithilfe des Ausschnittsuchers, welches Format für die von Ihnen gewählte Szene das passende ist.

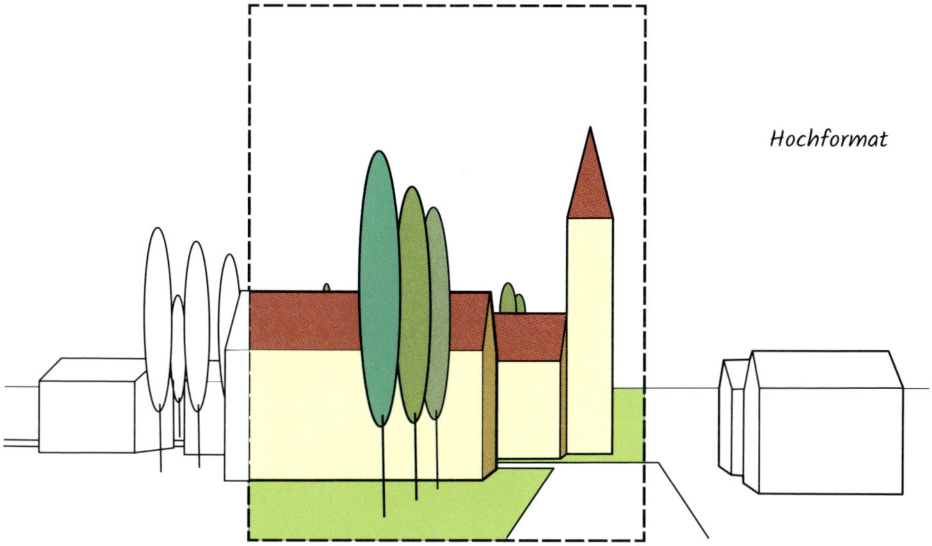

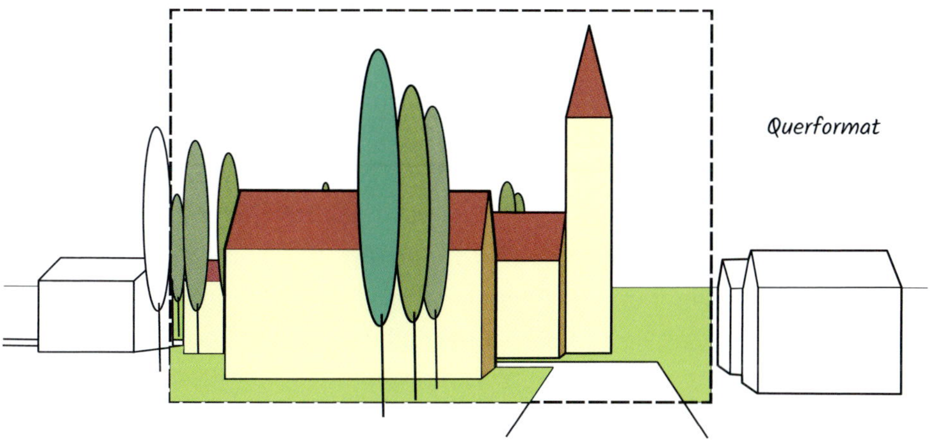

Bildstruktur

Unser Zeichenpapier ist in den allermeisten Fällen rechteckig. Obwohl sie nicht zu sehen ist, so hat das Rechteck doch seine eigene innere Struktur, die man kennen muss, wenn man die Kunst der Bildkomposition vollständig verstehen will.

Tektonische Struktur: Diese setzt sich aus den Diagonalen und den Mittellinien zusammen. Wenn man einen Flugdrachen bauen wollte, würde man an dieser Stelle die Leisten anbringen.

Raster: Dabei wird das Papier in kleinere Rechtecke (Module) ähnlich seinem zugrunde liegenden Format unterteilt. Die Unterteilung erfolgt durch ein Raster, bei dem die Segmente rechtwinklig zueinander und parallel zu den Seiten des Rechtecks angeordnet sind.

Bei einer stimmigen Bildkomposition werden die Elemente meist entlang eines oder mehrerer Struktursegmente angeordnet.

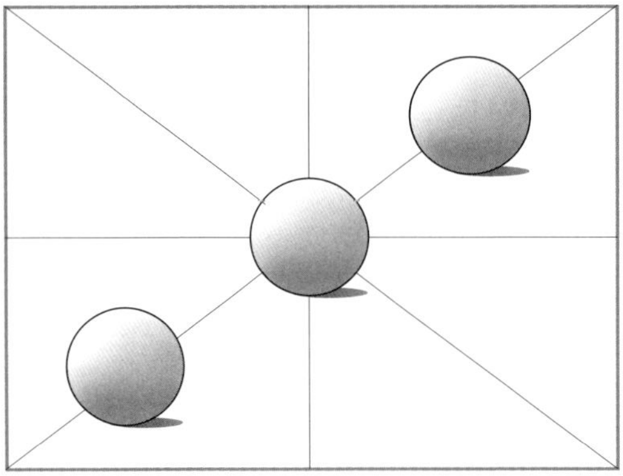

Elemente in einer tektonischen Struktur.

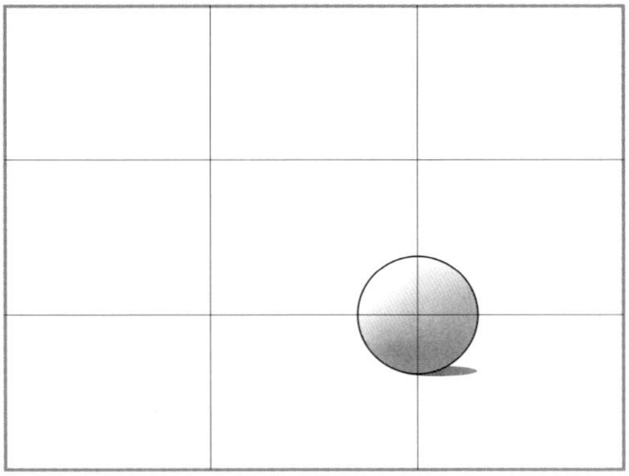

Elemente in einem Raster.

Kulisse

Setzt man ein Element in den Vordergrund, so hilft das, die Tiefe des Bildes zu betonen. Ein Baum, ein Lattenzaun, ein Fels verorten den Betrachter, weisen ihm eine Position zu, geben ihm das Gefühl, sich innerhalb der Zeichnung aufzuhalten. Mit einer nahen Kulisse lässt sich der Raum wirkungsvoll beschreiben und seine Tiefe wahrnehmen.

Das Element im Vordergrund sollte natürlich auf die ganze Szene abgestimmt sein. Bei einer Landschaft kann das ein Strauch, ein an ein Mäuerchen gelehntes Fahrrad sein, das uns von einem Spaziergang erzählt. Bei einer urbanen Szene wären eine Straßenlaterne oder ein Brunnen besser. Wählen Sie selbst, was am besten passt.

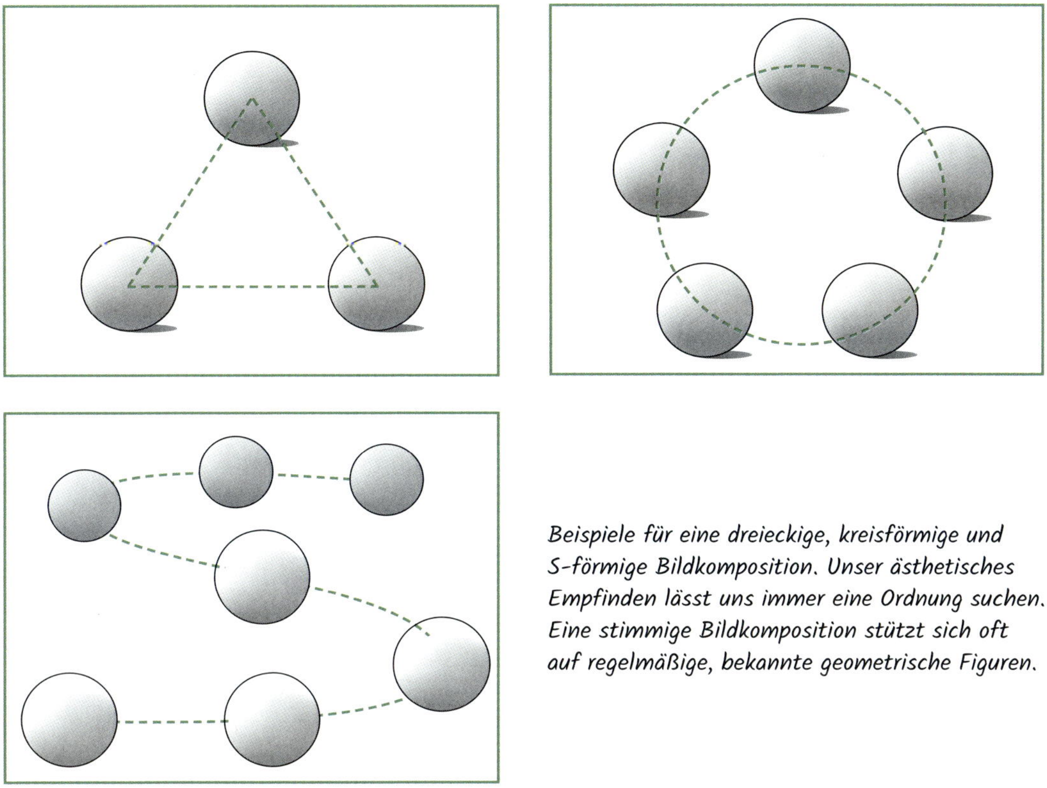

Beispiele für eine dreieckige, kreisförmige und S-förmige Bildkomposition. Unser ästhetisches Empfinden lässt uns immer eine Ordnung suchen. Eine stimmige Bildkomposition stützt sich oft auf regelmäßige, bekannte geometrische Figuren.

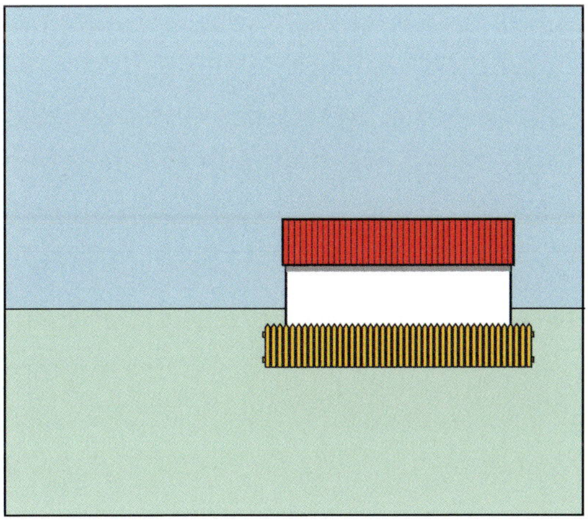

Bildkomposition ohne Kulisse.

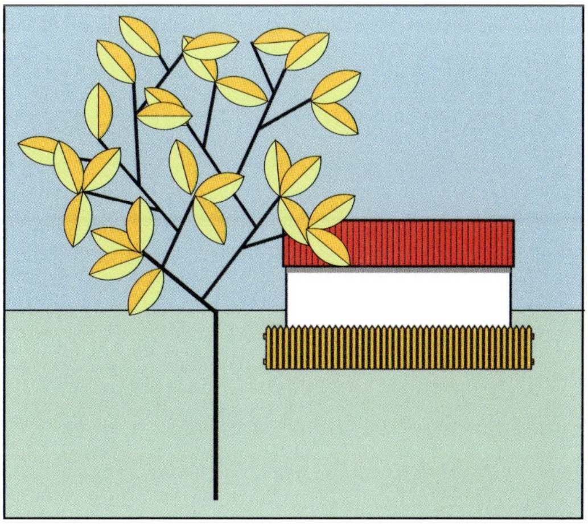

Bildkomposition mit einer Kulisse im Vordergrund.

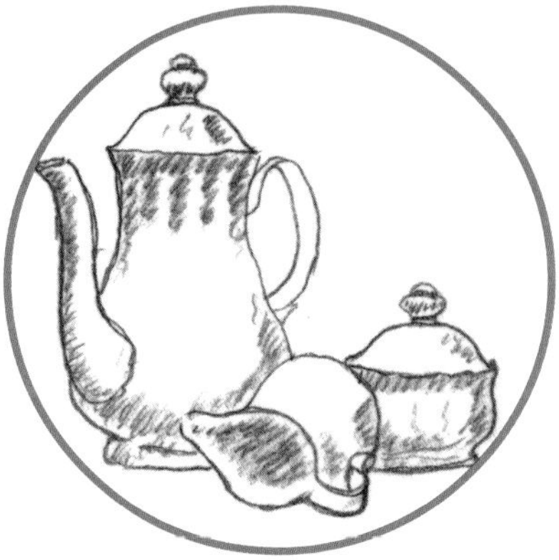

Bildkomposition überprüfen

Ein Bild aufzubauen bedeutet, auszuwählen, zu entscheiden, zu verändern. Nehmen wir ein Stillleben, bei dem wir problemlos Anzahl, Position und Verteilung der Elemente verändern können. Bei einer Szene im Freien, einer Landschaft oder einem Winkel einer Stadt, haben wir weniger Möglichkeiten, auch wenn man den Blickpunkt und die Tageszeit wählen sowie Elemente hinzufügen oder weglassen kann. Das Beispiel eines Stilllebens hilft uns dabei, leichter die Schwierigkeiten und Möglichkeiten der Bildkomposition zu verstehen. Ob es um ein einziges oder um mehrere Elemente geht, eine erste Entscheidung ist immer, wie man den Ausschnitt wählt und wie man die Elemente in Beziehung zum Rahmen der Skizze stellt. Generell ist es besser, oben mehr Freiraum zu lassen als unten. Vermeiden Sie, dass ein Element den Bildrand berührt.
Die Zuckerdose auf den folgenden Bildern hat eine strahlenförmige Symmetrie. Das heißt, auch wenn man sie verschiebt, verändert sie selbst sich nicht.
Das Milchkännchen und die Teekanne indes scheinen aufgrund des Griffs und des Schnabels eine Vorder- und eine Rückseite zu haben, weshalb ihre Position den Blick in eine bestimmte Richtung lenkt, was man nicht außer Acht lassen darf. Wenn sie nach links zeigen, sollte man auf der linken Seite etwas mehr Freiraum lassen als auf der rechten.

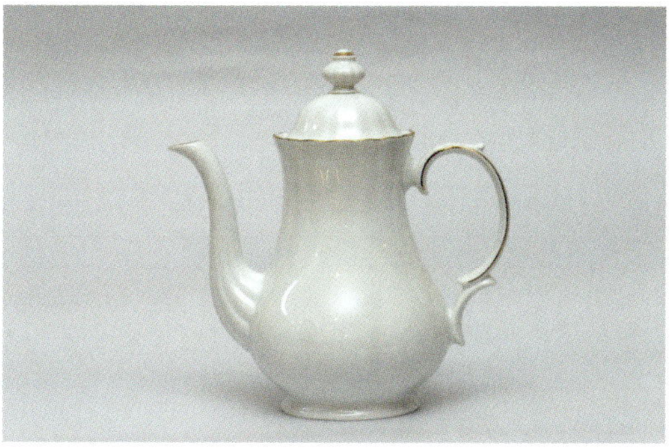

Auch wenn nur ein einziges Element gezeichnet wird, muss man Entscheidungen treffen. Hier ist eine klassische Anordnung zu sehen.

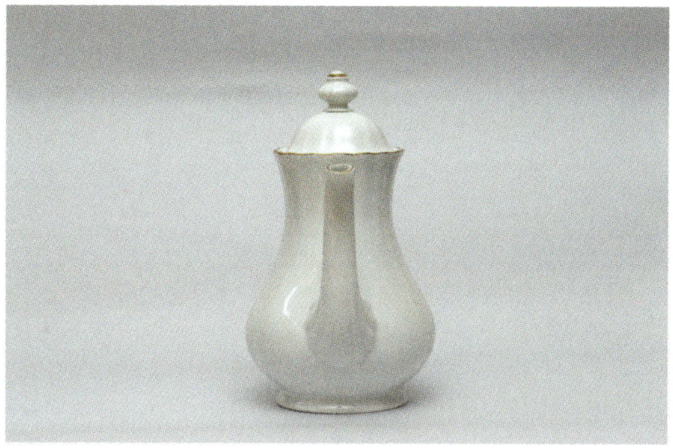

In der Frontalansicht ist der Griff nicht mehr zu sehen.

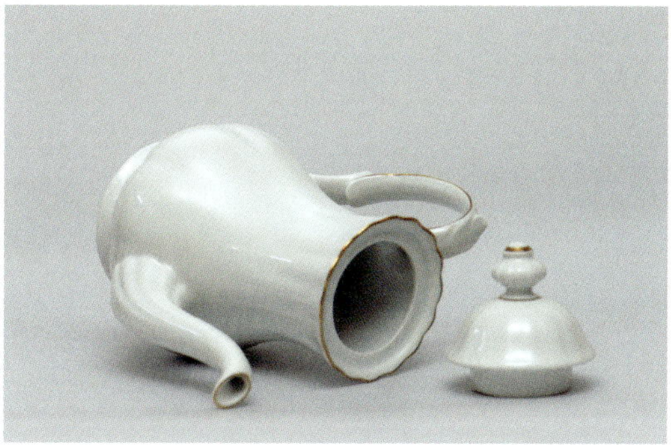

Dies ist eine etwas ungewöhnliche Anordnung. Der Deckel sitzt nicht mehr auf der Teekanne und wird so zu einem eigenen Element.

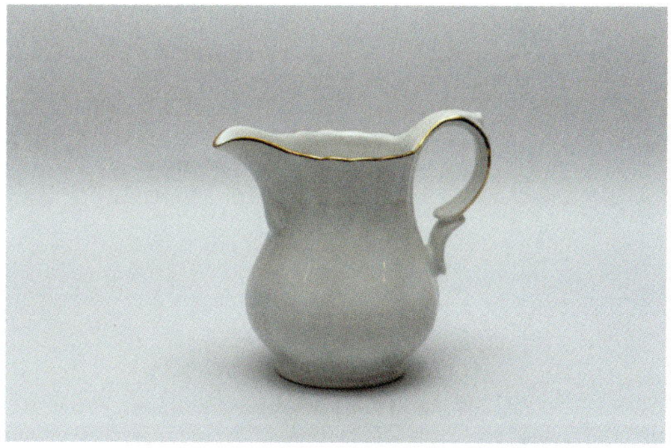

Auch die Höhe des Blickpunkts hat Auswirkungen auf die Darstellung. Hier ist er ein wenig über der Öffnung.

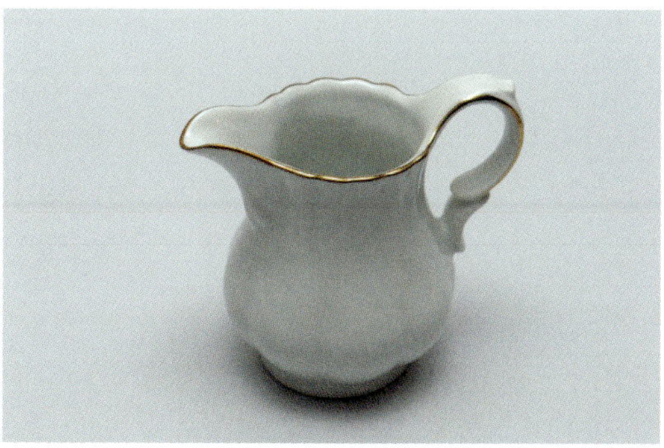

Hier ist der Blickpunkt deutlich höher, wodurch Öffnung und Schnabel des Milchkännchens betont werden. Der Betrachter fühlt sich „erhaben".

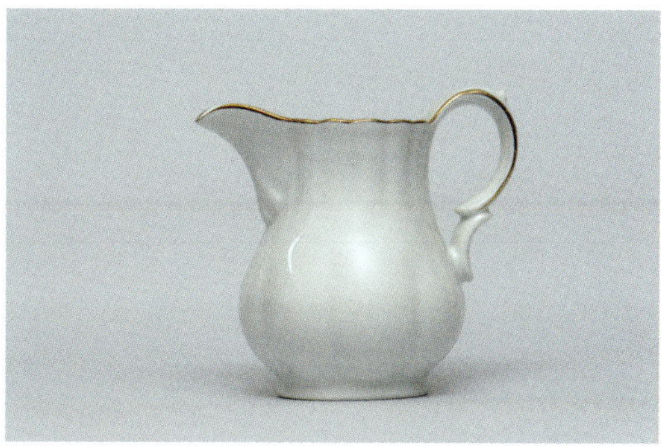

Verlagert man den Blickpunkt nach unten, sieht man die Öffnung des Milchkännchens nicht mehr. Der Betrachter fühlt sich „am Boden".

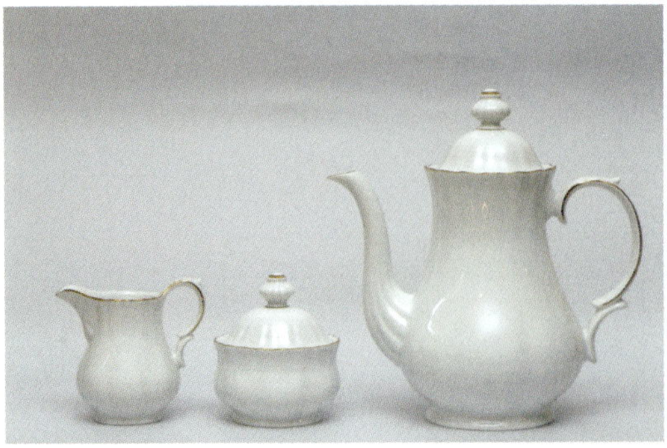

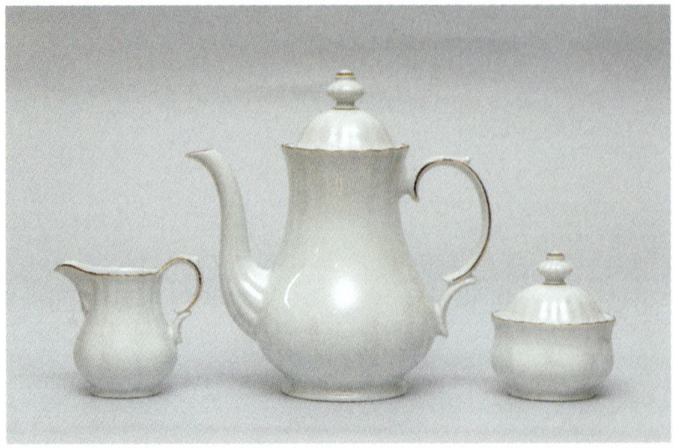

Diese Anordnung der einzelnen Elemente ist banal. Sie stehen wie im Gänsemarsch nebeneinander. Es wirkt, als würden sie nach links gehen.

Die Teekanne in der Mitte ist der Mittelpunkt der dreieckigen Anordnung und wird zum Hauptmotiv.

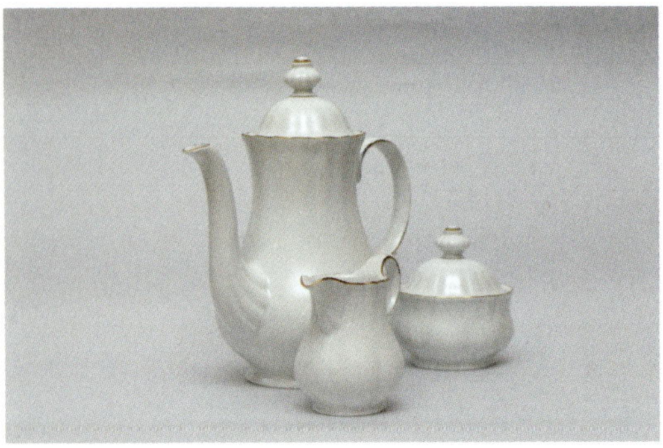

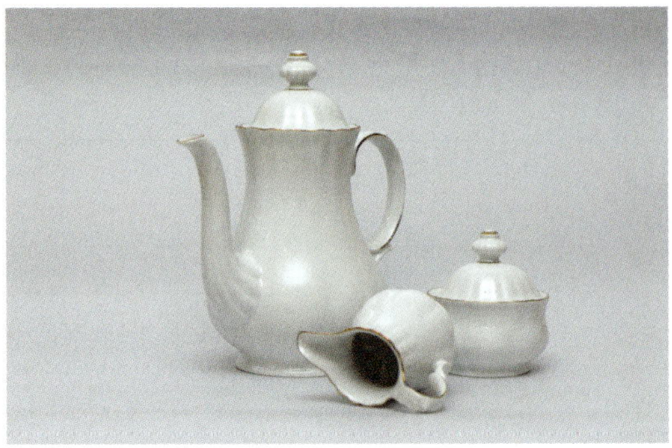

Ordnet man die Elemente auf verschiedenen Ebenen an, wird die Tiefenwirkung erhöht und alles erscheint natürlicher.

Das hingelegte Milchkännchen im Vordergrund lässt die Bildkomposition lebendiger wirken.

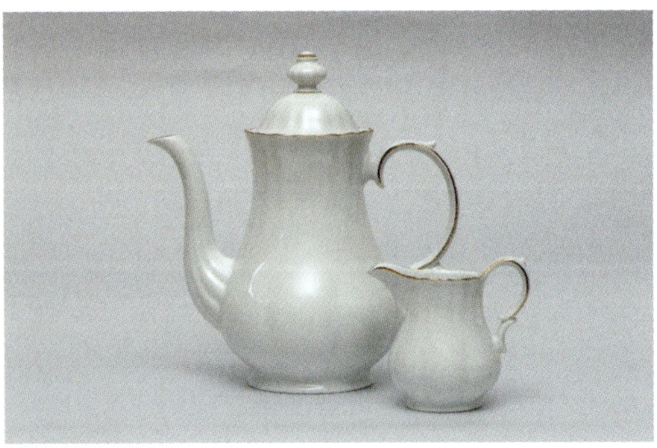

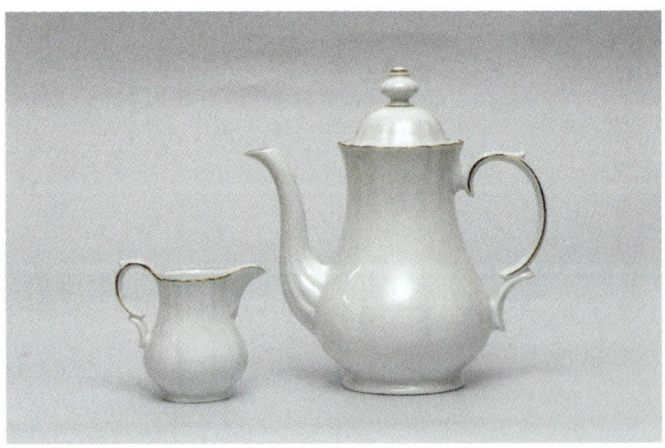

Schnabel von Milchkännchen und Teekanne geben die Richtung dieser beiden Elemente vor, die in perfekter Harmonie aufeinander abgestimmt wirkt.

Hier stehen sie hingegen gegeneinander gerichtet, der Effekt ist ein völlig anderer.

Entwurf oder vorbereitende Studie

Machen Sie keine Fotos, ich habe sie nur für die Erklärungen verwendet. Fertigen Sie Bleistiftentwürfe für die Bildkomposition an; schnelle Skizzen, bei denen Sie die Anordnung der Elemente verändern und etwas nach Belieben hinzufügen oder weglassen. Das ist der bessere Weg, um zu einer stimmigen Bildkomposition zu gelangen. Wählen Sie den Entwurf, der Sie überzeugt, und fertigen Sie die endgültige Zeichnung an.

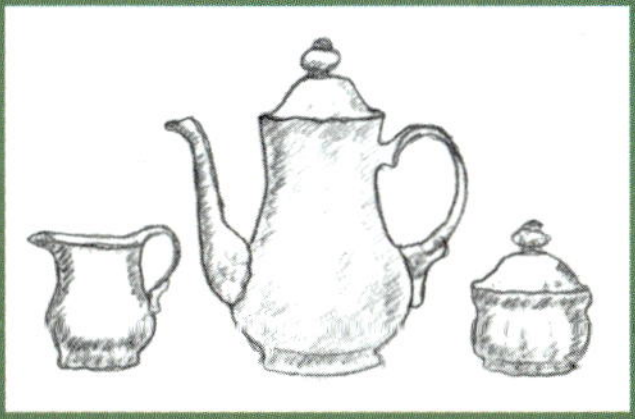

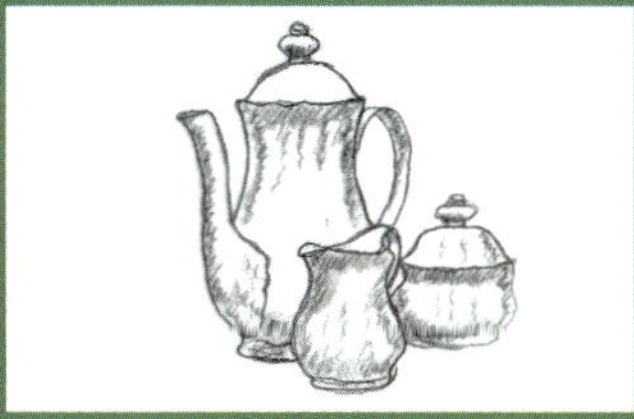

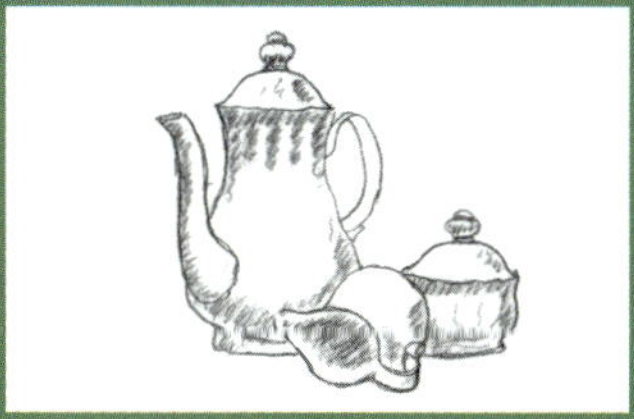

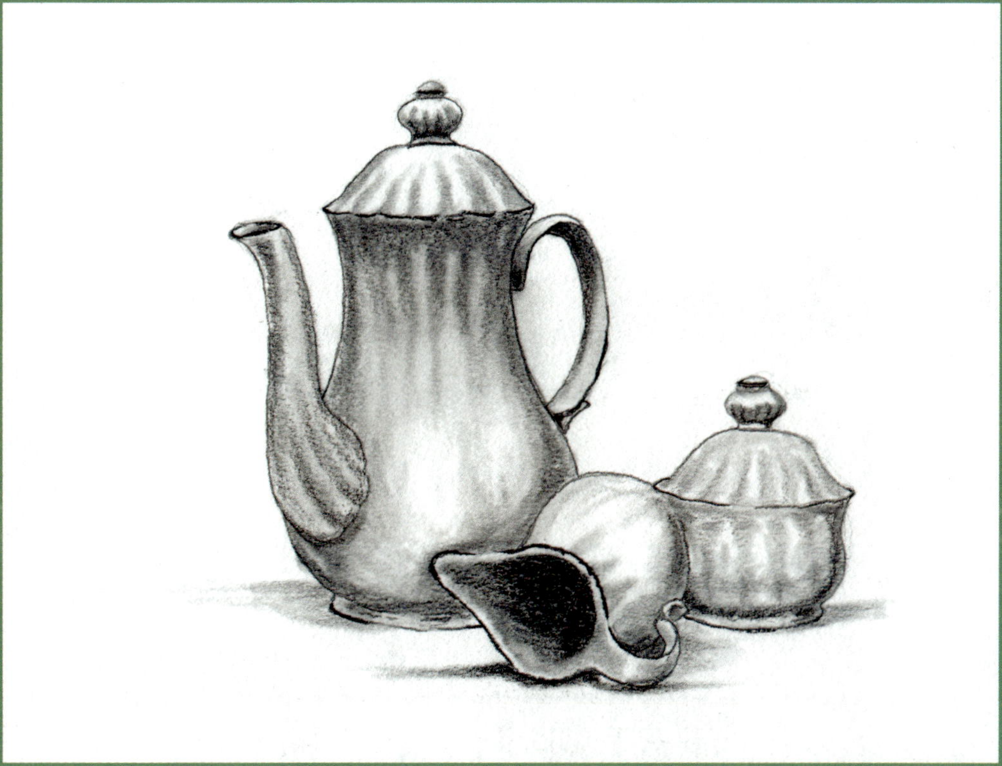

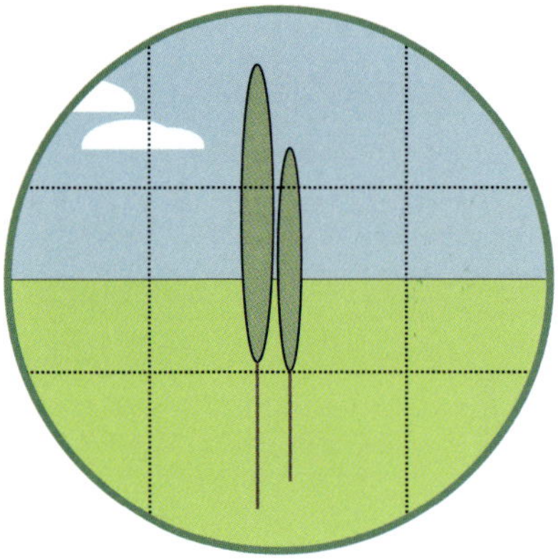

„Regeln“

Ich halte nichts von Regeln in der Kunst, weil ich glaube, dass jede Zeichnung ein Fall für sich ist und der Urheber von Fall zu Fall entscheidet, welche Elemente er einfügt und wie er sie anordnet. Aber da Regeln bekannt sein müssen, um sie gegebenenfalls brechen zu können, stelle ich sie hier dar.

Die Drittel-Regel

Das ist zweifellos die bekannteste. Sie fußt auf dem Raster, das man dem Rechteck unterlegt. Im Idealfall teilt man die Fläche durch vier zu den Seiten parallele Linien in drei horizontale und drei vertikale Segmente gleicher Breite auf. Dabei entstehen vier Bildschwerpunkte, an denen man vorzugsweise das Hauptmotiv platzieren sollte. Wenn dies ein lineares Element ist, wie etwa ein Baum, eine Baumgruppe oder eine Person, wird empfohlen, es auf dem linken oder rechten vertikalen Segment zu platzieren. Den Horizont sollte man nicht in die Mitte legen, sondern in das untere Drittel, wenn Sie den Himmel, und in das obere Drittel, wenn Sie die Erde betonen wollen. Dies sind sicherlich gute Tipps, aber

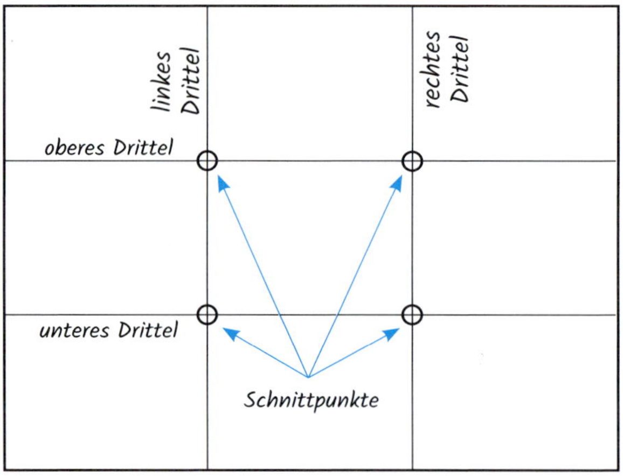

Raster für die Drittel-Regel mit Schnittpunkten der vier Linien.

machen Sie sich nicht zu deren Sklaven. In manchen Fällen ist ein Bild gerade deswegen ausdrucksstark, weil der Horizont oder ein Porträt genau in der Mitte liegen. Lassen Sie sich immer von Ihrem eigenen Geschmack oder Ihrer Intuition leiten.

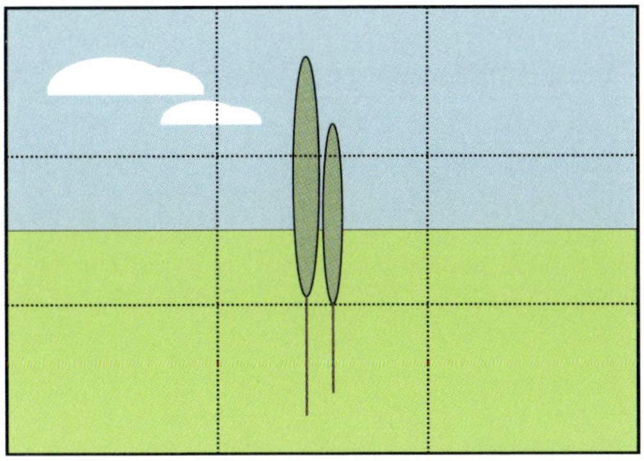

Nein, denn die Baumgruppe und der Horizont liegen jeweils genau in der Mitte.

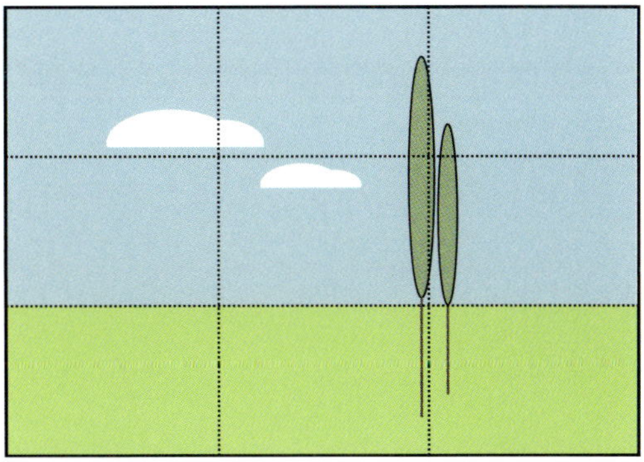

Ja, denn die Baumgruppe liegt im rechten Drittel und der Horizont im unteren Drittel.

Den Blick lenken

In einer gelungenen Zeichnung findet man ein Hauptmotiv, einen Protagonisten der Szene. Dort gibt es keine störenden Elemente, weil der Künstler, falls es sie in dieser Szene gab, diese weggelassen hat. Jedes andere vorhandene Detail trägt zur Beschreibung der Geschichte bei und lenkt die Aufmerksamkeit auf das Thema. Man kann das Auge auf viele Arten zum Hauptmotiv lenken. Oft sind es Elemente im Vordergrund, die den Betrachter willkommen heißen und ihn in das Bild führen. Ein Zaun, eine Furche im Boden, ein Schatten oder ein Weg können diese Funktion sehr gut erfüllen. Außerdem sollte die Anordnung der Elemente so sein, dass das Auge wandert, dabei aber innerhalb des Bildes bleibt.

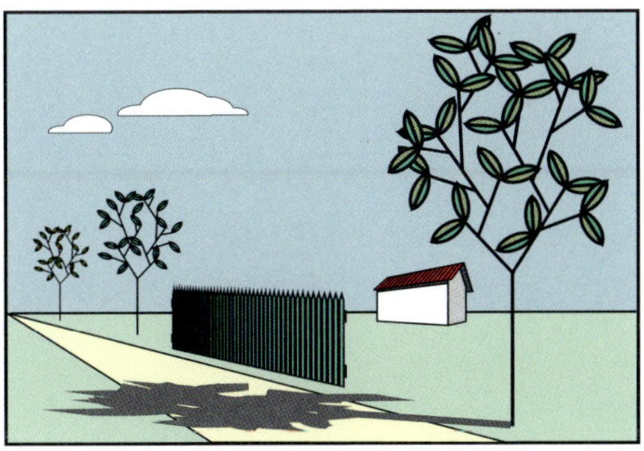

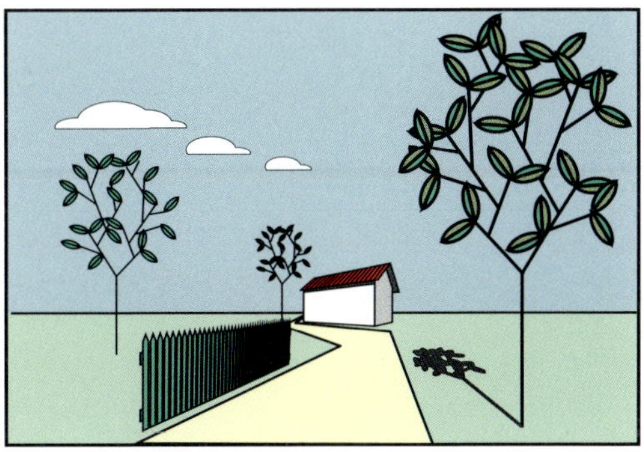

Links wird der Blick kurzzeitig auf das Haus gelenkt, dann aber durch die Straße, den Zaun, die Perspektive der Bäume und sogar die Wolken ermuntert, das Bild zu verlassen. Rechts hingegen führt jedes Element den Blick auf das Haus, wo er dann auch bleibt.

Figuren zeichnen

5

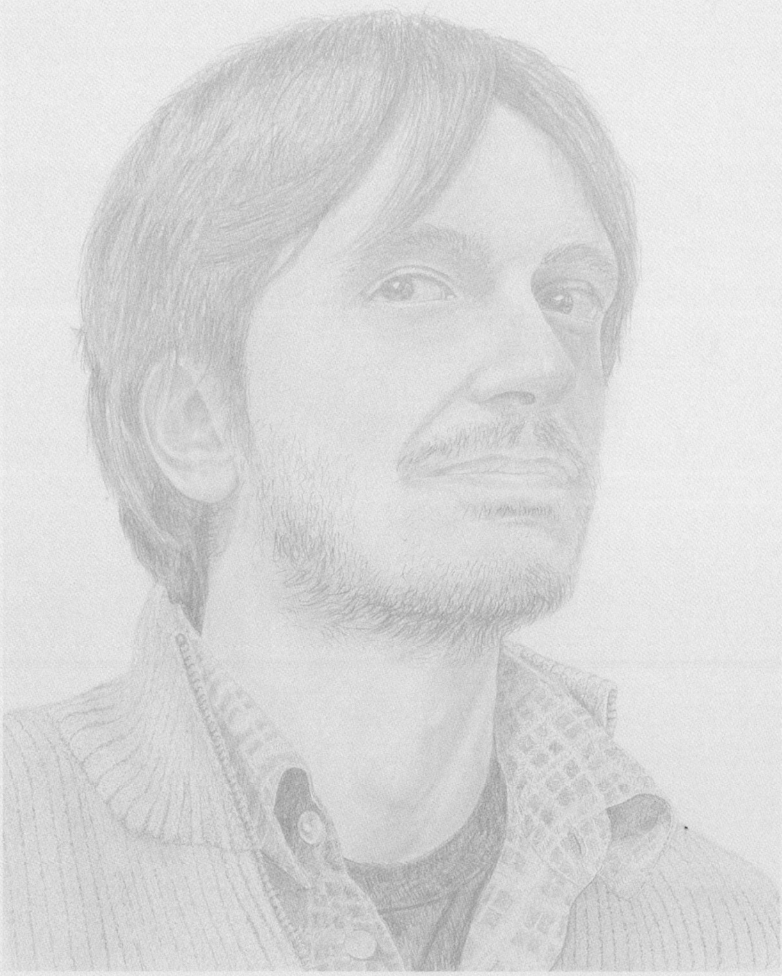

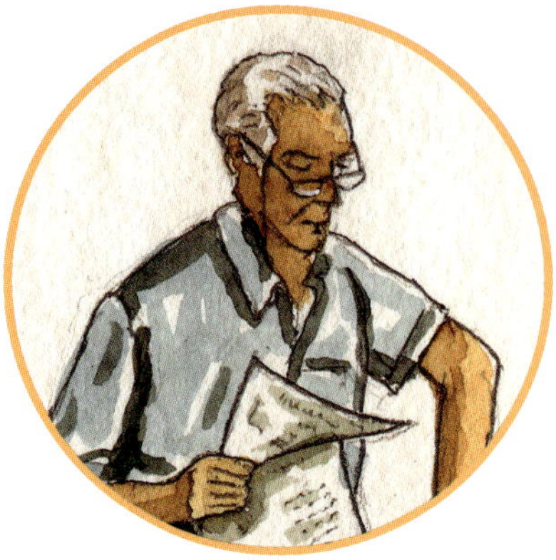

Terminologie und Anatomie

Ich erinnere mich an ein Gemälde, ein Kopfbild einer Frau, das ich in der Eingangshalle des Hotels, in dem ich damals übernachtet habe, gesehen habe. Es war die Kopie eines berühmten Gemäldes.

Der Künstler beherrschte die Technik, aber die Anatomie in der Darstellung wies deutliche, grobe Fehler auf. Obwohl das Original perfekt war. Das liegt daran, dass „wir nur sehen, was wir wissen".

In den Akademien ist eines der wichtigsten Fächer die Anatomie. Wenn Sie möchten, können Sie sich entsprechende Bücher zulegen und sich intensiver damit befassen. Ich erläutere Ihnen hier die Grundlagen, damit Sie ohne Schwierigkeiten einen menschlichen Körper zeichnen können. Wir beginnen mit den Augen, dann beschäftigen wir uns mit den Proportionen des Kopfes und anschließend mit denen des ganzen Körpers. Wir beginnen mit dem Körperteil, das für die Maler das wichtigste ist.

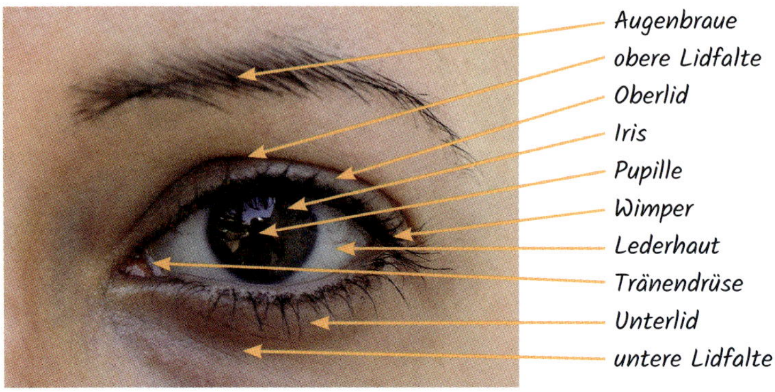

Augen

Die Augen bestehen aus dem runden Augapfel, der außen von der Lederhaut, einer weißen faserigen Membran, bedeckt ist. An der Vorderseite des Augapfels wird sie durch die Hornhaut unterbrochen, einer durchsichtigen, kleineren und daher hervorstehenden Schale. Durch die Hornhaut hindurch ist die Iris sichtbar, eine Membran, die bei jedem Menschen eine andere Farbe haben kann und die in der Mitte ein Loch hat, die Pupille. Durch Kontraktion bzw. Relaxation der Iris verändert sich der Durchmesser der Pupille, die sich bei wenig Licht weitet und bei viel Licht zusammenzieht. Die glänzende Hornhaut reflektiert die Umgebung und helles Licht. Es sind diese Reflexionen, die sie lebendig und in der Zeichnung wirklichkeitsgetreu wirken lassen. Was wir vom Auge sehen, ist der Teil, der von den Augenlidern unbedeckt bleibt. Von den beiden Augenlidern ist nur das obere beweglich. Im Winkel neben der Nase sieht man die Tränendrüse, ein Organ, das die Tränenflüssigkeit ableitet (die auch zur Befeuchtung des Auges produziert wird) und sie zurück in die Nase führt. Daher schnäuzen wir uns zum Beispiel, wenn uns ein sentimentaler Film anrührt, noch bevor die Tränen fließen können. Beim normal geöffneten Auge liegt das untere Augenlid direkt unterhalb der Iris, während das obere Augenlid diese teilweise verdeckt, ohne die Pupille zu bedecken. Wenn das obere Augenlid die Pupille teilweise verdeckt, ohne dass das Auge vollständig geschlossen ist, spüren wir sofort, dass diese Person schläfrig ist. In Situationen des Schreckens oder Staunens bleibt die gesamte Iris frei und wird nicht von den Augenlidern, insbesondere nicht vom oberen, bedeckt.

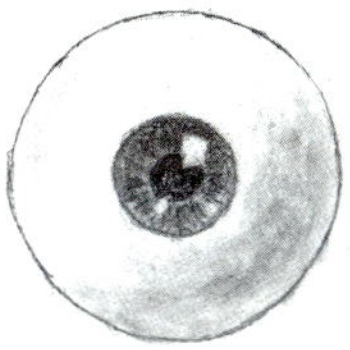

Augapfel, von vorne.

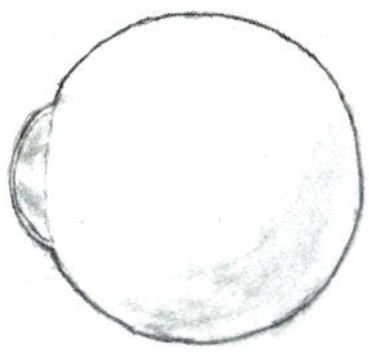

Augapfel, von der Seite. Beachten Sie, wie die Hornhaut vorsteht.

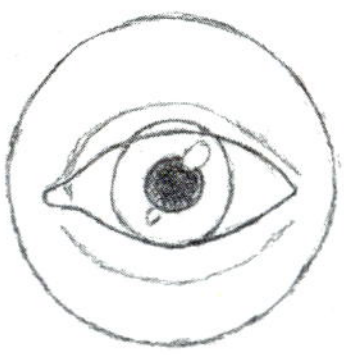

Die Lider bedecken einen Teil des Auges.

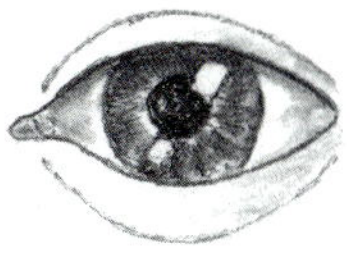

Normalerweise geöffnetes Auge: Das Unterlid liegt direkt unterhalb der Iris, das Oberlid bedeckt sie zum Teil.

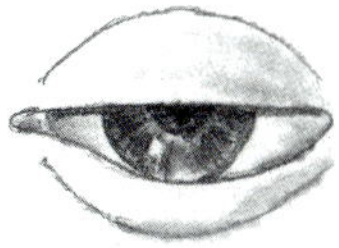

Schläfriges Auge.

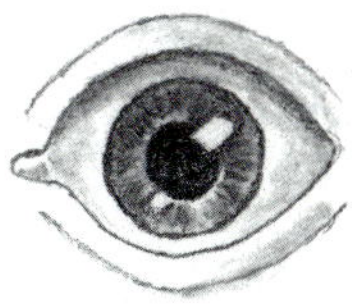

Vor Schrecken/Erstaunen geöffnetes Auge.

Linkes und rechtes Auge im Verhältnis zueinander

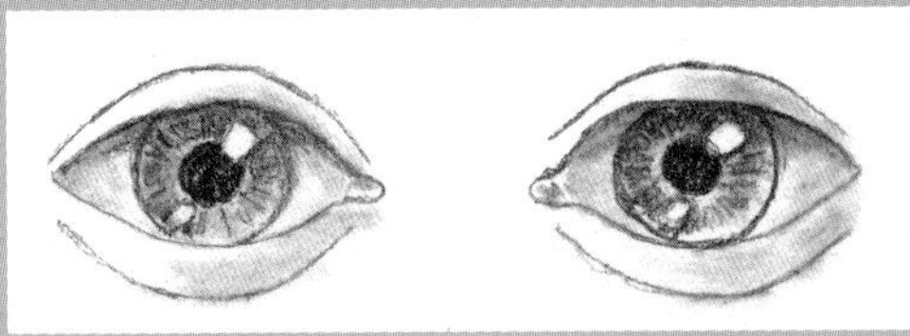

Die Pupillen liegen mittig, der Platz zwischen der sie umgebenden Iris und dem rechten und linken Bereich ist bei beiden Augen gleich: Die Person schaut weit nach vorne. In einem Gemälde wirkt das, als wenn diese Augen dem Betrachter folgen, egal wohin er sich bewegt.

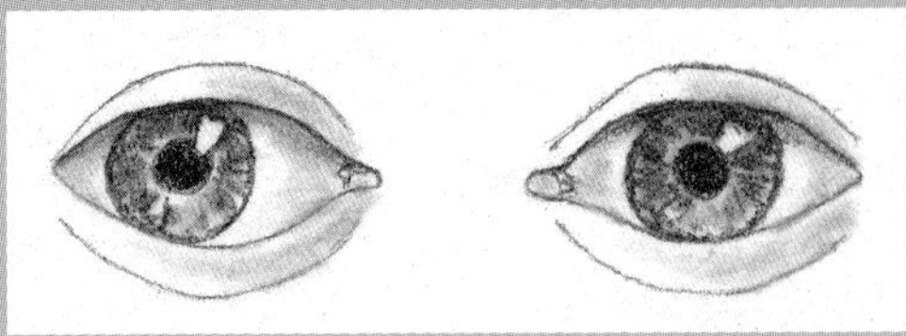

Diese Person schielt ganz offensichtlich, denn die Augen sind nicht aneinander ausgerichtet. Das rechte Auge blickt in eine und das linke in eine andere Richtung. Das kann dazu führen, dass ein Auge nicht mehr richtig sieht, da das Gehirn nicht in der Lage ist, die beiden Bilder zusammenzuführen.

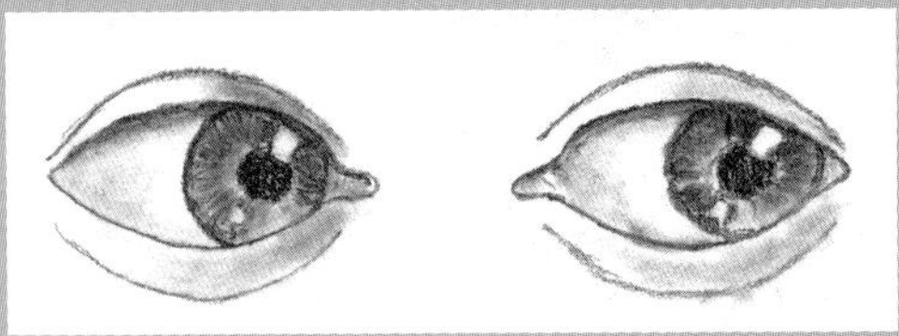

Iris und Pupille beider Augen sind auf dieselbe Weise ausgerichtet: Die Person blickt seitlich (nach links) und in die Ferne.

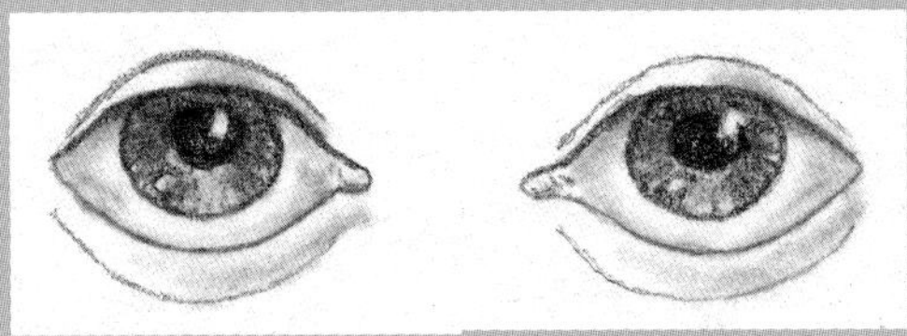

Die Person blickt nach oben. Die Augäpfel richten sich nach oben und damit auch die Iris und die Pupillen.

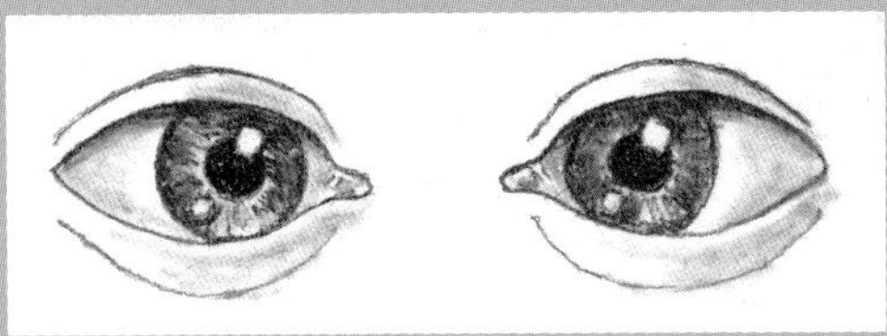

Iris und Pupille beider Augen sind symmetrisch nach innen gerichtet: Die Person blickt in die Nähe, vielleicht liest sie. Dabei werden die Augen zusammengeführt. Die Augenachsen können parallel oder konvergent sein, aber niemals auseinanderlaufen, außer beim Schielen.

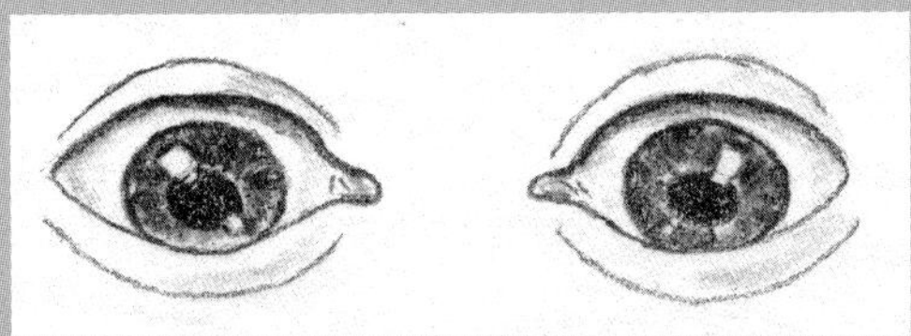

Die Person blickt nach unten. Die Augäpfel bewegen sich nach unten und damit auch Iris und Pupillen.

Nase und Ohren

Nase und Ohren sind fest und unbeweglich. Man kann nur die Nasenflügel ein wenig bewegen, deswegen gibt es aus künstlerischer Sicht nicht viel zu den einzelnen Elementen zu sagen.
Alle Details des Gesichts, obwohl anatomisch ähnlich, variieren von Individuum zu Individuum. Deshalb können wir uns voneinander unterscheiden. Die Nase ist eines der der variabelsten Elemente.

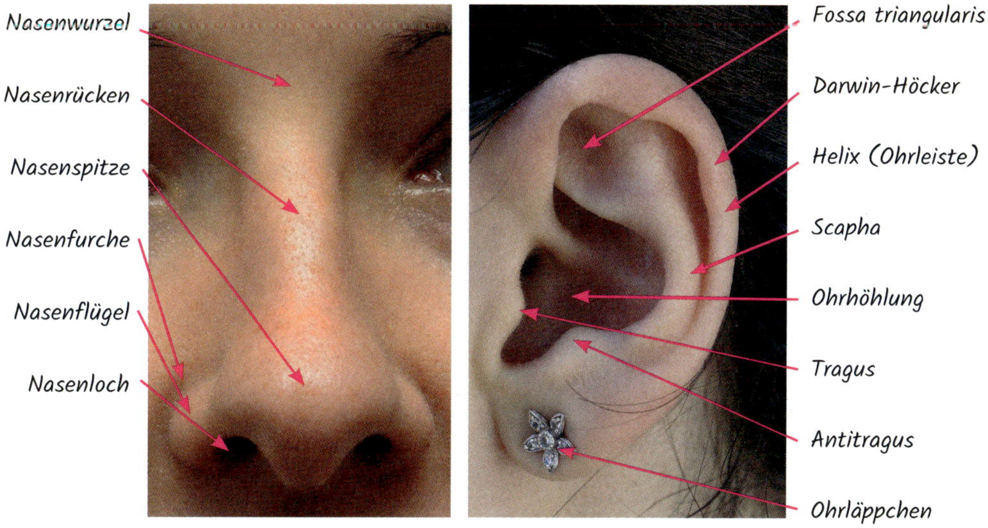

Mund

Wie die Augen spielt auch der Mund eine wichtige Rolle für den Gesichtsausdruck. Dieses Organ ist sehr beweglich und kann auf unendlich viele verschiedene Arten geformt werden.
Beim Zeichnen beginnt man am besten mit der Linie zwischen Ober- und Unterlippe und versucht, sie so exakt wie möglich wiederzugeben.
Die Oberlippe kann man in drei Bereiche einteilen: den hervorstehenden mittleren Teil, den Tuberkel, und die beiden seitlichen Bereiche, die bis zum Mundwinkel gehen.
Das Profil der Oberlippe wird auch „Amorbogen“ genannt. Bei einem Lichteinfall von oben liegt die Oberlippe im Eigenschatten und die Unterlippe im Licht.

Unter der Unterlippe, in Höhe der Mentolabialfalte, liegt ebenfalls ein Bereich im Schatten (Schlagschatten).

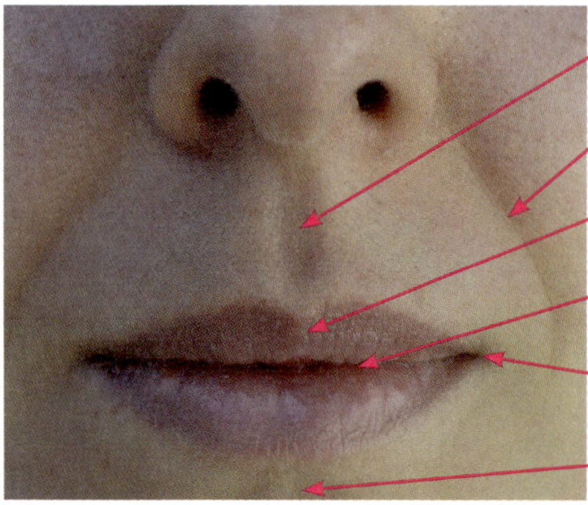

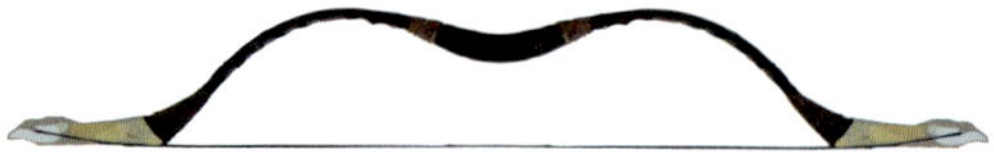

Das Profil der Oberlippe wird auch „Amorbogen“ genannt.

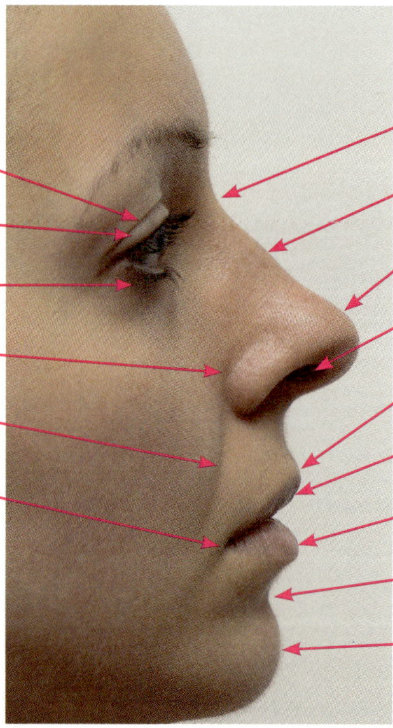

Details des Gesichts, im Profil betrachtet.

Mimische Muskulatur

Hier werden die für die Mimik wichtigsten Muskeln dargestellt. Dabei verzichte ich darauf, die Muskeln zu zeichnen, und erkläre stattdessen mithilfe von Pfeilen ihre Wirkung.
Ihre Richtung gibt an, in welche Richtung sich die Bereiche, an denen sie sich befinden, zusammenziehen.
Die Mimik ist eine komplexe Sprache, die wir instinktiv zu deuten wissen, denn sie informiert uns über die Stimmungen und Absichten des Gegenübers.

Hier unten folgt eine Auflistung der Muskeln und ihrer Wirkung.

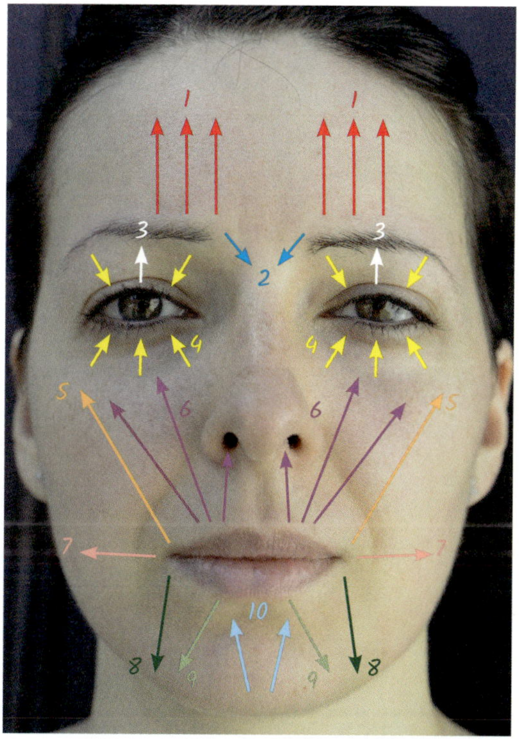

1. *Musculus frontalis:* hebt die Augenbrauen, legt die Stirn in Falten.
2. *Musculus depressor supercilii:* zieht den inneren Augenbrauenbereich nach unten und führt zu Stirnrunzeln.
3. *Musculus corrugator supercilii:* hebt die Augenbrauen an, etwa beim Ausdruck des Staunens.
4. *Musculus orbicularis oculi:* führt bei Kontraktion zum Schließen der Augen.
5. *Musculus zygomaticus major:* hebt den Mundwinkel zum Lächeln an.
6. *Musculus levator labii superioris:* auch bekannt als „Oberlippenheber", hebt die Lippe zum Grinsen.
7. *Musculus risorius:* auch Lachmuskel; verzieht den Mund etwa beim Weinen.
8. *Musculus depressor anguli oris:* auch musculus triangularis; zieht die Mundwinkel nach unten.
9. *Musculus depressor labii inferioris:* zieht die Unterlippe nach unten.
10. *Musculus mentalis:* auch Kinnmuskel, legt das Kinn wie etwa beim Schmollen in Falten.

Einige Gesichtsausdrücke

Die Ziffern bezeichnen die dabei jeweils aktiven Muskeln. Versuchen Sie, einige Gesichtsausdrücke grob zu skizzieren, ohne zu viele Details zu zeichnen.

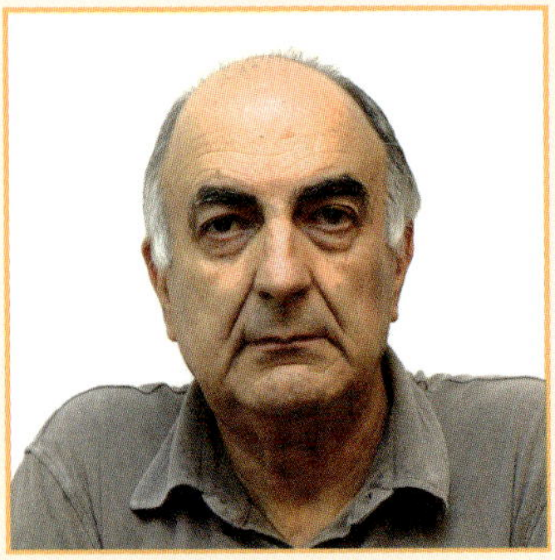

Neutraler Ausdruck mit entspannter Muskulatur.

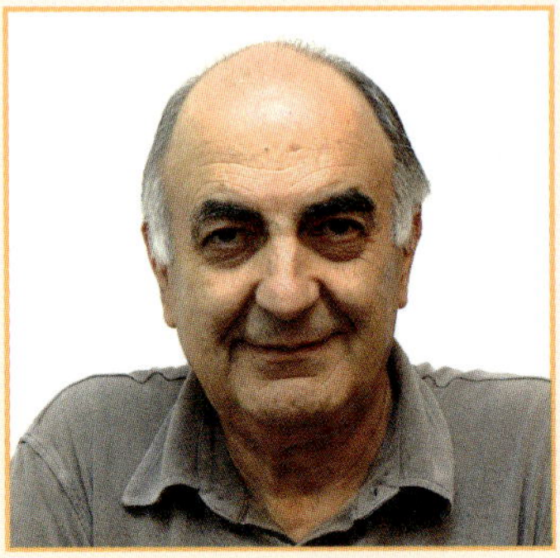

Lächeln: 5

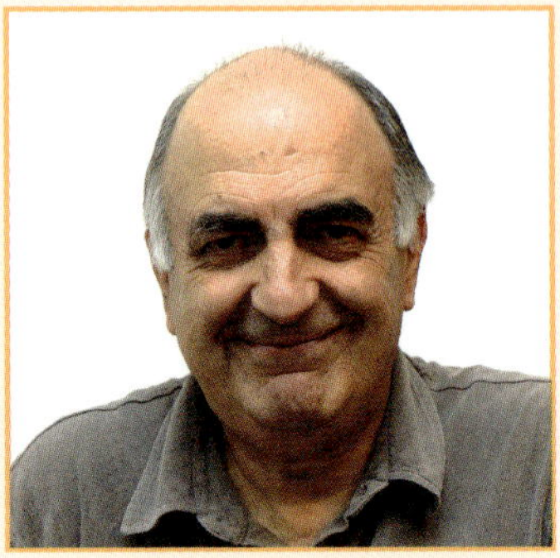

Lächeln/Lachen mit geschlossenem Mund: 4, 5

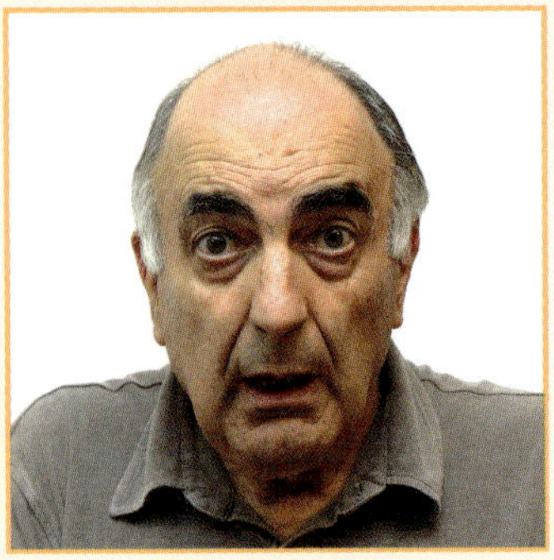

Staunen: 1, 3

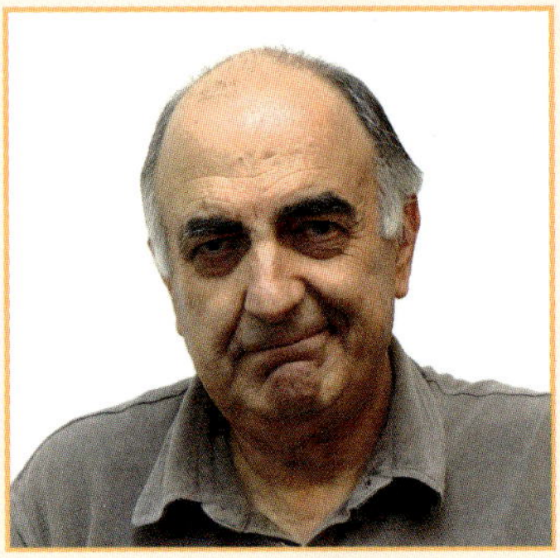

Zweifeln: 5 links

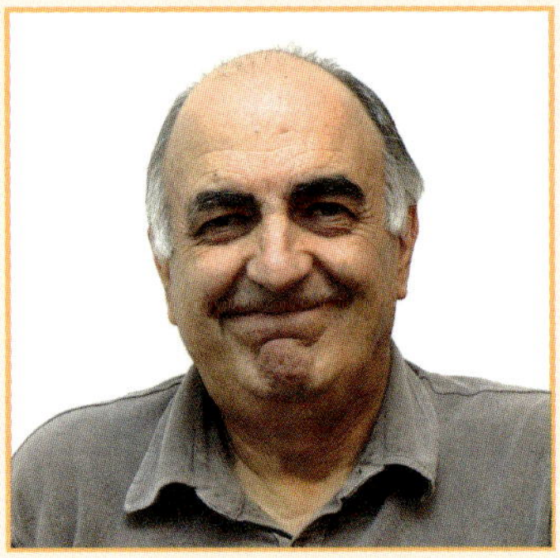

Genugtuung: 4, 5, 7

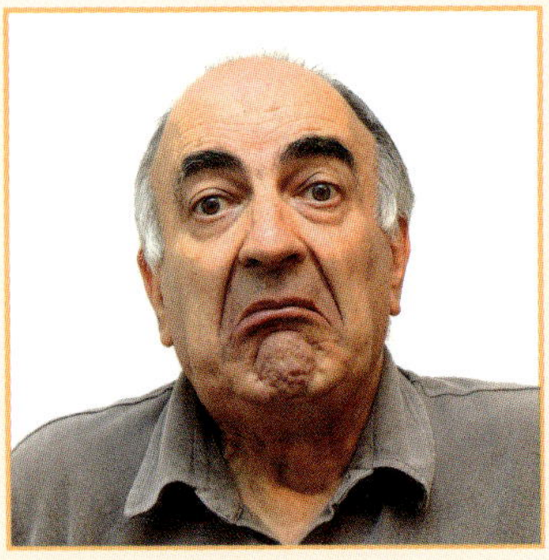

Ratlosigkeit, Abwägung: 8, 3

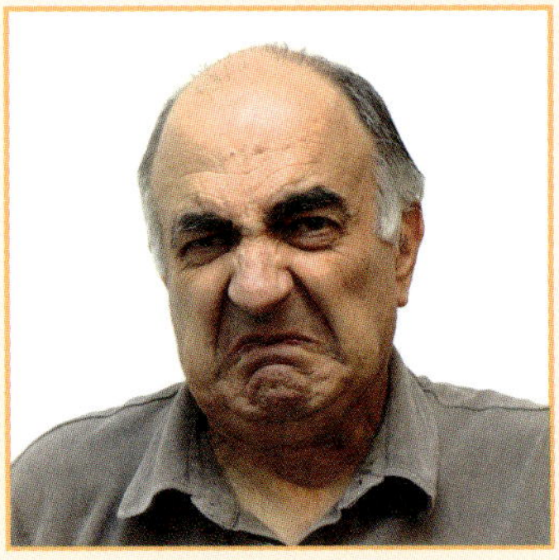

Ekel: 2, 4, 8

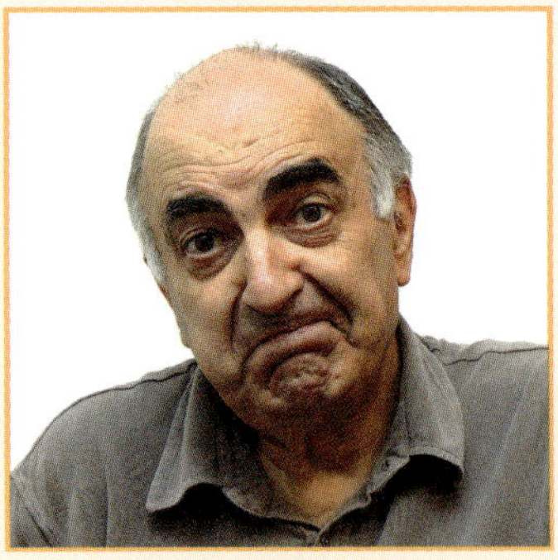

Ungläubigkeit: 1, 3, 8

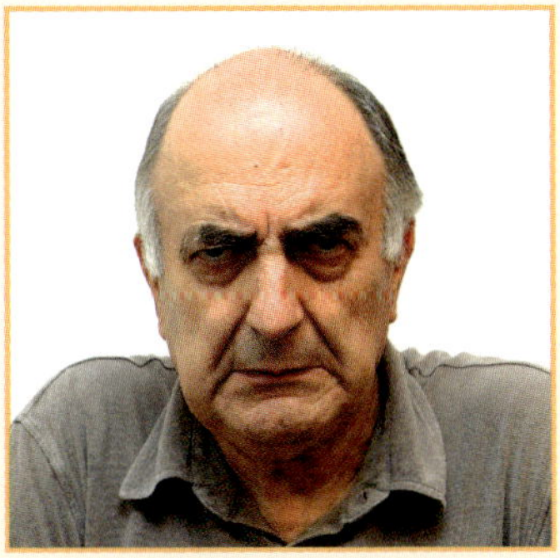

Feindseligkeit: 2, 4

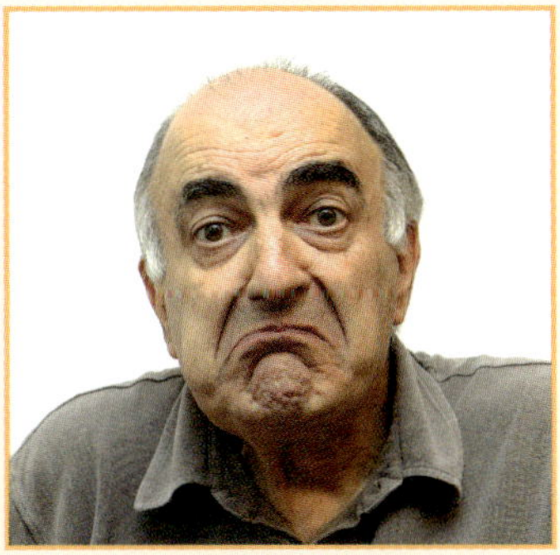

Zweifel: 1, 8

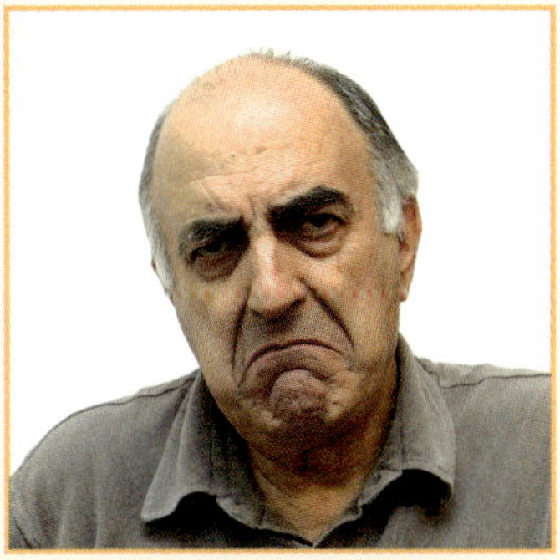

Ablehnung: 2, 8

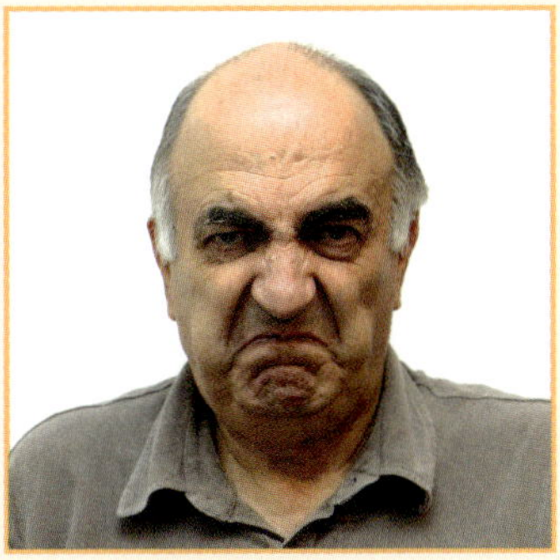

Missbilligung: 8, 6, 10

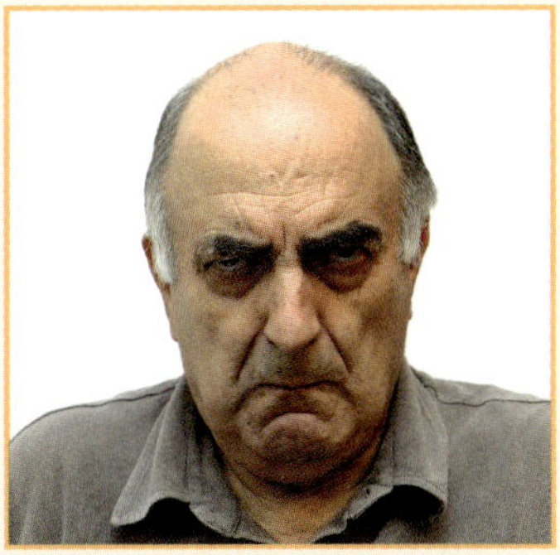

Drohen: 2, 4

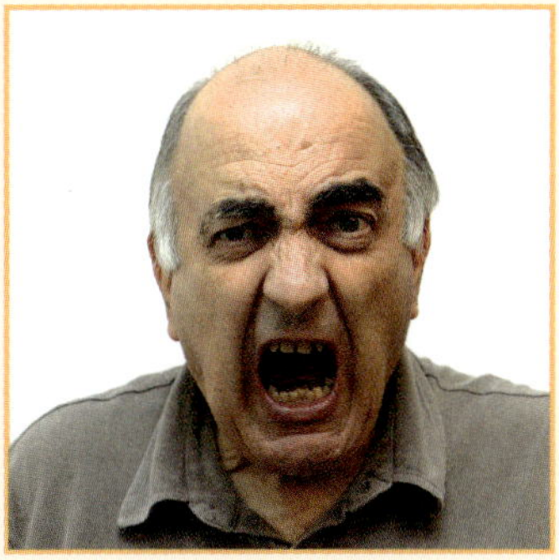

Zorn: 2, Kiefermuskel.

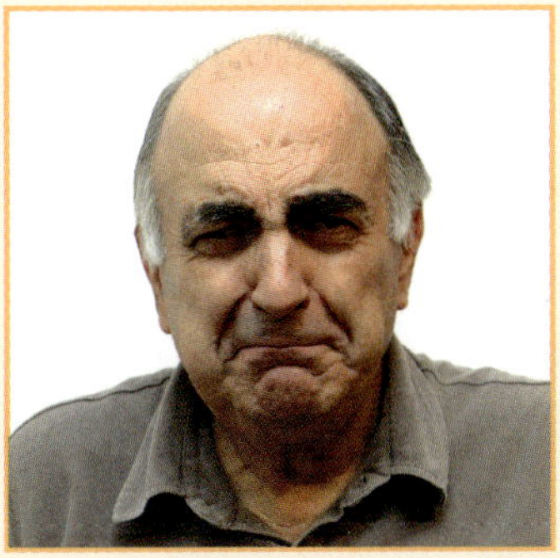

Weinen: 4, 10

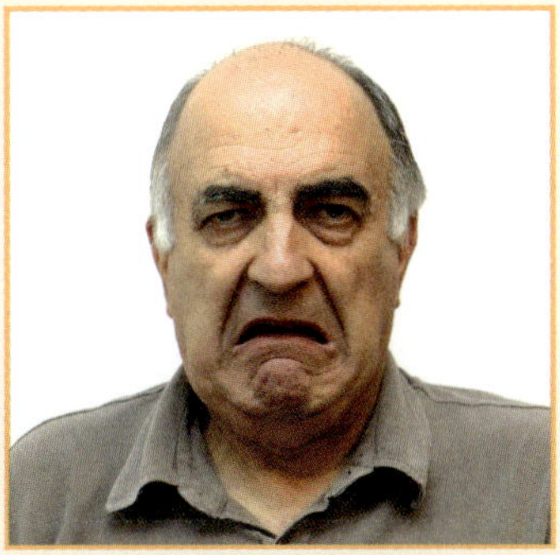

Missbilligung: 4, 8

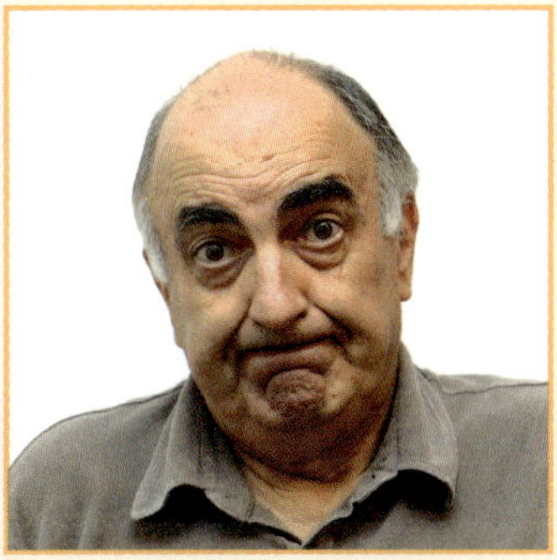

Ratlosigkeit: 1, Ringmuskel des Mundes.

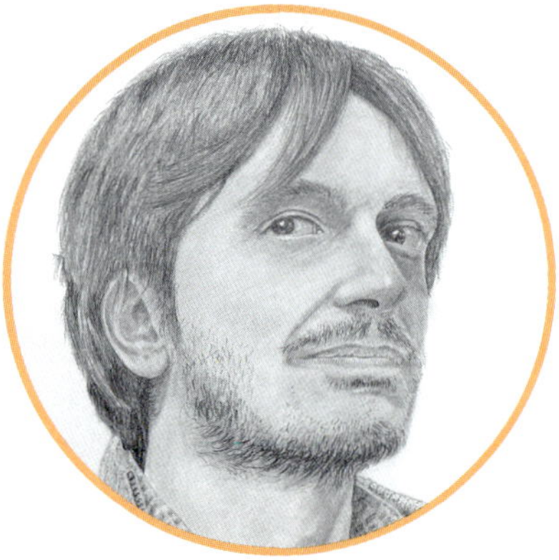

Die Proportionen des Kopfes

Kopf in der Frontalansicht

Die Linie, auf der die Augen liegen, liegt mittig zwischen der des Kinns und der Kopfoberseite (rosa Pfeile).
Der Abstand zwischen Nasenwurzel und -ansatz entspricht dem zwischen Nasenansatz und Kinn sowie dem zwischen Nasenwurzel und Haaransatz (blaue Pfeile).

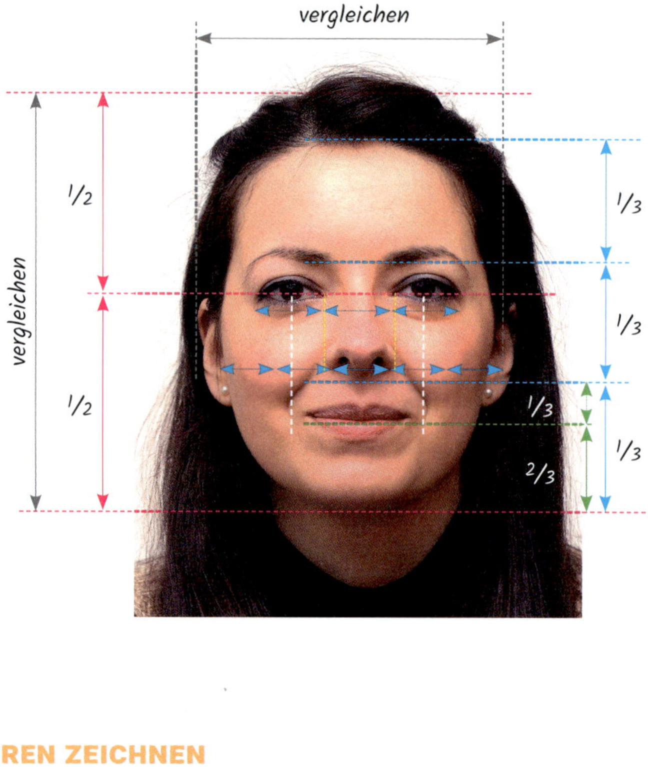

Der Abstand zwischen Nasenwurzel und Lippenkante ist halb so groß wie zwischen Lippenkante und Kinn (grüne Pfeile).
Der Abstand zwischen beiden Augen entspricht der Breite eines Auges. Der Kopf ist etwa fünf Mal so breit wie ein Auge. Von der Pupille lässt sich eine vertikale Linie zum Mundwinkel ziehen.
Die Breite der Nase entspricht dem Abstand zwischen den inneren Augenwinkeln. Bevor Sie ein Porträt beginnen, vergleichen Sie die Breite des Kopfes mit seiner Höhe.

Kopf im Profil

Die Ober- und Unterkante der Ohren liegen im Allgemeinen zwischen der Linie der Augenbrauen und der Nasenansatzes. Der Abstand zwischen Augenwinkel und Außenkante des Ohrs ist im Allgemeinen derselbe wie zwischen Augenwinkel und Kinn. Vergleichen Sie Höhe und Länge des Kopfes.

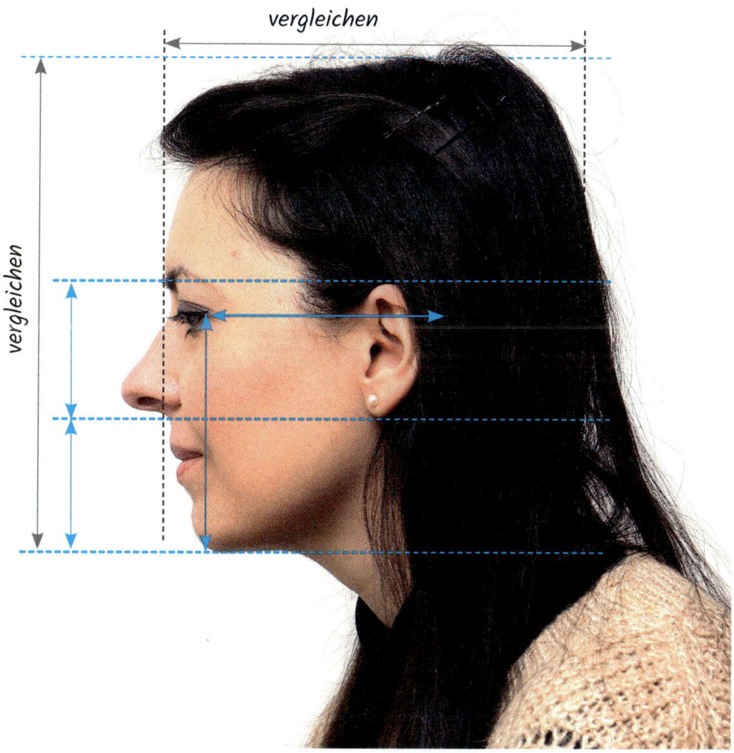

Nutzen Sie auch die Negativräume, unten im Profil links in Schwarz. Vergleichen Sie die Position der Lippen und des Kinns im Verhältnis zu den anderen Elementen. Hier treten Mund und Kinn hinter die Linie „a“, die über den Nasenrücken verläuft, zurück. Das Kinn liegt auf der Linie „b“, die durch das Auge verläuft. Auf diese Weise werden die richtigen Proportionen auf die Zeichnung übertragen und das Porträt wird naturgetreu.

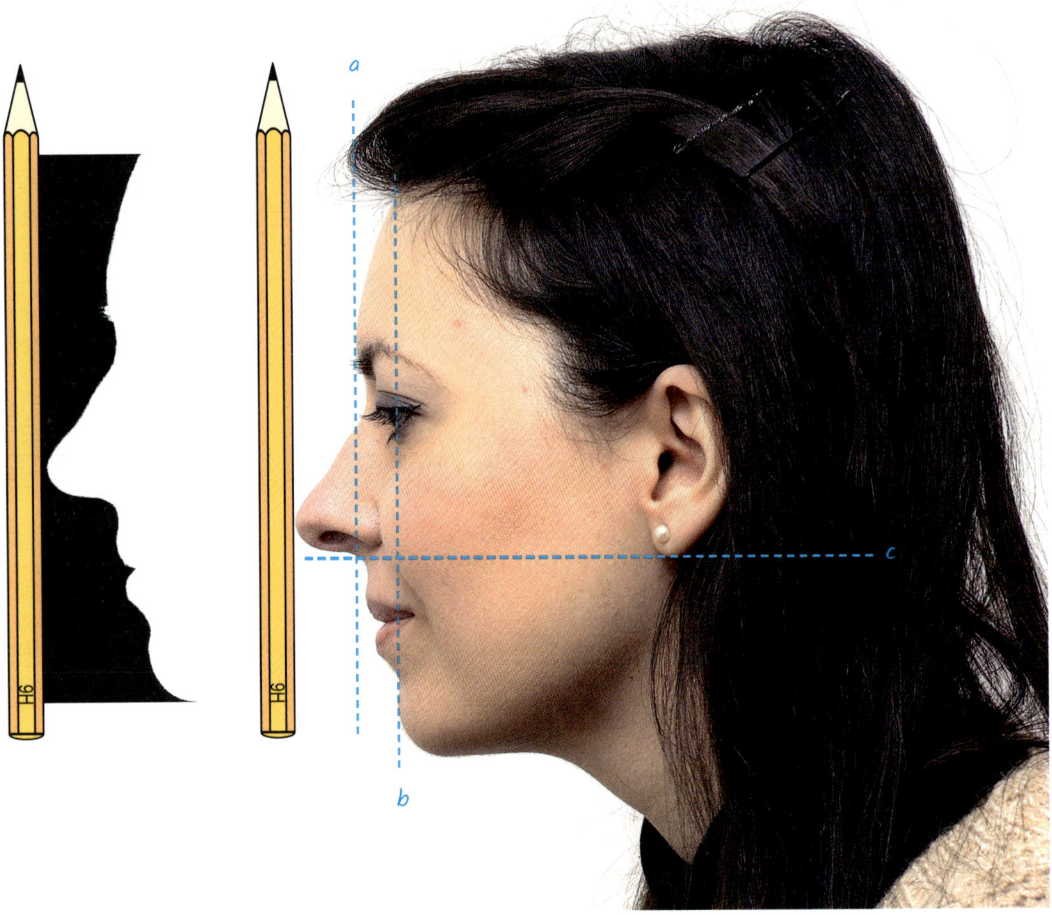

Zeichnen mithilfe von Hilfslinien und des Negativraums.

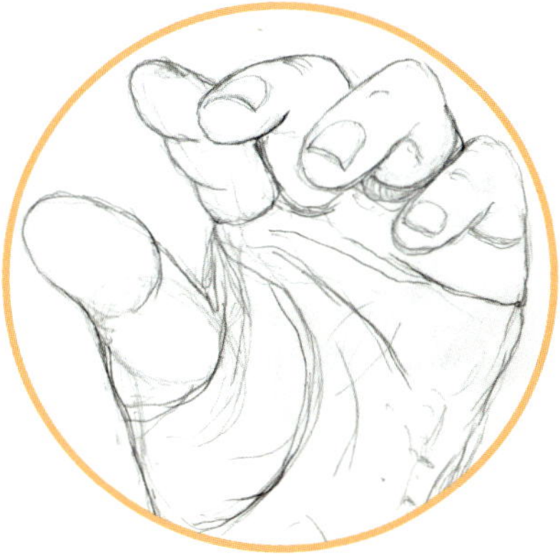

Hand und Fuß

Hand

Nicht das Gesicht, sondern die Hand ist das am schwierigsten zu zeichnende Körperteil. Dafür muss man nicht nur viel üben, sondern auch ihre Anatomie verstehen. Die Hand besteht aus starren, knöchernen Segmenten und aus Gelenken. Die Mittelhandknochen bilden die Handfläche.

Die Finger bestehen aus drei Segmenten, mit Ausnahme des Daumens, der nur zwei hat. Während die vier Finger nur Beuge- und Streckbewegungen ausführen können, kann sich der Daumen drehen und ihnen entgegenwirken. Die Länge der Hand beträgt etwa zwei Drittel der Höhe des Kopfes (vom Kinn bis zur Schädeldecke)

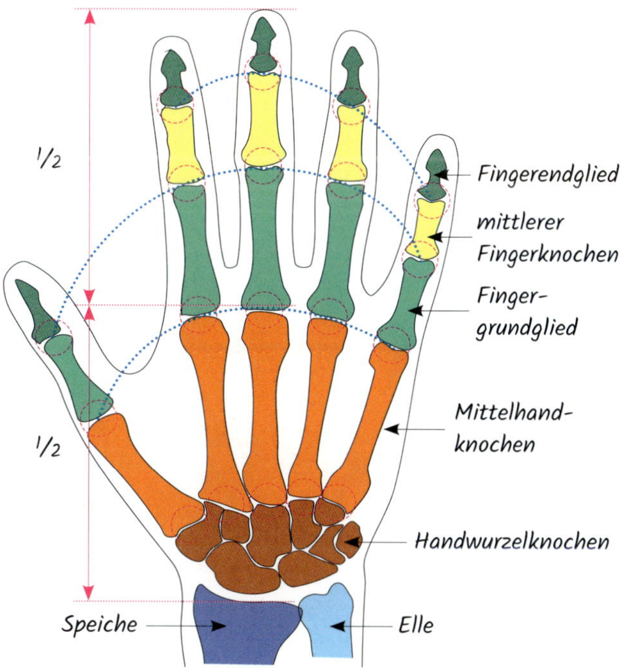

Um die Hand, ihre Bewegungen und ihre Haltungen richtig zu zeichnen, kann eine Vereinfachung hilfreich sein: Stellen Sie sich vor, sie bestünde aus einem viereckigen Teil, der Handfläche, an dem die vier Finger vom Zeigefinger bis zum kleinen Finger ansetzen, und einem separaten, dreieckigen Teil mit Daumen und seinem Ansatz an der Handfläche.
Am Ende des Unterarms erkennt man direkt vor dem Handgelenk auf der Außenseite zwei stabförmige Knochenfortsätze der Speiche (auf der Seite des Daumens) und der Elle (auf der Seite des kleinen Fingers).

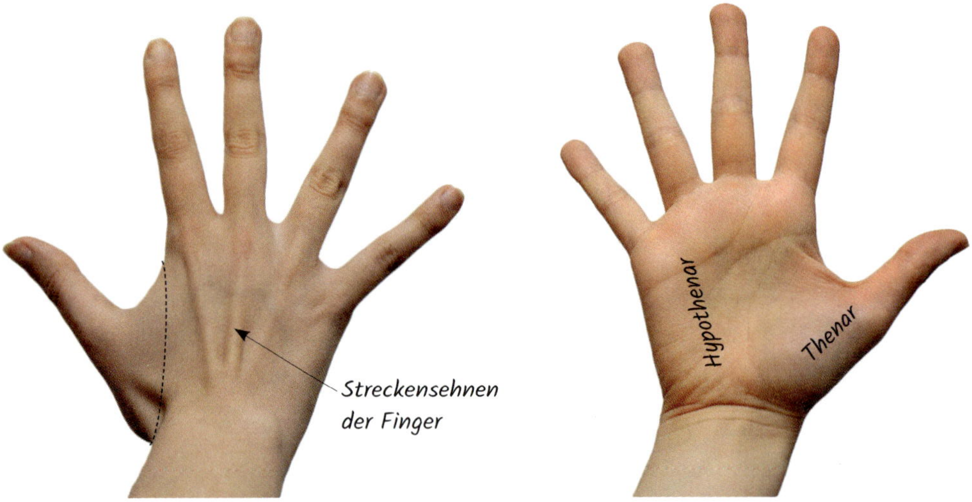

Übung

Legen Sie Ihre Hand auf das Papier und zeichnen Sie die Umrisse mit einem Bleistift nach. Versuchen Sie dann, Knochen und Gelenke darauf einzuzeichnen. So können Sie sich die Struktur der Hand einprägen. Zeichen Sie eine Hand in verschiedenen Positionen und üben Sie dann die Schattierung, um ihr Volumen zu verleihen.

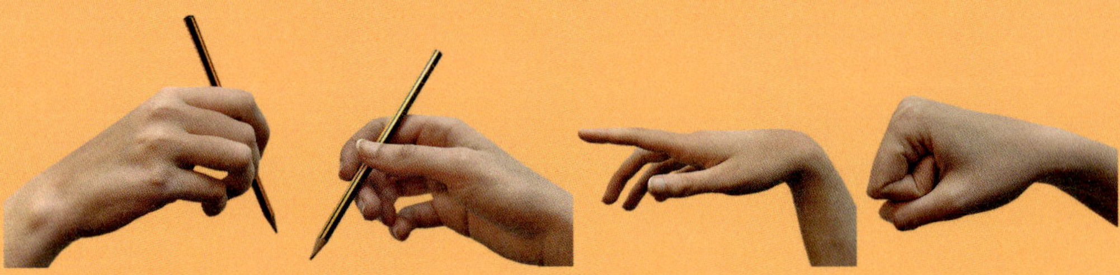

Fuß

Auch er ist nicht leicht zu zeichnen, wenn man seine Anatomie nicht kennt. Konzentrieren Sie sich zur Vereinfachung auf den Fußkörper (oben leicht konvex, seitlich und unten, Seite mit kleinem Zeh) und auf das Fußgelenk. Dann auf die Zehen und ihre Gelenke am Mittelfußknochen.

Das Gelenk des Fußknöchels liegt zwischen der Oberseite des Sprungbeins und der Unterseite des Schienbeins und zwischen dem Fußknöchel des Schienbeins und dem Wadenbein. Die beiden Knöchel sind nach außen hin als deutliche Vorsprünge sichtbar, wobei der Innenknöchel höher als der Außenknöchel sitzt.

Die Länge des Fußes entspricht ungefähr der Höhe des Kopfes (vom Kinn bis zum Schädel).

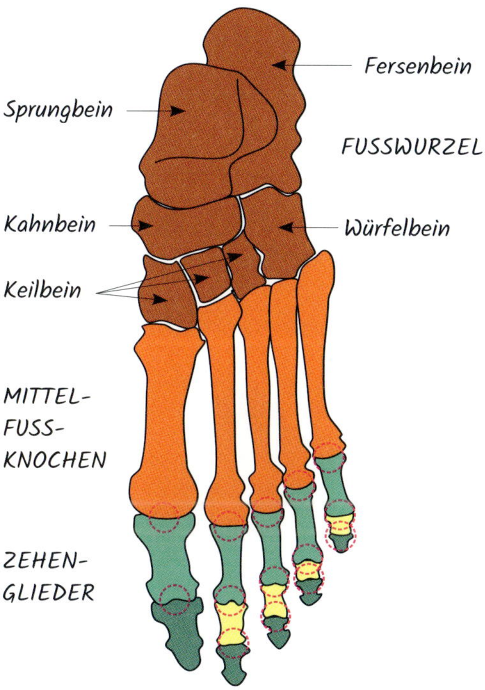

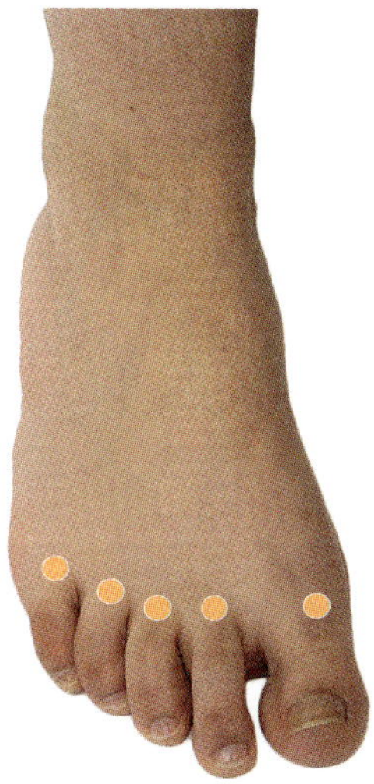

Gelenke zwischen Mittelfußknochen und dem großen Zeh.

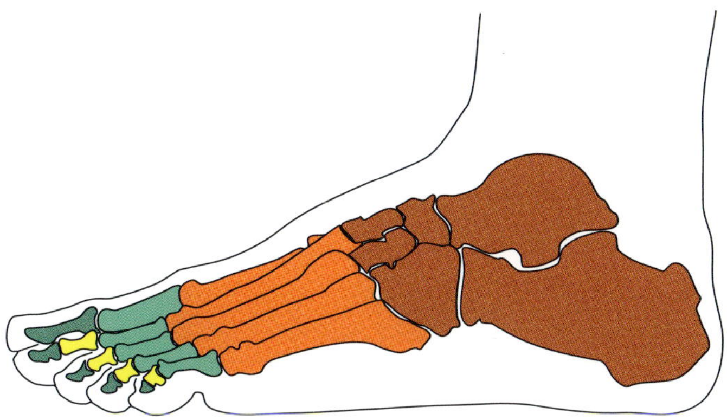

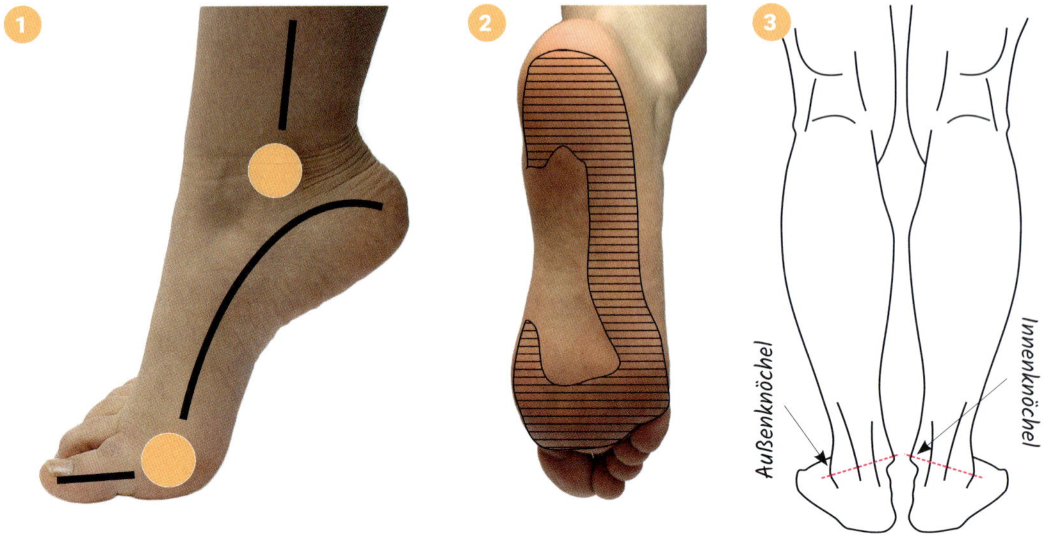

1. Schematische Darstellung des Fußgewölbes und der beiden auffälligsten Gelenke (Mittelfuß/großer Zeh und Knöchel).
2. Der schraffierte Bereich berührt den Boden. Er umfasst die Ferse, den Vorfuß und die Außenseite des Fußes. Aufgrund des Fußgewölbes hat der innere Teil des Fußes keinen Bodenkontakt.
3. Der innere Fußknöchel sitzt höher als der äußere.

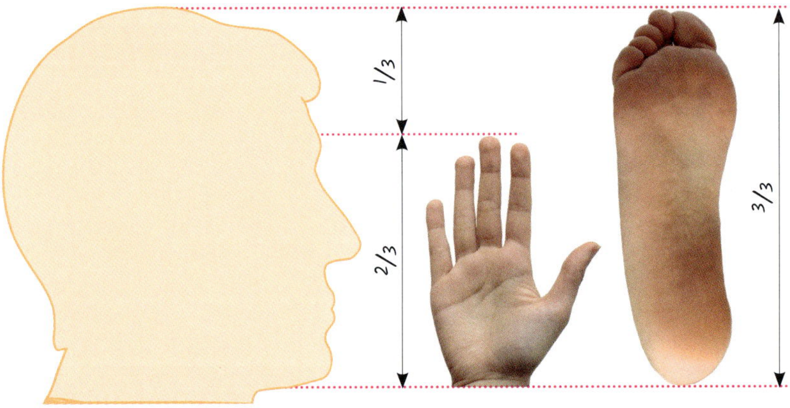

Größenvergleich zwischen Kopf, Hand und Fuß.

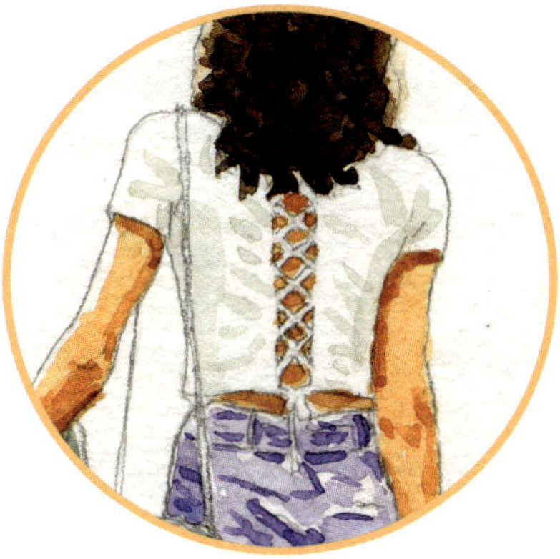

Die Proportionen des Körpers

Generell dient den Künstlern die Länge des Kopfes als Einheit für die Körpermaße. Ein erwachsener Mann ist durchschnittlich 7 ½ Kopf groß (das kann aber zwischen 6 ½ und 8 variieren). Frauen haben im Verhältnis zu Männern einen größeren Kopf und sind durchschnittlich 6 ½ bis 7 ½ Kopf groß. Die Größenverhältnisse hängen auch vom Alter ab: Ein vierjähriges Kind ist nur 4-mal so groß wie sein Kopf. Von oben beginnend und Einheit für Einheit fortschreitend (mit der Länge des Kopfes als Einheit), kommt man zu Kinn, Brustwarzen, Bauchnabel und Leiste. Oberschenkel und Unterschenkel messen etwa jeweils etwa zwei Einheiten.

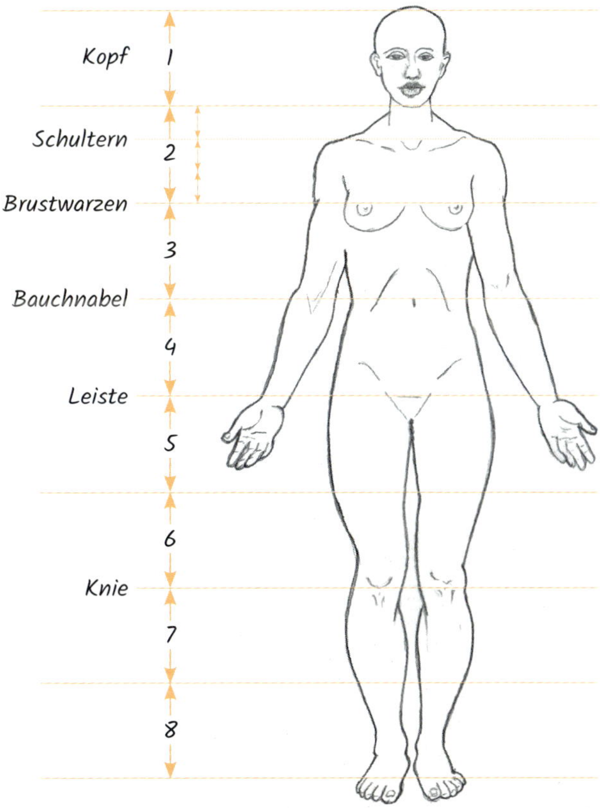

Die Hand mit gestreckten Fingern endet etwa auf halber Höhe des Oberschenkels. Die Länge einer Hand entspricht ungefähr der Länge des Gesichts (vom Kinn bis zum Haaransatz).

Hier sehen Sie eine vereinfachte Zeichnung mit acht Einheiten, die für das korrekte Zeichnen von Körpern nützlich ist. Flüchtig betrachtet scheinen die Körperteile und der Körper selbst unterschiedliche, zum Teil verkürzte Abmessungen aufzuweisen.

Bewegungslinien

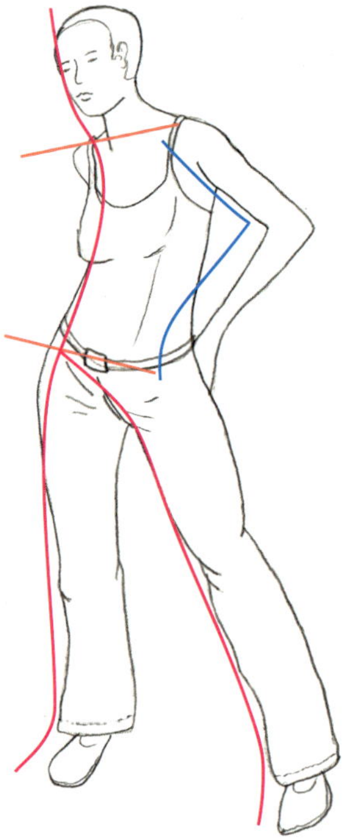

Um eine Figur schnell skizzieren zu können, müssen zunächst die Bewegungslinien festgelegt werden. Die erste und wichtigste Linie folgt dem Verlauf der Wirbelsäule (in der Abbildung in Rosa). Neben der Linie der Beine (ebenfalls in Rosa) und der Arme (in Blau) sind auch die Linie der Schultern und des Beckens (in Orange) wichtig.
Wenn die Figur ein Bein stärker belastet als das andere, sind die normalerweise parallel verlaufenden Schulter- und Beckenlinien in die entgegengesetzte Richtung geneigt. Das gilt auch für bewegte Figuren. Indem man diese Linien aufzeichnet, kann man die Figur schnell fixieren und dann die letzten Feinheiten und Details hinzufügen. Außerdem ist zu beachten, dass bei einer Figur, die sich in perfektem Gleichgewicht befindet und bei der die Schulter- und Hüftlinien parallel zueinander verlaufen, diese Linien aus perspektivischen Gründen aufeinander zu laufen, wenn man sie aus verkürztem Winkel betrachtet.

Übung

Bitten Sie einen Freund oder eine Freundin, für Sie eine dynamische Pose einzunehmen und zeichnen Sie ihn oder sie schnell (in 1 Minute, 5 Minuten). Stellen Sie eine Uhr (z. B. auf 2 Minuten) und bitten Sie Ihr Modell, nach Ablauf der Zeit die Position zu ändern.
Es wird Ihnen helfen, nach dem lebendigen Modell zu zeichnen, wenn Sie Figuren schnell zeichnen müssen, weil das Modell seine Position nur kurze Zeit beibehält.

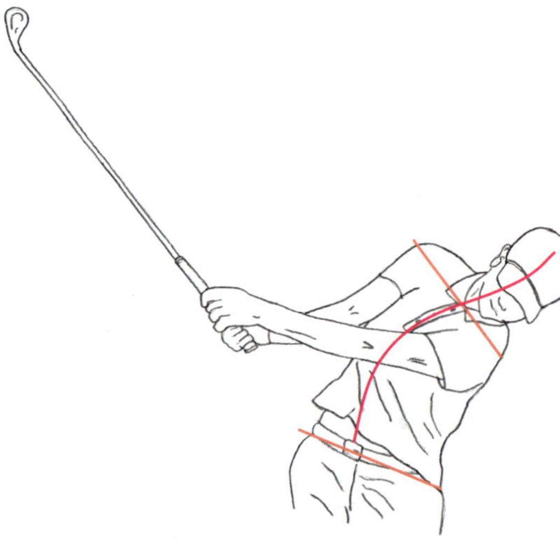

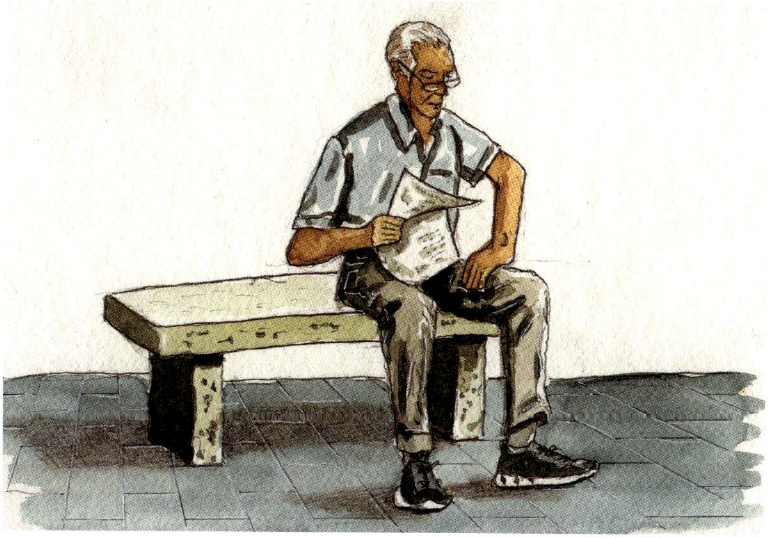

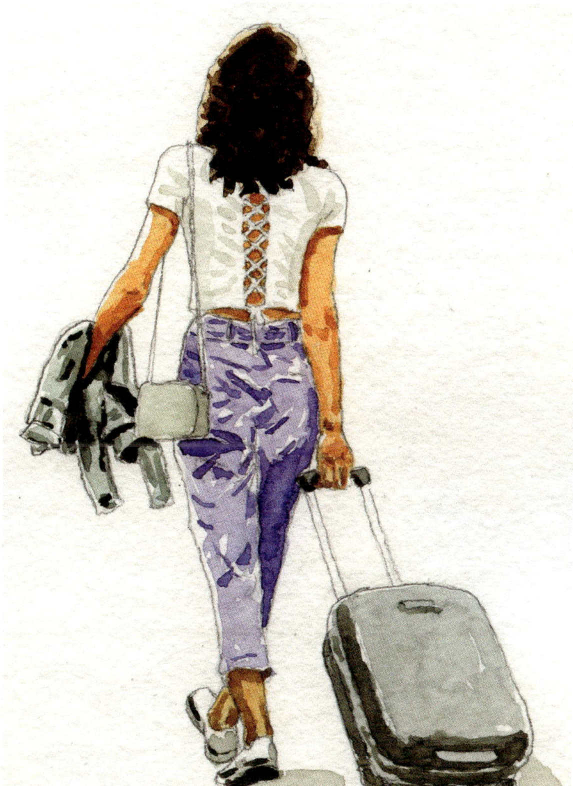

Bei vielen sportlichen Aktivitäten und bei der Arbeit wiederholen sich die Positionen, sodass nur ein wenig Geduld erforderlich ist. Auch das Gedächtnis spielt in diesen Situationen eine wichtige Rolle. Ideal sind auch Situationen, in denen das Modell die Position lange beibehält, z. B. wenn es liest, fernsieht oder schläft.

In anderen Situationen ist das Modell in Bewegung. Dann wird es schwierig. Sie müssen schnell sein und mit wenigen Strichen die Haltung fixieren. Stellen Sie die Zeichnung dann aus dem Gedächtnis und/oder der Fantasie fertig oder fügen Sie mehrere Skizzen zu einer zusammen.

Farbe

6

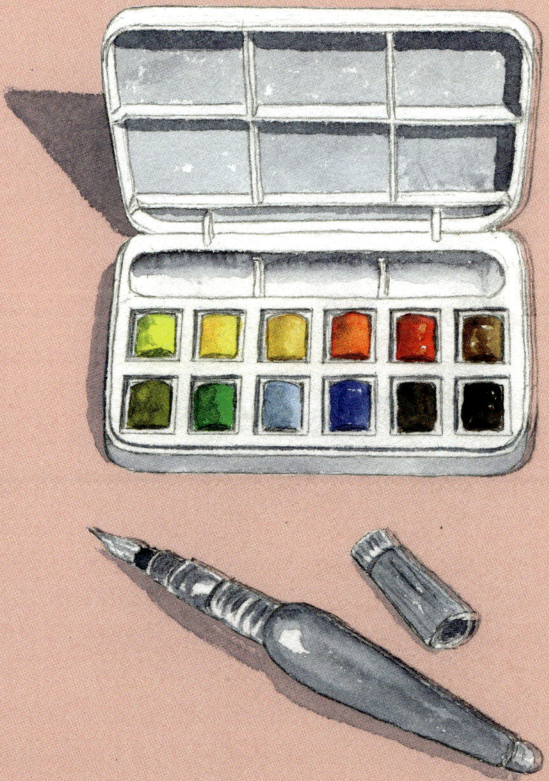

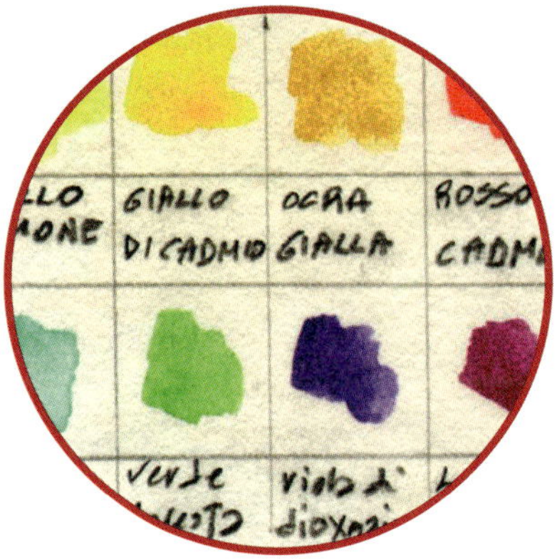

Eigenschaften der Aquarellfarben

Im ersten Kapitel wurde bereits über Aquarellfarben gesprochen. Hinzuzufügen ist, dass jede Farbe je nach ihrer Zusammensetzung bestimmte Eigenschaften hat, über die die Hersteller auf ihrer Homepage informieren. Dazu gehören Fragen, wie haltbar, lichtecht und transparent eine Farbe ist und ob bzw. in welchem Maße sie granuliert.

Uns geht es darum, mit den Farben malen zu üben sowie ihre Eigenschaften und Namen kennenzulernen. Dafür ist es hilfreich, wenn Sie sich eine Farbkarte zu Ihren Farben anfertigen und diese im Kasten mit den Farben aufbewahren.

Das Hauptmerkmal von Aquarellfarben ist die Transparenz, aus der sich weitere grundlegende Eigenschaften ergeben:

- Beim Aquarellmalen arbeitet man von Hell nach Dunkel. Denn man kann zwar eine Farbe mit einer zweiten Schicht (Lasur) dunkler machen, aber sie aufzuhellen ist sehr schwierig.
- Aquarellfarben hellt man durch Hinzufügen von Wasser auf. In der Malerei mit Öl-, Acryl- oder Temperafarben (alles deckende Farben) geschieht dies indes durch Hinzufügen von Weiß.
- Das Weiß ist das Weiß des Papiers. Puristen verwenden keine weiße Farbe, andere greifen hingegen auch auf weiße Gouache (Deckfarbe) zurück.
- Während des Trocknens werden Aquarellfarben heller, das sollte man beim Malen bedenken. Aber mit etwas Übung bekommt man das hin.
- Farbmischungen überprüft man am besten auf einem Stück Papier, idealerweise auf einem, das auch für das entsprechende Bild verwendet wird.

Papier spannen

Aquarellpapier verzieht und wellt sich leicht, wenn es durch die Farbe feucht wird, zumindest wenn es keine hohe Grammatur oder ein kleines Format hat. Das ist ein Problem, weil die Farbe dann in die Vertiefungen läuft und nicht auf den Wölbungen bleibt, sodass das Ergebnis unregelmäßig und fleckig wird. Die Lösung ist, das Papier zu spannen. Wie das geht? Man legt den Papierbogen für etwa zehn Minuten in Wasser, sodass sich die Fasern des Papiers damit vollsaugen und ausdehnen. Dann lässt man das Papier abtropfen und legt es auf eine ungefähr ein Zentimeter dicke Sperrholzplatte, die etwas größer als der Bogen ist. Man streicht diesen glatt, eventuell mithilfe eines Schwammes, und schneidet vier Streifen Aquarell-Klebeband zurecht (lieber kein Malerkrepp nehmen). Anschließend befeuchtet man diese Streifen mit Wasser und fixiert das Aquarellpapier auf dem Holz. Dann lässt man es an einem staubgeschützten Ort trocknen. Während des Trocknens spannt sich das Papier und kann dann bemalt werden, ohne dass es sich wellt. Denn die Fasern sind ja bereits gespannt und können sich nicht weiter ausdehnen.

Das Papier liegt in einer Schale im Wasser. Man kann es auch in ein anderes Gefäß legen, auch ins Waschbecken.

Das gut abgetropfte Papier wird auf dem Sperrholz ausgebreitet. Die vier Streifen Aquarell-Klebeband sind schon zurechtgeschnitten.

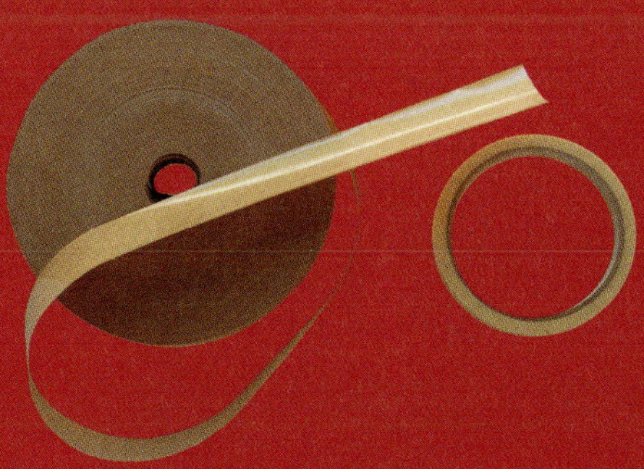

Links sieht man Aquarell-Klebeband und rechts Malerkrepp, das jedoch für diesen Zweck nicht geeignet ist.

Wenn das Papier mit dem Klebeband fixiert ist, legt man es zum Trocknen an einen staubgeschützten Ort.

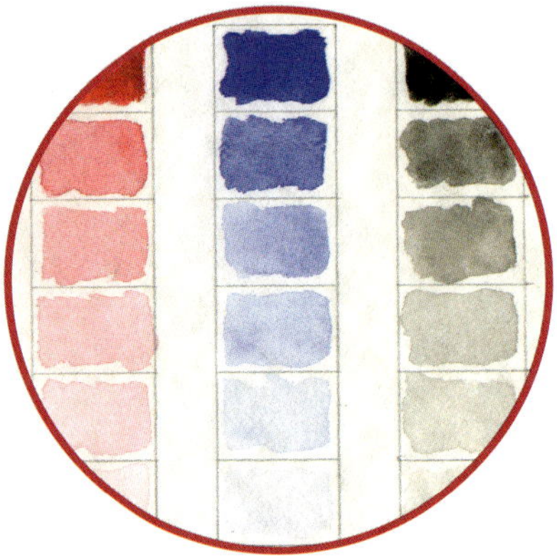

Techniken

Schrittweises Verdünnen und monochromatisches Aquarell. Das Hauptmerkmal der Aquarellfarbe ist die Transparenz. Je mehr die Farbe verdünnt wird, desto mehr schimmert das Papierweiß hindurch: Durch die Zugabe von mehr oder weniger Wasser lässt sich also der Farbton einer Farbe variieren.

Die ersten Übungen sind daher einfarbig, um auszuprobieren, wie man die verschiedenen Töne oder die verschiedenen Farbwerte erhält. Nehmen Sie also einen Bogen Aquarellpapier, wählen Sie eine Farbe und malen Sie damit ein kleines Quadrat, ohne sie zu verdünnen. Malen Sie weitere Quadrate und geben immer mehr Wasser dazu. Versuchen Sie dabei, gleichmäßige Übergänge von dunkleren zu helleren Farbtönen zu erzielen. Wenn Sie so etwas Erfahrung gesammelt haben, versuchen Sie sich an einer Zeichnung, möglichst nach der Natur, mit nur einer Farbe.

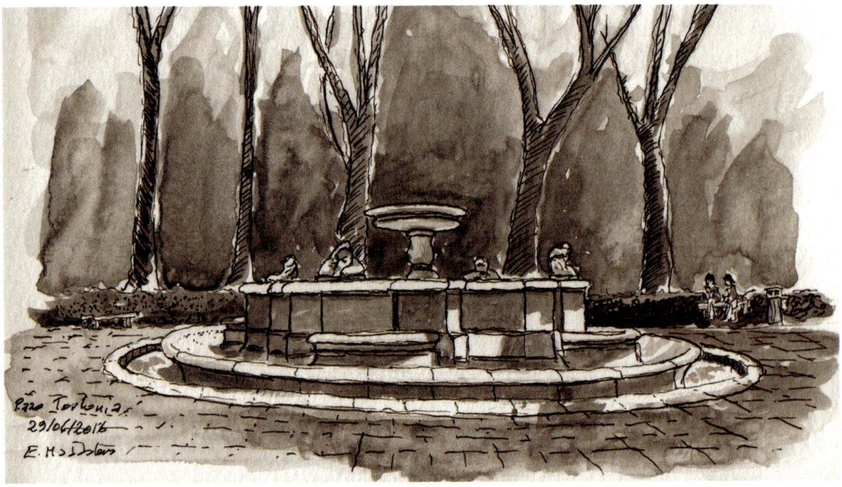

Dunkle Farben wie Ultramarinblau, Sepia, Siena gebrannt und Umbra gebrannt eignen sich dafür am besten, da sie eine breite Palette von Farbtönen bieten. Diese Übung ist von grundlegender Bedeutung, denn sie sensibilisiert für Farbtöne und versetzt Sie in die Lage, die Farben zunehmend bewusster wahrzunehmen. Ganz zu schweigen davon, dass monochrome Gemälde ihren ganz eigenen Reiz haben.

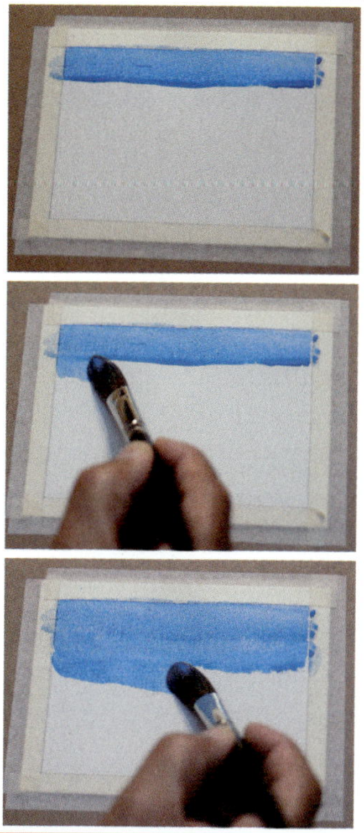

Gleichmäßiger Farbauftrag Dafür muss man eine ausreichende Menge an Farbe vorbereiten. Halten Sie das Blatt schräg und ziehen Sie den Pinsel horizontal darüber. Durch die Neigung und die Schwerkraft sammelt sich etwas nasse Farbe am unteren Ende des Strichs. Beim zweiten Strich soll der Pinsel die Farblinie des vorherigen berühren, sodass sie sich mit der neu aufgetragenen Farbe vermischt. Fahren Sie so fort, bis das Bild vollständig ist. Kleine Unebenheiten, die im nassen Zustand der Farbe sichtbar sind, verschwinden, wenn sie trocknet. Es kann hilfreich sein, das Blatt vorher anzufeuchten. Probieren Sie es trocken und nass aus, um die Unterschiede zu sehen.

Einfarbiger Farbverlauf Hier verfährt man wie beim gleichmäßigen Farbauftrag, verdünnt jedoch die Farbe bei jedem Pinselstrich mit etwas Wasser.

Mehrfarbiger Farbverlauf Gehen Sie wie beim gleichmäßigen Farbauftrag vor und wechseln Sie bei jedem Pinselstrich die Farbe.

Lasur Beim Lasieren legt man eine oder mehrere Schichten derselben oder unterschiedlicher Farben übereinander. Dabei muss die zuvor aufgetragene Farbe jedoch zuerst trocknen. Durch eine Lasur mit derselben Farbe wird diese intensiver, dunkler. Das ist ein Merkmal von Aquarellfarben: Da sie transparent sind, absorbiert jede Schicht einen weiteren Prozentsatz des Lichts, das vom Papierweiß reflektiert wird. Durch die Überlagerung verschiedener Farben entsteht eine optische Mischung, die neue Farben erzeugt. Im Beispiel rechts erzeugt eine gelbe Lasur auf Blau Grün und auf Rot Orange.

Tupfen Wenn der Farbauftrag noch feucht ist, kann man die Farbe ganz oder teilweise entfernen, indem man sie mit einem Papiertuch abtupft. Möchte man den Vorgang wiederholen, muss man dafür eine saubere Ecke des Tuchs verwenden. Mit dieser Technik können gut Wolken dargestellt werden, oder auch Zirruswolken, wenn man die Farbe nicht abtupft, sondern einfach verstreicht. Natürlich gibt es auch andere Techniken, Wolken zu malen. Manche Farben hinterlassen dauerhafte Spuren auf dem Papier, was es schwierig, wenn nicht unmöglich macht, sie vollständig abzutragen.

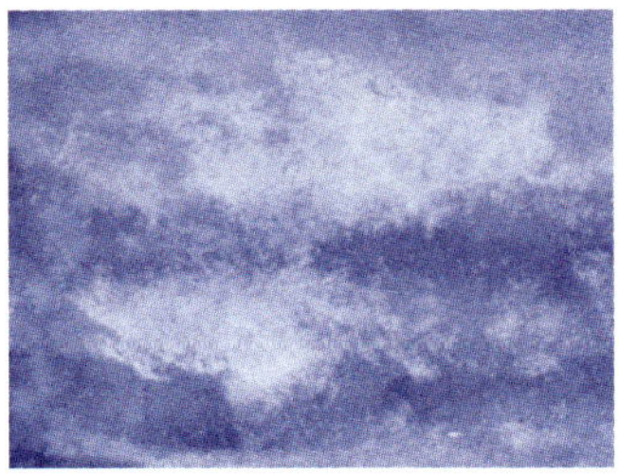

Trockener Pinsel Hier arbeitet man mit einem Pinsel mit wenig, kaum verdünnter Farbe und führt ihn nahezu parallel zum Papier. Die fast trockene Farbe bedeckt das Papier nicht durchgehend (insbesondere, wenn es nicht glatt, sondern rau ist) und hinterlässt unregelmäßige weiße Flächen. Mit dieser Technik lassen sich gut Wasserfälle oder im Gegenlicht glitzerndes Meer darstellen.

Farbspritzer Hier spritzt man die Farbe mit dem Pinsel auf das Papier, indem man ihn auf den Griff eines anderen Pinsels schlägt. Oder indem man über die Borsten einer in Farbe getränkten Zahnbürste zieht, sodass Farbtröpfchen nach vorne geschleudert werden. Am besten deckt man die Bereiche, die sauber bleiben sollen, dabei mit Papier ab.
Fallen die Farbtröpfchen senkrecht auf das Papier, erscheinen kreisförmige Flecken. Ist der Winkel geneigt, bildet sich eine mehr oder weniger langgestreckte elliptische Form. Dadurch entstehen sehr interessante Muster. Auf diese Weise lassen sich etwa Wiesenblumen darstellen.

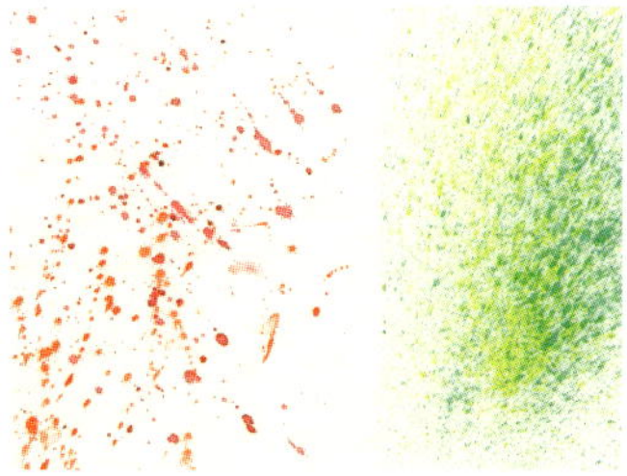

Schwamm Ein Schwamm (vorzugsweise ein Naturschwamm, erhältlich im Künstlerbedarf) lässt sich vielseitig einsetzen. Manche verwenden ihn anstelle eines Pinsels, um das Papier zu befeuchten oder Farbschichten gleichmäßig aufzutragen. Damit kann man auch einen Farbauftrag aufhellen oder Farbe entfernen. Besonders interessant finde ich, Laub mithilfe eines Schwamms darzustellen. Im Beispiel rechts habe ich vier Farben übereinandergelegt und ihn dabei jedes Mal auf das Blatt gedrückt.

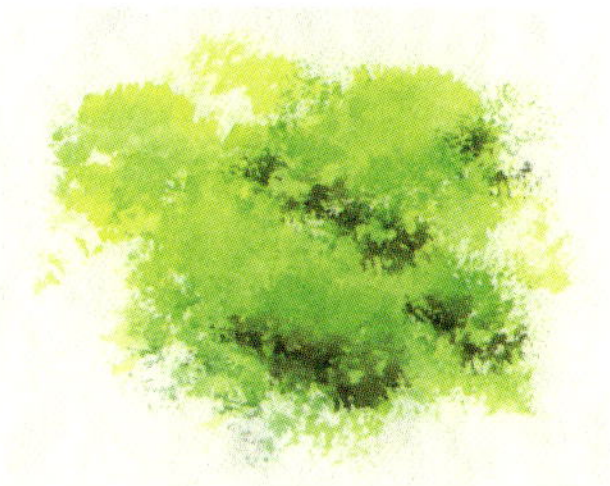

Gravieren Ritzt man das Papier ein, entstehen Rillen, in denen sich die noch feuchte Farbe in größerer Menge sammelt. Mit dieser Technik wurden die Adern des Blattes rechts wiedergegeben. Für das Gravieren gibt es spezielle Werkzeuge, aber alles, womit man ritzen kann, ohne das Papier zu zerkratzen, ist gut: ein gebrauchter Kugelschreiber, ein Zahnstocher. Oder man verwendet dafür einen speziellen Pinsel mit einer Spitze am anderen Ende.

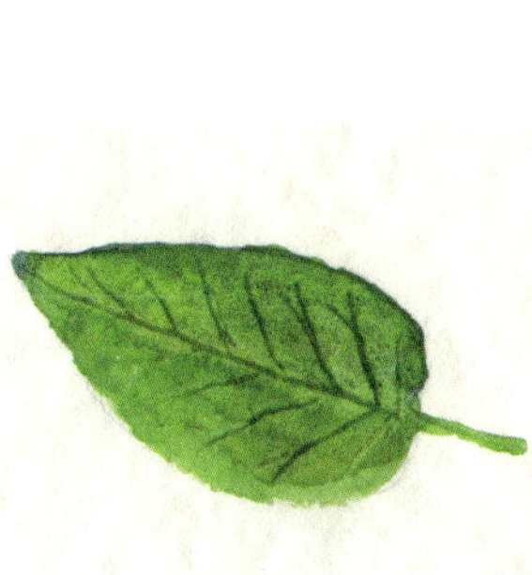

Aufhellen mit dem Pinsel Dabei führt man den trockenen oder leicht angefeuchteten Pinsel über die Bereiche, die aufgehellt werden sollen (z. B. Lichter oder Lichtreflexe), wenn die Farbe noch nass ist (oder man feuchtet sie wieder an). Reinigen Sie den Pinsel nach jedem Durchgang. Ist die Farbe schwer zu entfernen, nimmt man am besten einen Borstenpinsel.

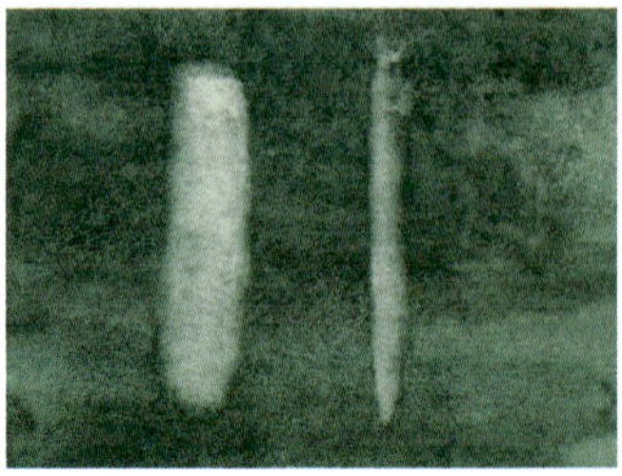

Schabtechnik Schaben Sie die Farbe, nachdem Sie sie gleichmäßig aufgetragen haben und bevor sie trocknet, an den entsprechenden Stellen mit einer alten Bankkarte ab. So wird sie abgezogen und sammelt sich an der Stelle, wo die Bewegung endet. Dies ist eine großartige Möglichkeit, um etwa Felsen darzustellen.

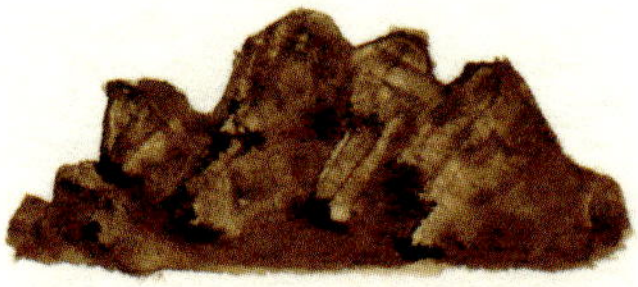

Graffito Dafür kratzt man mit einer Klinge oder einem Cutter die Farbe, auch wenn sie trocken ist, ab, sodass das Weiß des Papiers zum Vorschein kommt. Dies sollte am Ende geschehen, da man diese Stelle anschließend nicht mehr mit Farbe übermalen kann. Der Strich wird ungleichmäßig und kann z. B. das Glitzern von Wasser wiedergeben.

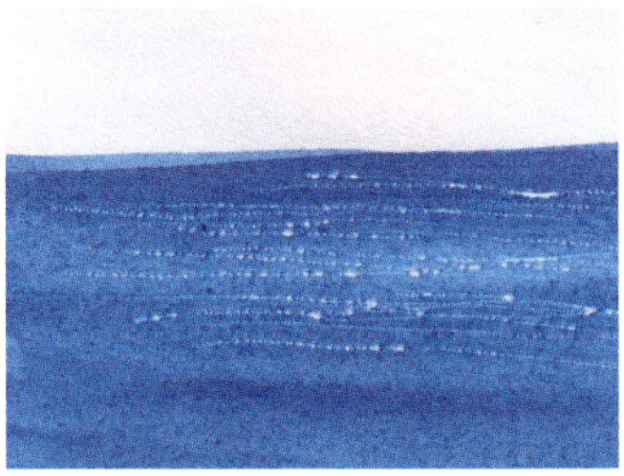

Salz Ein weiterer interessanter Effekt, der vage an Blüten erinnert, kann erzielt werden, indem man Salz auf die noch feuchte Farbe streut. Die Wirkung variiert je nach Größe der Salzkristalle und Menge (übertreiben Sie nicht). Entfernen Sie das Salz, sobald die Farbe trocken ist.

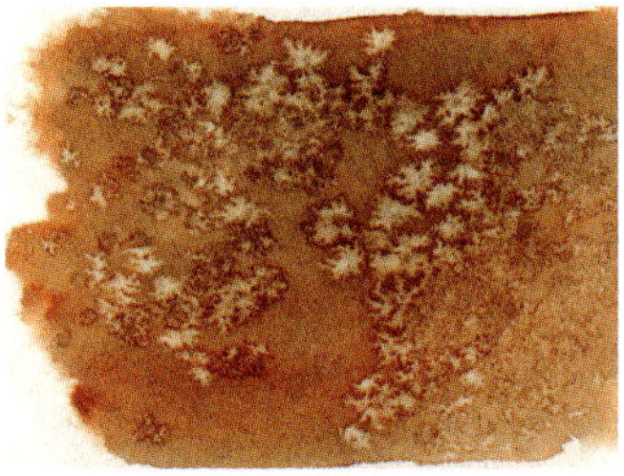

Wasserspritzer Spritzt man ein paar Tropfen sauberes Wasser auf die noch feuchte Farbe, bilden sich hellere, unregelmäßige Flecken.

Ein etwas anderer Effekt entsteht, wenn man statt Wasser Alkohol verwendet.

Tropfentechnik Tropfen sind in der Regel unangenehm, sie führen zu einem hellen Fleck mit unregelmäßigen Konturen. Sie haben eine blumenkohlartige Form mit dunklen Rändern. Sie entstehen, wenn sauberes Wasser oder verdünnte Farbe auf noch feuchte Farbe tropft. Man kann sie umgehend korrigieren, indem man die Flüssigkeit mit einem halbtrockenen Pinsel aufnimmt.
Aber man kann sie auch absichtlich einsetzen. Tropft man verdünnte Farbe auf, wird die vorhandene nach außen gedrängt und bildet am Rand eine dunklere Linie.

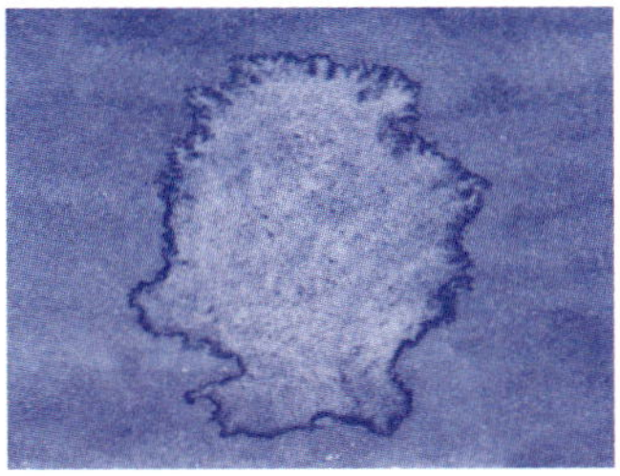

Frischhaltefolie Auf die noch feuchte Farbe drückt man ein Stück zerknüllte Frischhaltefolie und lässt die Farbe in Ruhe trocknen.
Wenn man anschließend die Folie abnimmt, erscheinen unregelmäßige Sprenkelungen und Marmorierungen.

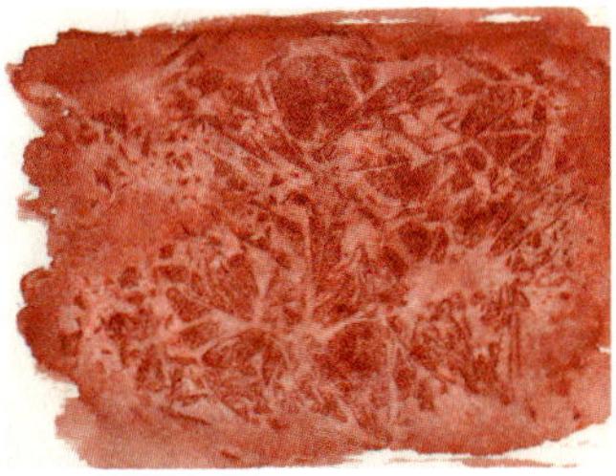

Granulation

Bei Farben wie Französisches Ultramarin, Rosa aus Färberkrapp, Manganviolett und andere, die von den Herstellern mit dem Buchstaben G bezeichnet werden, trennen sich gröbere und feinere Pigmentpartikel und bilden auf dem Papier kleine Aggregate. Das mag wie ein Mangel klingen, ist aber nicht immer der Fall: Die Körnung sorgt für eine interessante Textur. Es gibt sogar Aquarellzusätze, die das Granulieren erleichtern.

Reservierungstechnik Dabei werden einzelne Bereiche des Papiers weiß gelassen, während andere mit Farbe bemalt werden. In den meisten Fällen malt man dafür um diese Stellen herum (etwa das Segel in der Zeichnung unten). Wenn dieser Bereich sehr klein ist, ist das jedoch schwierig. Und auch wenn es gelänge, wäre der Hintergrund nicht mehr ganz so homogen. In solchen Fällen greift man auf andere Methoden zurück. Die häufigsten werden im Folgenden erklärt.

Mit Wachs Vor dem Auftragen der Farbe werden die Bereiche, die frei bleiben sollen, mit dem Wachs einer Kerze oder eines Wachsmalstifts eingerieben. Anschließend wird die Farbe aufgetragen. Die Feuchtigkeit perlt vom Wachs ab und schützt die darunter liegende Fläche vor Farbe. Sie kann jedoch nicht mehr eingefärbt werden. Auf diese Weise wurde der Schaum der Wellen in der nebenstehenden Skizze dargestellt.

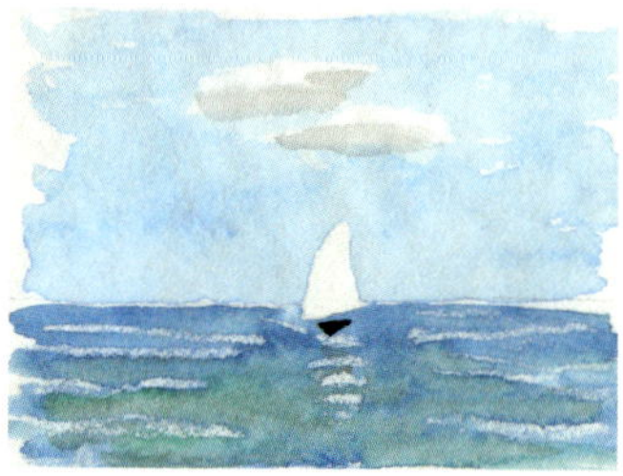

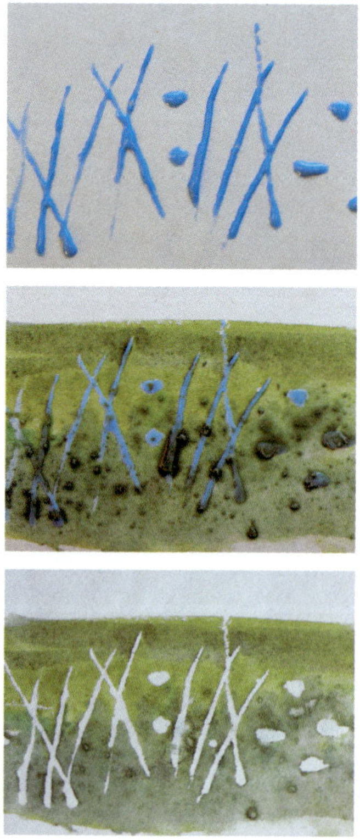

Mit Maskierflüssigkeit Im Handel gibt es ein spezielles Produkt, das auch in feinen Linien mit einer Feder oder einem Pinsel aufgetragen werden kann.
Wenn Sie einen Pinsel verwenden, nehmen Sie einen billigen, denn durch die Flüssigkeit wird er dauerhaft beschädigt. Waschen Sie ihn nach Gebrauch sofort gut aus, sonst geht die verfestigte Masse nicht mehr ab. Es ist sogar ratsam, mit dem Pinsel über Seife zu fahren, bevor man ihn in die Maskierflüssigkeit taucht. Sobald die Maskierflüssigkeit getrocknet ist, trägt man die Farbe auf. Wenn auch diese trocken ist, lässt sich die Flüssigkeit (die sich in einen dünnen elastischen Film verwandelt hat) mit dem Finger oder einem Radiergummi abrubbeln. Im Gegensatz zu Wachs können die Reserveflächen anschließend eingefärbt und der Vorgang kann beliebig oft wiederholt werden.

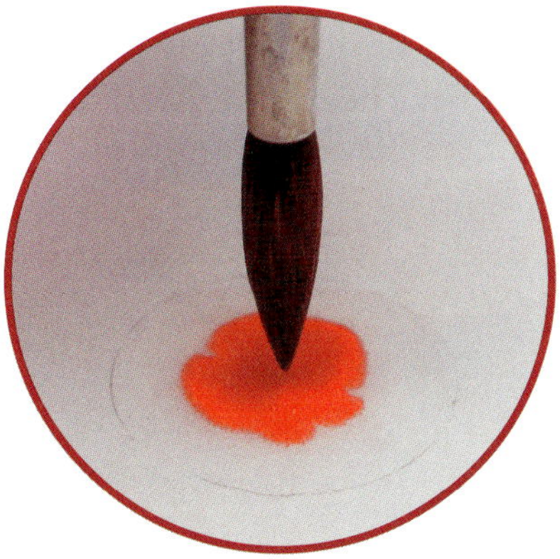

Nass-auf-Trocken- und Nass-in-Nass-Technik

Nass-auf-Trocken-Technik heißt schlicht, dass man auf trockenem Papier malt (also die Farbe mit einem in Farbe getauchten Pinsel aufträgt). Nass-in-Nass-Technik bedeutet hingegen, dass man auf Papier arbeitet, das von einer anderen, noch nicht getrockneten Farbschicht feucht ist oder das zuvor mit sauberem Wasser angefeuchtet wurde. Im ersten Fall haftet die Farbe dort, wo der Pinsel sie aufgetragen hat, und hat klare Konturen. Im zweiten Fall verteilt sie sich in der Feuchtigkeit, wodurch die Konturen verlaufen. Auf der nebenstehenden Abbildung wurden drei Pinselstriche nacheinander aufgetragen, während das Papier langsam trocknete. Je nachdem, wie feucht das Papier ist, verläuft die Farbe stärker oder weniger stark. Man braucht daher etwas Übung, um abschätzen zu können, welcher Moment der richtige für einen bestimmten Effekt ist.

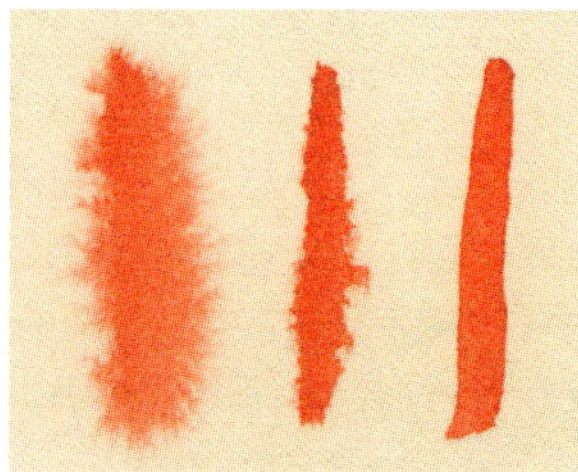

Nacheinander aufgetragene Pinselstriche, während das Papier trocknete.

Kreislauf des Wassers

Von dem Moment an, in dem wir das Blatt mit sauberem Wasser tränken, bis zu dem Zeitpunkt, an dem das Wasser vollständig verdunstet und das Blatt wieder trocken ist, durchläuft der Zustand des Blattes eine Reihe von Stufen, die von Aquarellmalern wie folgt unterteilt werden:

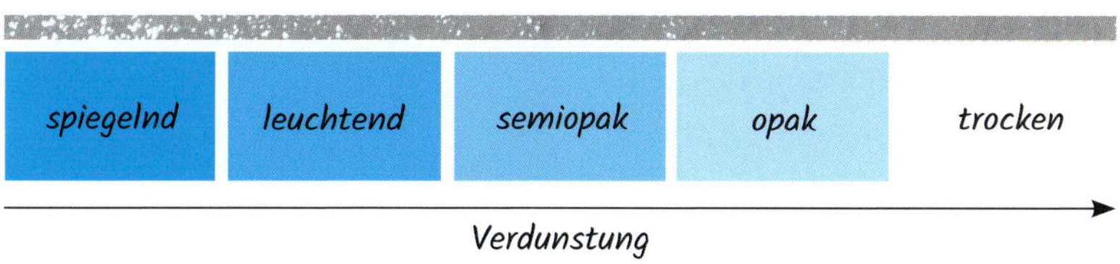

1. **Spiegelnde Phase:** Ein Wasserschleier bedeckt die Oberfläche des Papiers wie ein Spiegel, der seine Umgebung reflektiert. Zu viel Wasser muss entfernt werden.
2. **Leuchtende Phase:** Unter dem dünnen Schleier leuchtet die Körnung des Papiers durch.
3. **Semiopake Phase:** Das Wasser befindet sich nur noch in den Vertiefungen des Papiers, die Wölbungen sind schon getrocknet.
4. **Opake Phase:** Das Papier ist noch feucht, hat aber an Glanz verloren (wenn man es im Gegenlicht betrachtet).
5. **Trockene Phase:** Jetzt ist das Papier trocken, auch wenn noch etwas Restfeuchtigkeit zu sehen ist.

Konturen Wenn Sie einen Teil des Blattes mit sauberem Wasser befeuchten und dann die Farbe mit einem Pinsel darüberträufeln, breitet sie sich im nassen Bereich aus, bleibt aber darauf beschränkt und fließt nicht in den trockenen hinein. Möchte man z. B. einen Himmel über den Umrissen von Gebäuden malen, befeuchtet man die Fläche mit einem mit sauberem Wasser getränkten Pinsel bis zur Linie der Dächer. Dann tropft man die Farbe des Himmels darauf, sodass sie nicht über den Rand der Dächer hinausgeht. Dies ist eine weitere Methode der Reservierungstechnik, um Flächen von Farbe freizuhalten.

Wenn wir zwei nebeneinanderliegende Flächen mit verschiedenen Farben einfärben müssen und verhindern wollen, dass sie sich vermischen, haben wir zwei Möglichkeiten: Wir können warten, bis die erste Farbe getrocknet ist, oder wir können einen dünnen trockenen Streifen zwischen den beiden Flächen lassen (natürlich nur, wenn uns diese dünnen weißen Streifen nicht stören).

Beim Beispiel auf der nächsten Seite hat man einen Kreis mit sauberem Wasser gezeichnet und gewartet, bis der Bereich in die leuchtende Phase überging. Anschließend hat man rote Farbe darauf getropft, die sich dann in der nassen Fläche verteilt hat.

Flüssigkeit auftropfen und abnehmen

Ein Pinsel mit Farbe, dessen Spitze auf das feuchte Papier getupft wird. Die Farbe gleitet aufs Papier und breitet sich aus.

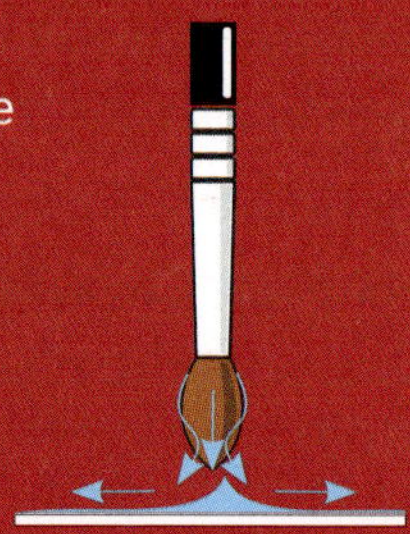

Ein leicht feuchter Pinsel, dessen Spitze einen feuchten Bereich berührt, von dem Flüssigkeit abgenommen werden soll. Nach ein paar Sekunden steigt die Flüssigkeit durch die Kapillarwirkung des Papiers zum Pinsel auf, der wie ein Sauger fungiert.

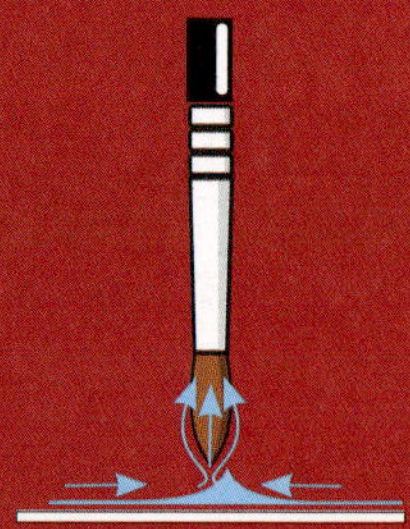

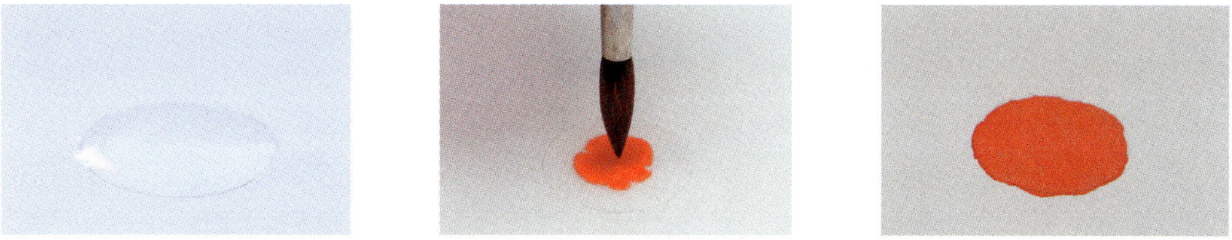

Die aufgetropfte Farbe bleibt im feuchten Bereich.

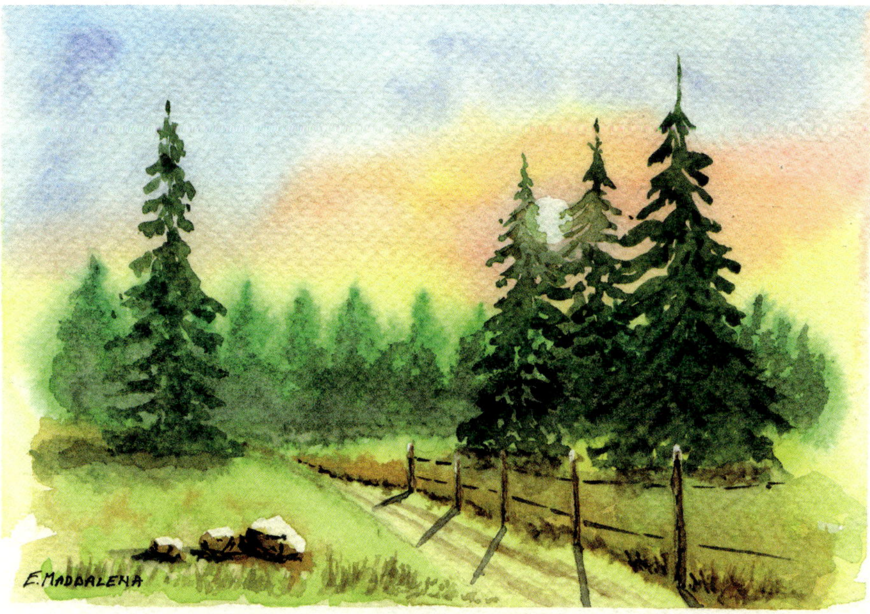

Eine nach der Fantasie angefertigte Skizze. Die Tannen im Hintergrund wurden in der Nass-in-Nass-Technik gemalt, die im Vordergrund in der Nass-auf-Trocken-Technik.

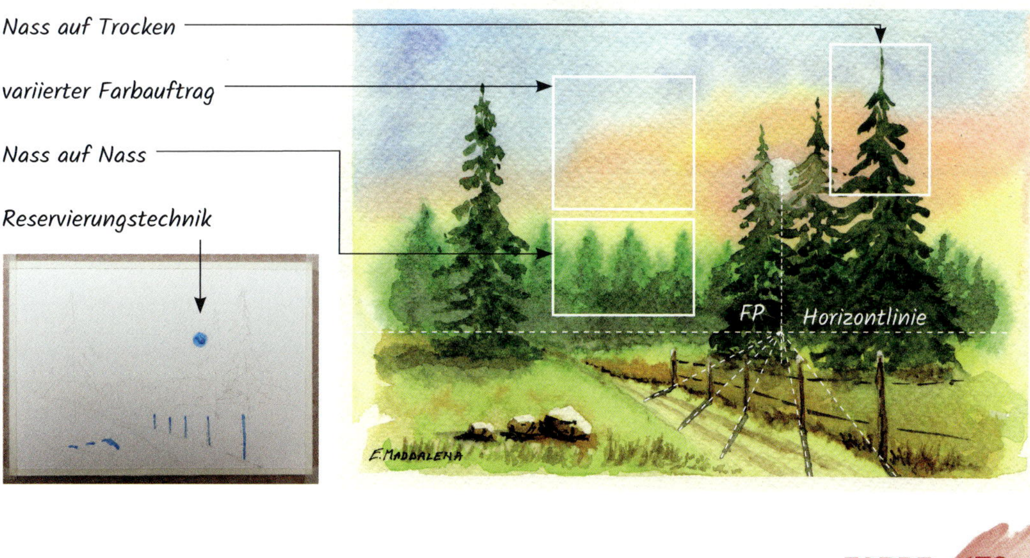

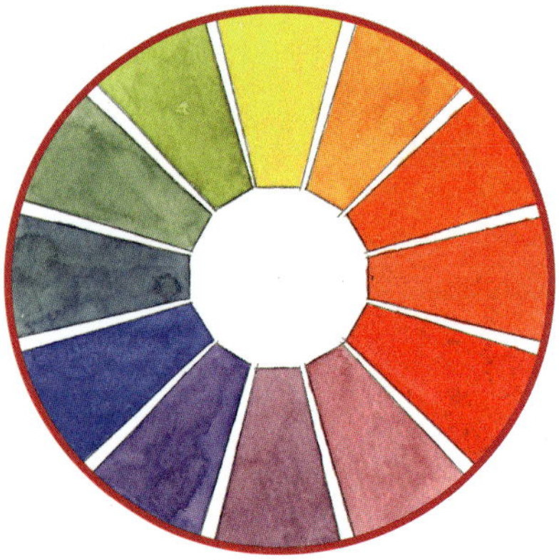

Der Farbkreis

Die drei Primärfarben Rot, Blau und Gelb können nicht durch Mischen anderer Farben gewonnen werden, aber wenn man sie im richtigen Verhältnis miteinander mischt, entstehen alle anderen Farben. Genau genommen sind dieses Rot und Blau kalte Farben (Magenta-Rot und Cyan-Blau), sie sind auch in Druckerpatronen enthalten. Mischt man zwei Primärfarben in gleichen Anteilen miteinander, entstehen die Sekundärfarben Orange (Rot + Gelb), Grün (Blau + Gelb) und Violett (Blau + Rot). Mischt man eine Primärfarbe mit einer im Farbkreis danebenliegenden Sekundärfarbe, entstehen die Tertiärfarben. Die Linie teilt den Farbkreis in kalte Farben (links) und in warme (rechts). Die Farben, die sich diametral gegenüberliegen, verhalten sich komplementär zueinander. Ihre Mischung sollte theoretisch Schwarz ergeben, wobei es in Wirklichkeit ein Aschgrau ist, eine sehr dunkle Farbe mit leichtem Farbanteil. Man rät davon ab, solches Schwarz zu verwenden, weil es schmutzig wirkt und die Farben abblendet. Zudem ist ja auch kein Schatten wirklich schwarz. Ferner entstehen durch Kombinationen von nahe beieinanderliegenden Farben harmonische Töne.

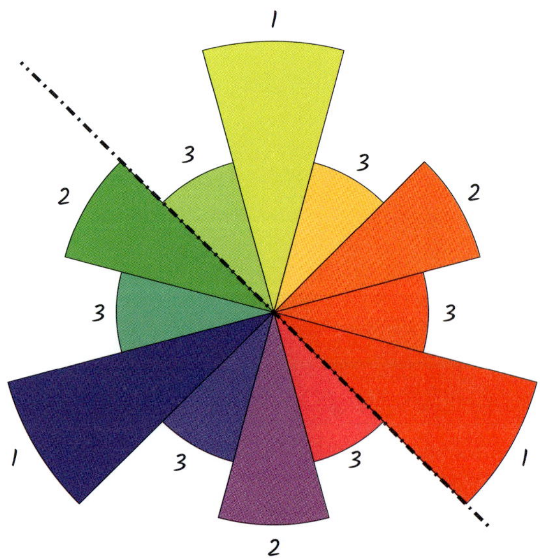

Ich empfehle Ihnen als sehr nützliche Übung dringend, selbst einen Farbkreis wie den unten anzulegen. Malen Sie zuerst die Primärfarben (Rot, Gelb, Blau) und dann in die Felder direkt daneben die Sekundärfarben (Orange, Grün, Violett), indem Sie die beiden jeweiligen Primärfarben in nahezu gleichen Anteilen mischen. Malen Sie dann die Tertiärfarben (Gelbgrün, Blaugrün, Blauviolett, Rotviolett, Rotorange, Gelborange), indem Sie den Sekundärfarben ein wenig der jeweils danebenliegenden Primärfarbe beimischen.

Komplementärfarben

Gelb und Violett | Rot und Grün | Blau und Orange | Gelbgrün und Rotviolett | Gelborange und Blauviolett | Rotorange und Blaugrün | Rotviolett und Gelbgrün

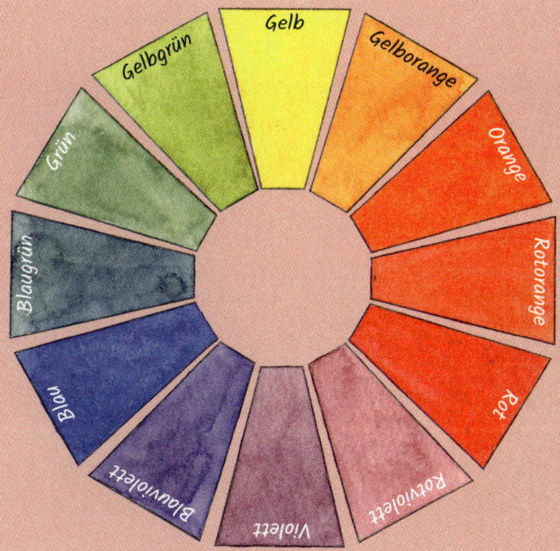

Limitierte Farbpalette Man kann auch nur eine limitierte Farbpalette verwenden (anfangs ist das sogar ratsam). So erhält man ein gutes Gespür für die Farben und Farbmischungen. Dann kann man ganz nach Belieben und Art der Malerei weitere Farben kaufen und verwenden.

Generell reicht es für eine reichhaltige Farbpalette, zwei von jeder Primärfarbe zu kaufen. Dabei sollte jeweils eine Farbe eines Paars ein kalter und

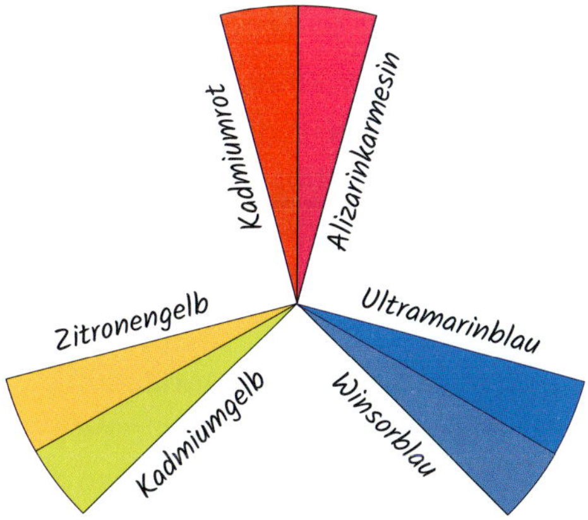

Limitierte Farbpalette mit drei Paaren Primärfarben.

eine ein warmer Farbton sein, wie in der Abbildung auf der vorhergehenden Seite unten. Eine noch begrenztere Farbpalette könnte sich auf Zitronengelb, Winsorblau (rötlich) und Permanentrosa beschränken.

Mischen Versuchen Sie, mit einer begrenzten Farbpalette von sechs Farben, noch um Ockergelb erweitert, die drei Sekundärfarben durch alle möglichen Kombinationen wie unten gezeigt zu erzeugen.
Üben Sie, indem Sie eine kleine Farbkarte mit drei Farben und dann mit sechs aufmalen. Das Weiß ist das des Papiers und Schwarz oder eine andere fast schwarze Farbe (Aschgrau) können Sie aus den drei Primärfarben in den richtigen Farbanteilen selbst mischen.

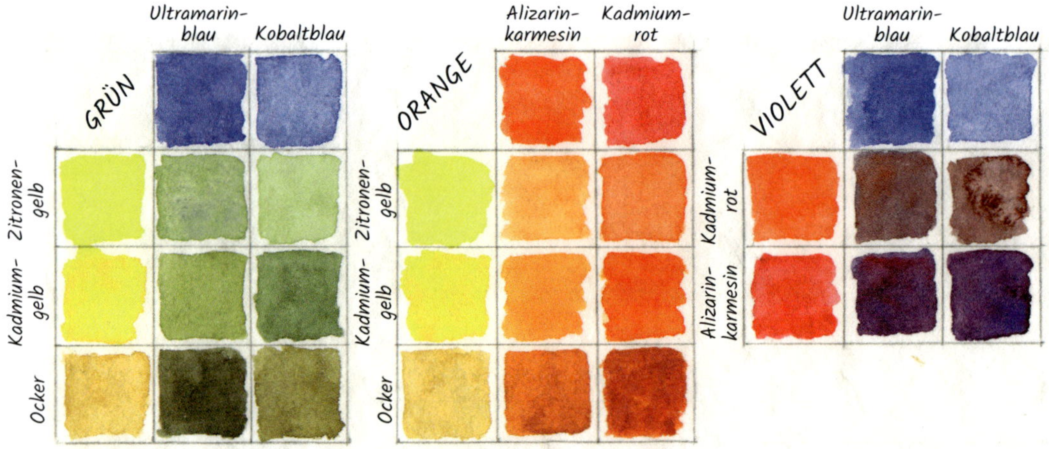

Mischübungen

Farben abblenden In der Natur sind die Farben selten rein und leuchtend wie die aus der Tube. Lebendige, satte Farben findet man fast nur in Blüten. Daher ist es wichtig zu üben, wie man sie abblendet, damit sie natürlicher wirken.
Das Geheimnis besteht darin, der Farbe eine Spur ihrer Komplementärfarbe beizumischen. Auf der folgenden Seite wurde das leuchtende Orange durch eine Spur Blau, Grün durch eine Spur Rot und Violett durch eine Spur Gelb abgeschwächt.

Schwarz mischen Einen ganz dunklen Farbton, der dem Schwarz sehr nahekommt, erhält man durch Mischen von Ultramarinblau mit Siena gebrannt oder Umbra gebrannt (viertes Täfelchen auf der nächsten Seite).

Damit es neutral ist, muss das Farbverhältnis stimmen. Probieren Sie anfangs ein wenig aus (Sie werden bald den Dreh raushaben), indem Sie ein wenig Braun hinzufügen, wenn Blau zu sehr dominiert, oder ein wenig Blau, wenn Braun dominiert. Für Grau müssen Sie die letzte Mischung einfach mit Wasser verdünnen.

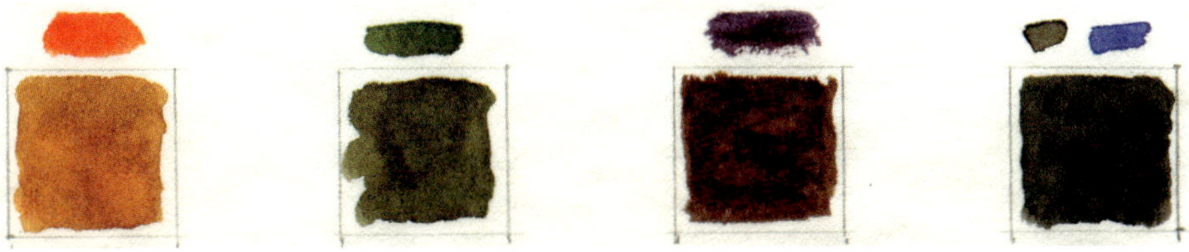

Farben abblenden und Schwarz mischen

Grautöne mischen Grautöne sind fast neutral und können durch Mischen der drei Primärfarben im richtigen Verhältnis oder durch Mischen einer Farbe mit ihrer Komplementärfarbe hergestellt werden.

Unten sind acht farbige Grautöne zu sehen, die durch allmähliches Hinzufügen von drei unterschiedlichen Primärfarben der auf sechs Farben begrenzten Farbpalette entstanden sind: 1. Zitronengelb, 2. Kadmiumgelb, 3. Kadmiumrot, 4. Alizarinkarmesin, 5. Ultramarinblau, 6. Kobaltblau.

Unter jedem Feld ist angegeben, welche dieser Farben gemischt wurden. Führen Sie auch diese Übung durch und mischen Sie so neutrale Farben. Dafür können Sie, wie schon für Schwarz erklärt, zunächst einen dominanten Ton mit seiner Komplementärfarbe abschwächen.

Das ist leichter als man glaubt, auch wenn es anfangs vielleicht nicht ganz einfach ist, die richtige Menge zu nehmen. Aber Ziel der Übung ist ja, ein Gefühl dafür zu entwickeln.

Um Schwarz durch Mischen von Ultramarinblau mit Siena gebrannt oder Umbra gebrannt zu erhalten, mischt man im Grunde zwei Komplementärfarben, die von Natur aus schon recht dunkel sind. In der Tat ist Braun (die Farbe der Erde) nichts anderes als ein dunkles Orange, Komplementärfarbe von Blau. Wenn man dann Orange aus der Summe der Primärfarben Rot und Gelb ableitet und Blau hinzufügt, kommt man wieder auf die Mischung der drei Primärfarben zurück.

1+3+5 1+4+5 1+4+6 1+3+6 2+3+5 2+4+5 2+4+6 2+3+6

Progressives Mischen zweier Farben Eine weitere wichtige Übung ist die nebenstehende. Dafür wird eine Reihe von Feldern mit zwei Primärfarben in den äußeren angelegt. Die Felder dazwischen werden durch Mischen dieser beiden gefüllt, wobei die nächstgelegene Primärfarbe dominiert. Im mittleren Feld werden die Farben zu gleichen Teilen gemischt. Versuchen Sie, einen allmählichen Übergang von einer Primärfarbe zur anderen zu erreichen.

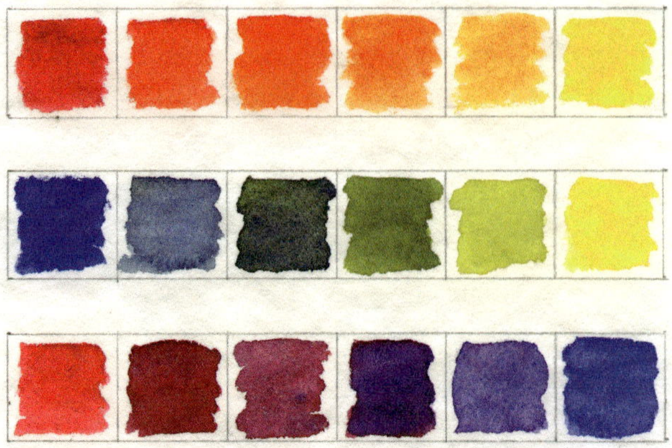

Mit der eigenen Farbpalette spielen Teilen Sie als letzte Übung einen Bogen Aquarellpapier in ein Gitter ein. Dieses muss so viele Spalten und Reihen haben, wie Farben in Ihrem Kasten vorhanden sind. Füllen Sie dann die Felder der ersten Reihe und ersten Spalte in derselben Reihenfolge mit diesen Farben. Mischen Sie dann in den inneren Feldern die äußeren Farben zu gleichen Teilen. Hier müssen Sie nur halb so viele Felder ausfüllen, da diese Tafel symmetrisch an der Diagonale von links oben nach rechts unten verläuft. Die Farben auf der Diagonale sind nämlich dieselben wie in der ersten Reihe und der ersten Spalte, sodass die Arbeit schneller geht, als es den Anschein hat.

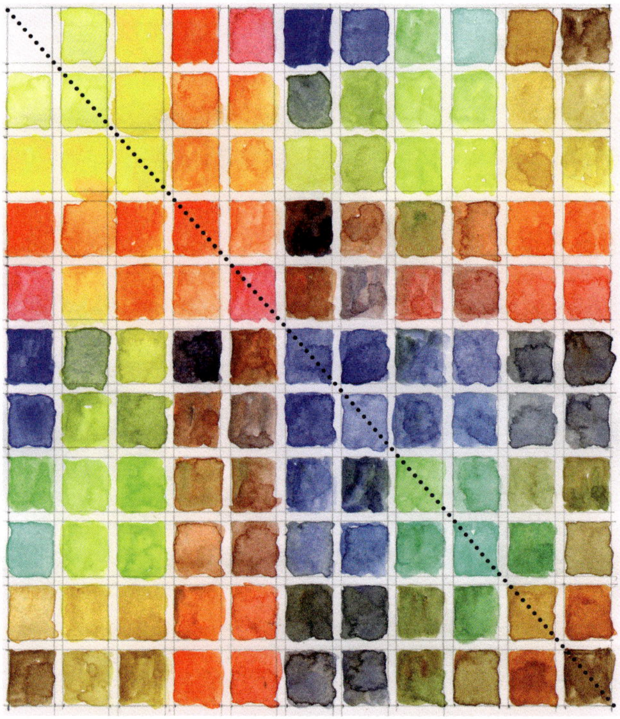

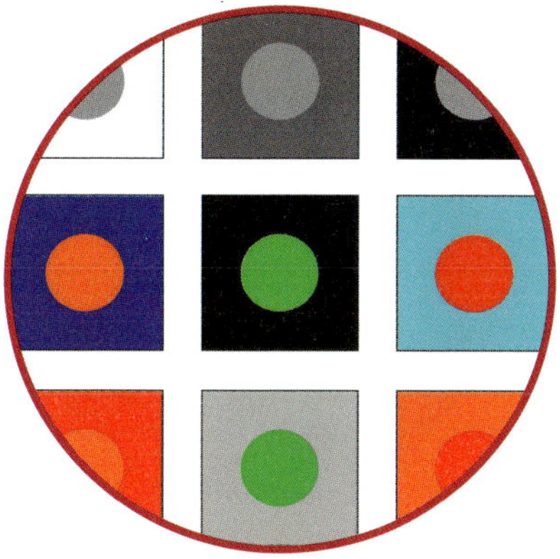

Limitierte Farbpalette und Farbharmonie

Jetzt definieren wir „limitierte Farbpalette“ anders als zuvor. Also nicht mehr als Palette mit wenigen Farben, den Primärfarben, aus denen weitere gemischt werden, sondern als begrenzte Anzahl von Farben in einem Bild, wodurch sehr ansprechende Werke entstehen.

Monochrome Bilder Wir haben bereits erwähnt, dass man nur eine einzige Farbe verwenden kann und mit Übungen zu monochromen Aquarellen, die dennoch viele Farbtöne und Übergänge aufweisen, begonnen.

Paare von Komplementärfarben Mit nur zwei Farben, die sich im Farbkreis gegenüberliegen, kann man lebendige Bilder anfertigen (Komplementärfarben verstärken sich gegenseitig). Im nachstehenden Beispiel das Paar Gelb/Violett und das Paar Gelbgrün/Rotviolett.

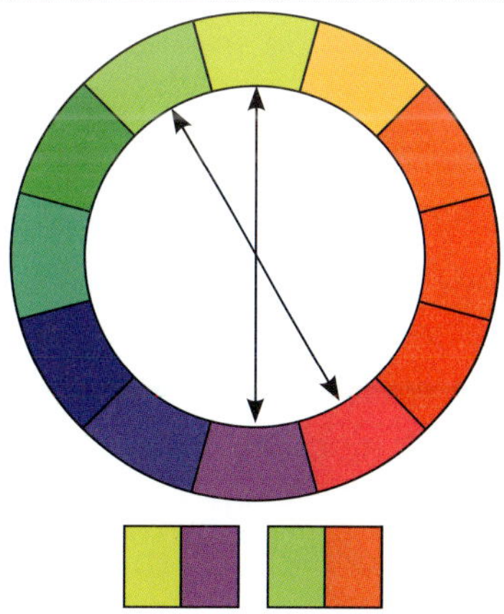

Analoge Farben Im Farbkreis nebeneinanderliegende Farben wirken auf Gemälden extrem harmonisch. Beispiel: eine Tetrade aus Blaugrün/Grün/Gelbgrün/Gelb. Manchmal fügt man analogen Farben eine geringe Menge einer Komplementärfarbe hinzu. Beispiel: eine Tetrade aus Blauviolett/Violett/Rotviolett/Gelb (Komplementärfarbe von Violett).

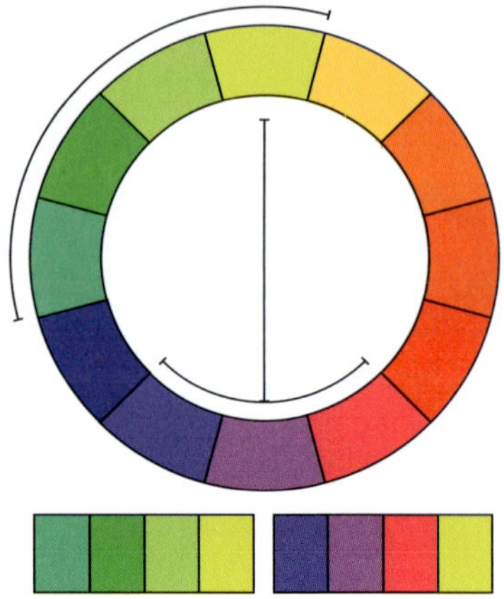

Einer der bekanntesten Farbtheoretiker war Johannes Itten (1888–1967), ein Schweizer Maler, Designer und Schriftsteller. Er studierte an der Stuttgarter Akademie der Bildenden Künste und kam 1919 auf Einladung von Walter Gropius als Lehrer an das Bauhaus. Er interessierte sich für Farbharmonie. Viele Gelehrte suchten nach Analogien zwischen Musik- und Farbharmonie, d. h. nach ansprechenden, ästhetisch befriedigenden Kombinationen. Diese Theorien beruhen im Wesentlichen auf den Komplementärfarben:

Harmonische Farbtriaden Die Farben an den Winkeln eines gleichseitigen oder gleichschenkligen Dreiecks sind harmonisch, auch wenn man das Dreieck im Farbkreis dreht. In diesem Beispiel haben wir ein gleichschenkliges Dreieck, dessen Spitzen die Farben Gelb/Blauviolett/Rotviolett berühren. Das Blauviolett enthält Blau und einen kleineren Anteil Rot, während das Rotviolett Rot und einen kleineren Anteil Blau enthält. Die Trias enthält also letztlich zu gleichen Teilen die drei Primärfarben Gelb/Rot/Blau, den klassischen Dreiklang der Grundfarben, die hier die Spitzen des gleichseitigen Dreiecks berühren.

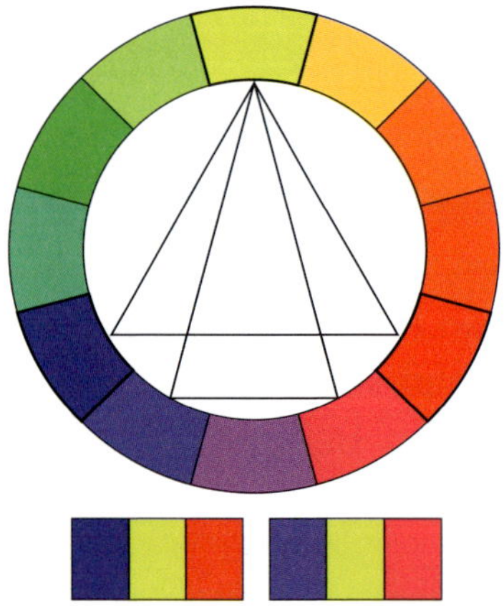

Harmonische Farbtetraden Analog zu Triaden bestehen Farbtetraden aus den Farben, die von den Eckpunkten eines Quadrats oder Rechtecks berührt werden. Wenn Sie die Zusammensetzung dieser Farben analysieren, werden Sie feststellen, dass die Mischung die Grundfarben, aus denen sie zusammengesetzt sind, wieder ins Gleichgewicht bringt. Auf jeden Fall sollte man nie vergessen, dass nicht Theorien und Formeln die Schönheit ausmachen, sondern Kreativität, Farbempfinden und guter Geschmack.

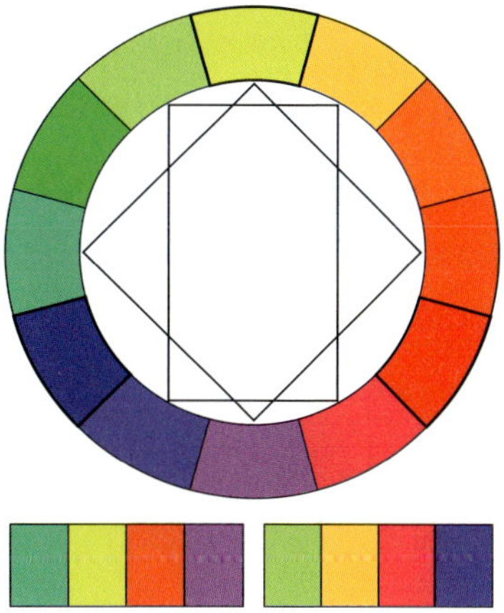

Wahrnehmung

Man sollte unbedingt bestimmte Wahrnehmungsphänomene erwähnen, die mit der Farbe zu tun haben und die ein guter Aquarellmaler nicht ignorieren kann.

Simultankontrast Die Wahrnehmung von Helligkeit, Farbton und Sättigung einer Farbe wird von der Umgebung beeinflusst. Schauen Sie sich die erste Reihe der Quadrate an: Das Grau des Kreises ist immer gleich, aber er wirkt immer heller, je dunkler die Umgebung (die Farbe des Quadrats, in dem er sich befindet) wird. Betrachten Sie nun die drei bunten Farbpaare: Im ersten sind beide Kreise im selben Orange, aber der im blauen Feld erscheint viel gesättigter und heller als der im roten. Auch der grüne Kreis erscheint im schwarzen Quadrat heller und lebendiger als im grauen. Der rote Kreis erscheint auf einem cyanfarbenen Hintergrund gesättigter.

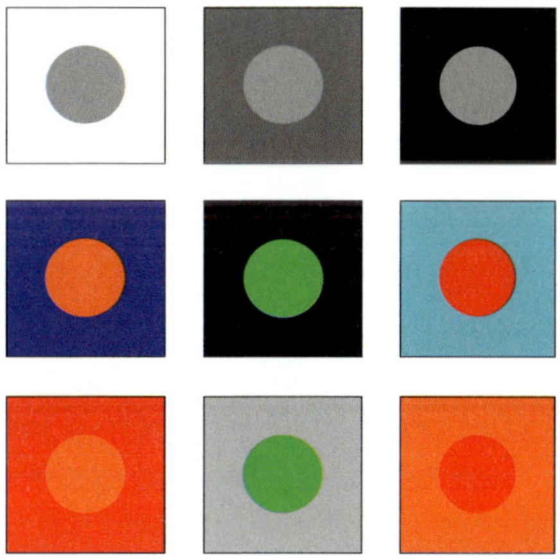

Farbsättigung und Konturen Betrachten Sie die beiden Rechtecke: Sie sind im selben Orange. Dennoch wirkt das linke gesättigter als das rechte. Dieser Effekt entsteht durch die Konturen: Links sind sie scharf und rechts verschwommen.

Blendendes Licht Nehmen Sie ein intensives Licht in der Mitte wahr? Es ist jedoch genauso weiß wie das Papier. Die vier umliegenden Quadrate wurden mit einem progressiven Farbverlauf von Schwarz zu reinem Weiß bemalt. Sie wissen jetzt, was Sie tun müssen, wenn Sie den Effekt der Sonne in den Bäumen oder ein anderes intensives Licht erzielen wollen.

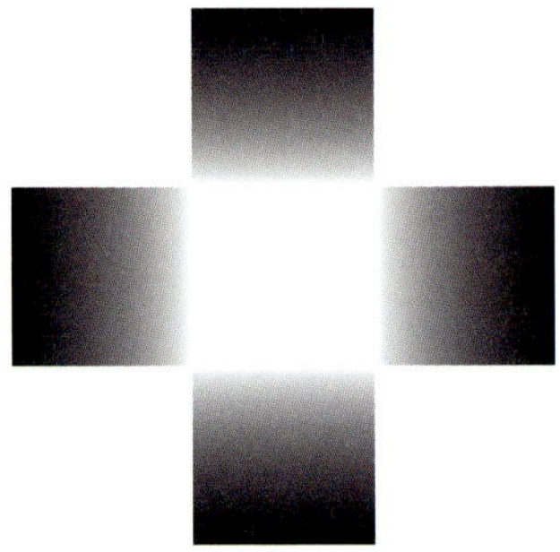

Auf der folgenden Seite:

1. In der Zeichnung der Tür verleihen Schatten der Szene Tiefe und Helligkeit.
2. In der Zeichnung des Stuhls im Gegenlicht beleben Schatten die Falten in der Gardine und erzeugen zusammen mit den Lichtreflexen auf dem Boden eine intensive, ausdrucksstarke, helle Atmosphäre.
3. Bilder sind überall um uns herum, ständig entstehen sie neu und verändern sich in tausend Licht- und Schattenspielen. Wenn sie empfänglich dafür sind, erkennen Sie diese Emotionen und können sie in Ihr Skizzenbuch übertragen. Die frühe Morgensonne beleuchtet die Fassade. Die Schatten an der Hauswand verraten den Stand der Sonne, die noch tief am Horizont steht. Beim Zeichnen kann man bestimmte Atmosphären einfangen und vermitteln.
4. Rot und Blau, im Farbkreis fast gegenüber, verstärken sich gegenseitig und machen diese Zeichnung schrill und lebendig.

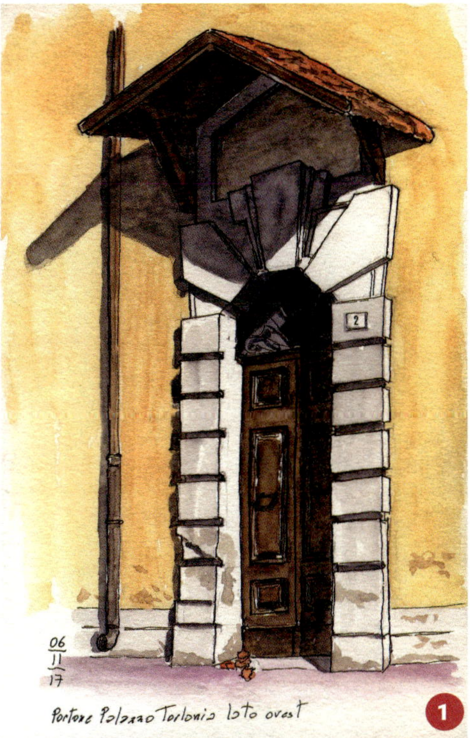
06
11
17
Portone Palazzo Torlonia lato ovest

1

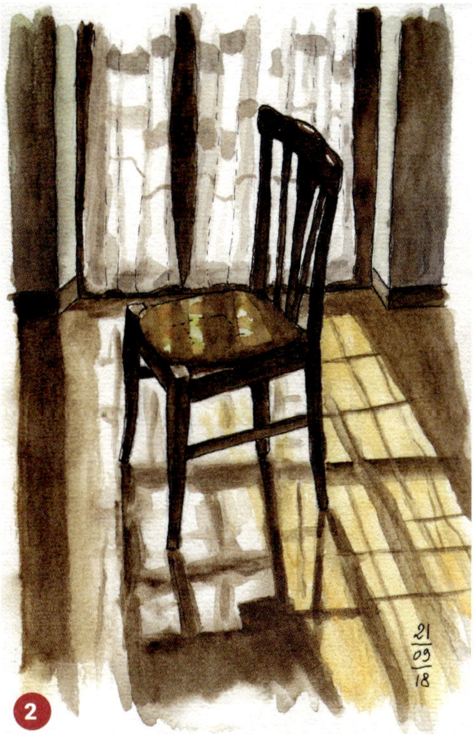
21
09
18

2

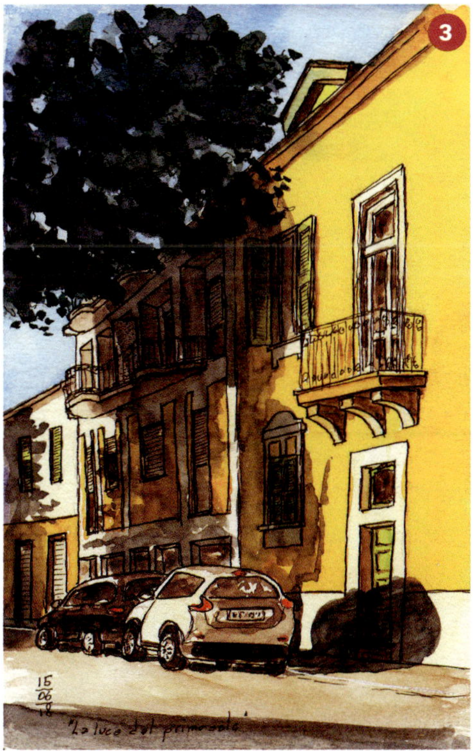
15
06
18

3

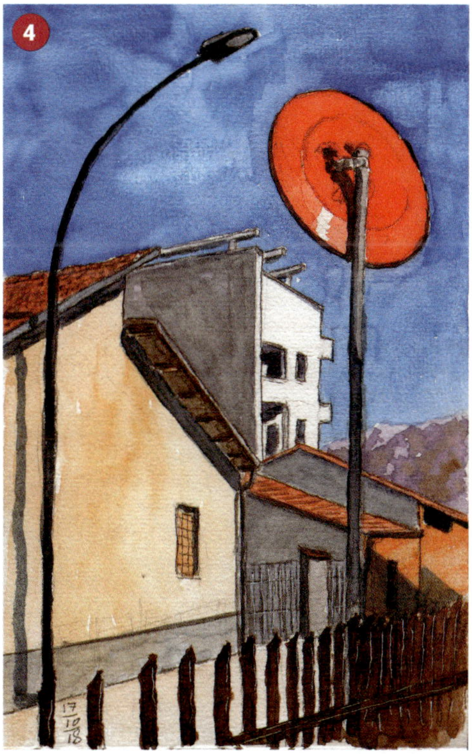
17
10
18

4

Eine Methode zum Schattieren

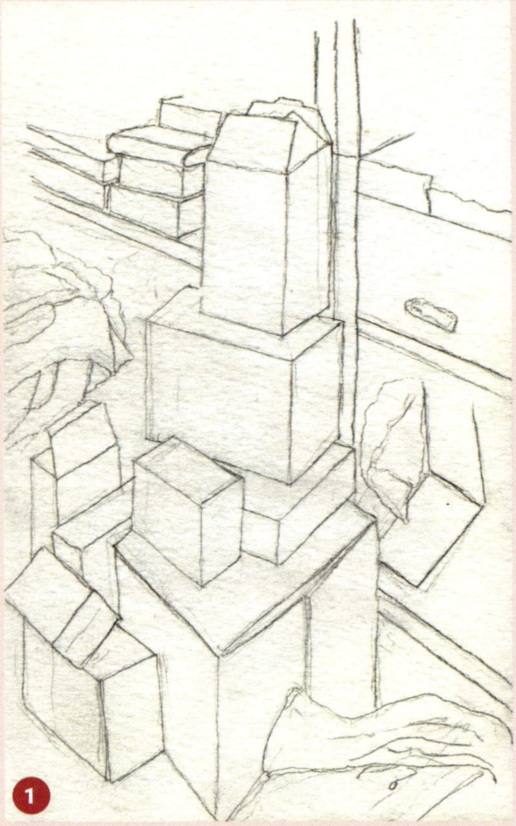

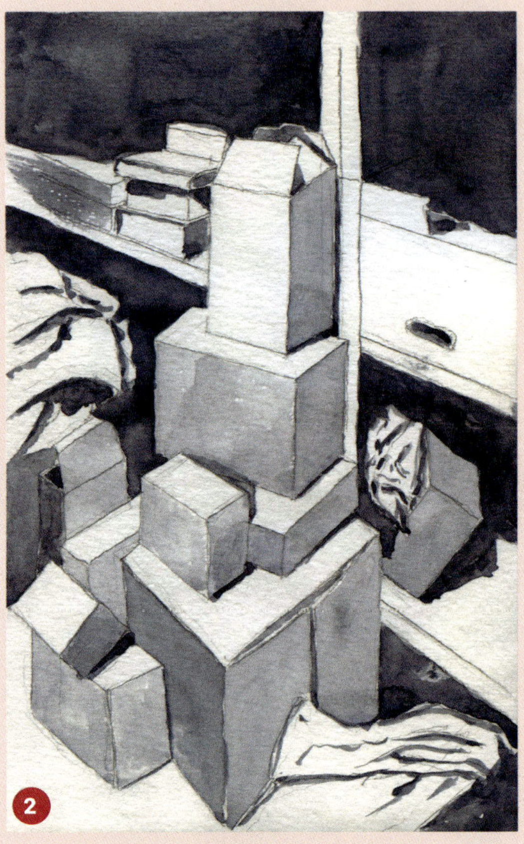

1. Die erste Stufe ist die Bleistiftzeichnung, beim Aquarellmalen bildet sie die tragende Struktur. Wenn die Zeichnung stimmig ist, besteht eine gute Chance, dass es auch das Bild ist. Diese Szene war der Geometrie all dieser unterschiedlich großen und ausgerichteten Schachteln besonders zuträglich.
2. Die Schatten wurden mit Paynesgrau, einer neutralen Farbe, gemalt. Durch die unterschiedlich starke Verdünnung entstanden die verschiedenen Grautöne für die unterschiedlich zur Lichtquelle ausgerichteten Oberflächen und für die Eigenschatten.

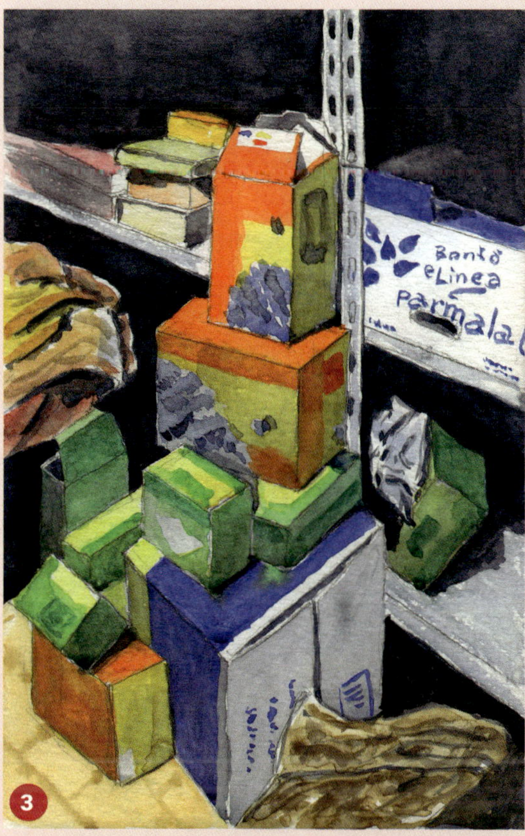

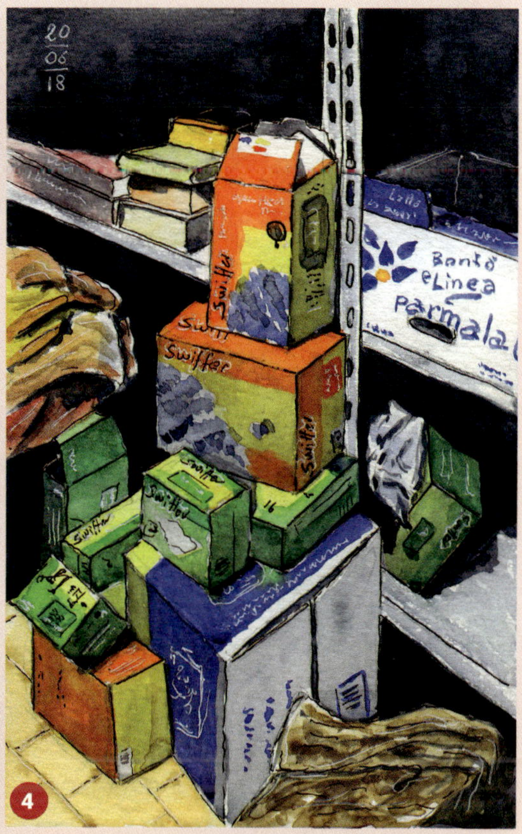

3. Dann ging es mit der Farbe weiter. Da Aquarellfarbe transparent ist, schimmern die mit Paynesgrau gemalten Schatten hindurch und verleihen den Formen Volumen.
4. Man könnte das Aquarell nach dem 3. Schritt als fertig ansehen. Da dies aber eine kleine Skizze (in einem Moleskine-Notizbuch) war, wurden die Umrisse mit Feder und Tinte nachgezogen, wodurch sich die Wirkung verstärkt hat. Bei größeren Gemälden wäre dies unnötig und kontraproduktiv. Man kann auch die Tuschezeichnung zu Anfang auftragen, dann muss allerdings wasserfeste Tusche verwendet werden.

Bei diesem Aquarell hier unten wurde indes die klassische Methode des Schattierens durch nachträgliche Lasierung angewendet.

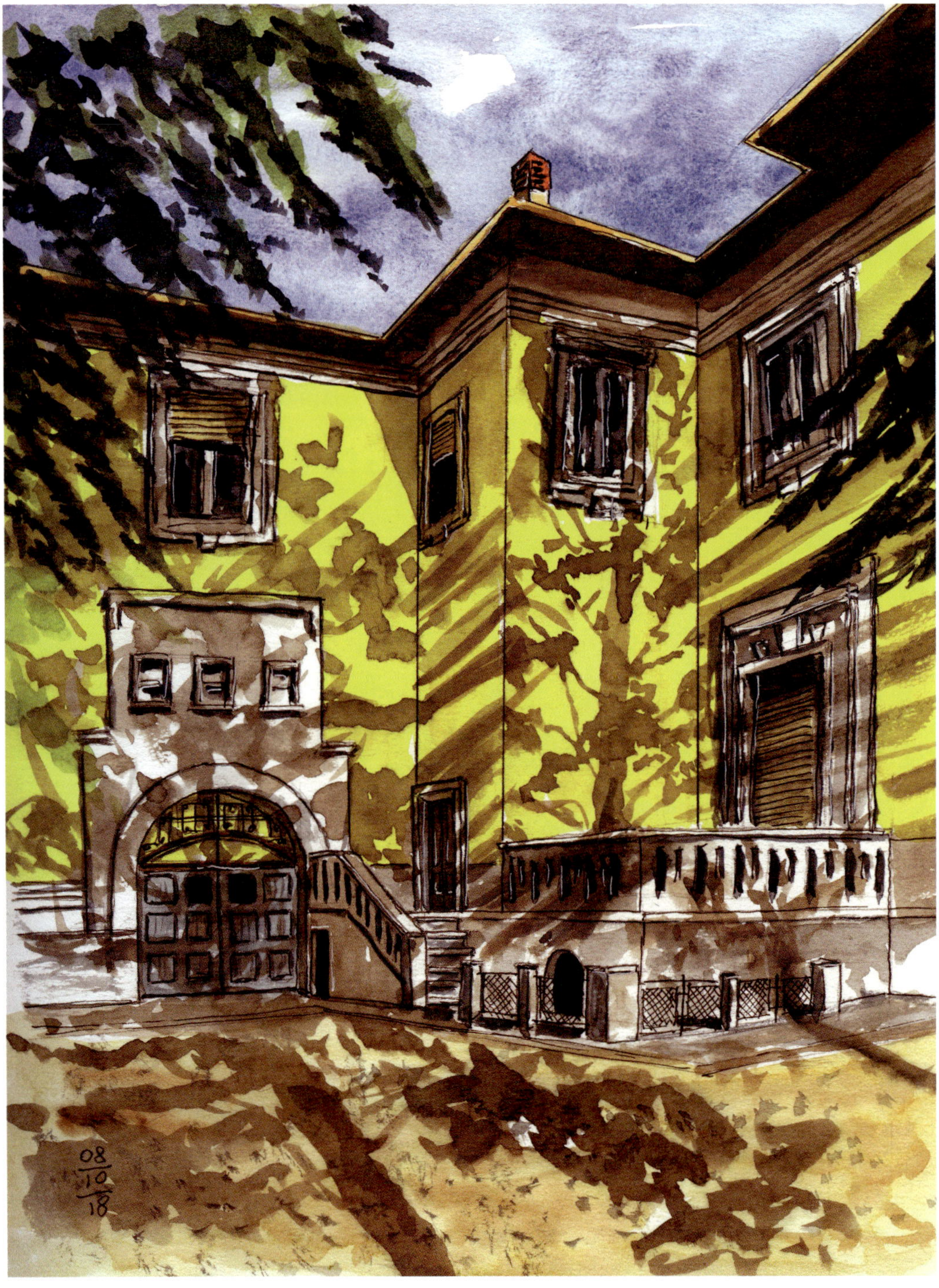

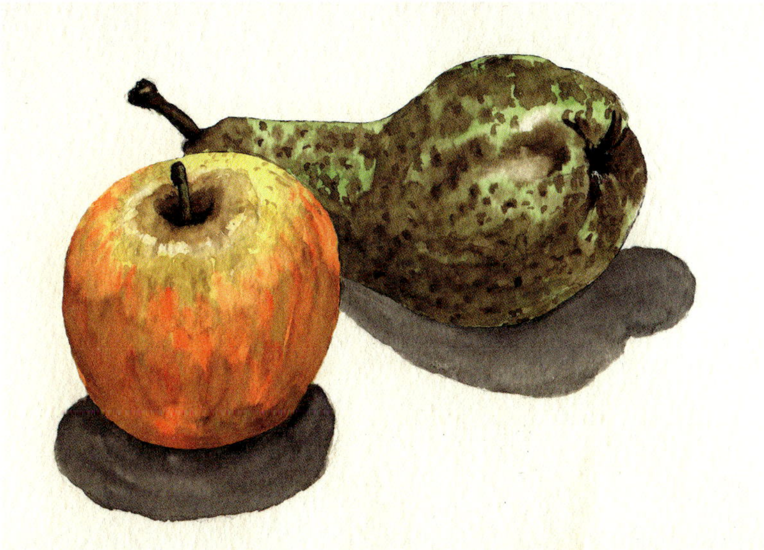

Bei diesen Früchten wurde für die Streifen auf dem Apfel und insbesondere für die braunen Sprenkel auf der Birne die Nass-in-Nass-Technik angewendet. Dabei wurden Punkte mit der Nass-auf-Trocken-Technik verstärkt. Die Glanzlichter auf dem Birnenstiel entstanden, indem man mit einem sauberen, leicht angefeuchteten Pinsel über die noch nicht getrocknete Farbe fuhr und sie mit einem Tuch abtupfte. Das Gleiche gilt für die kreisförmigen Highlights auf der Oberseite des Apfels.

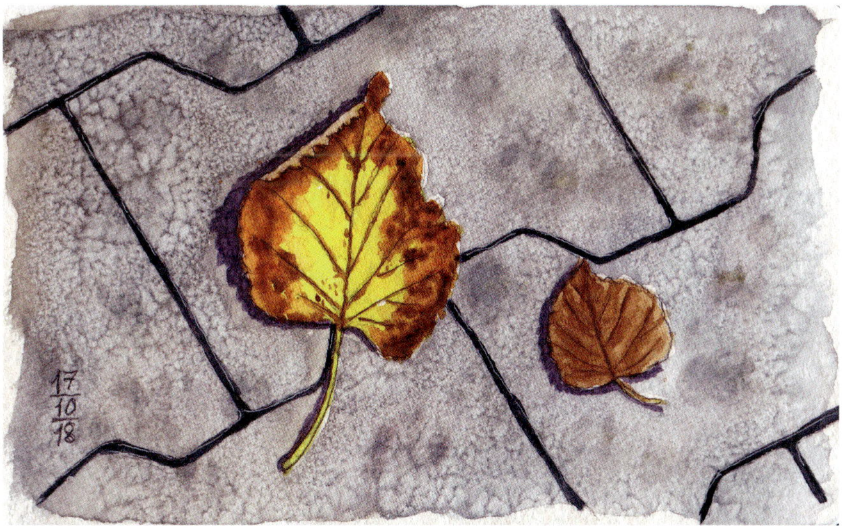

Durch Aufstreuen von Salz auf die noch feuchte Farbe entstand die gesprenkelte Struktur der Fliesen.

Bildergalerie

7

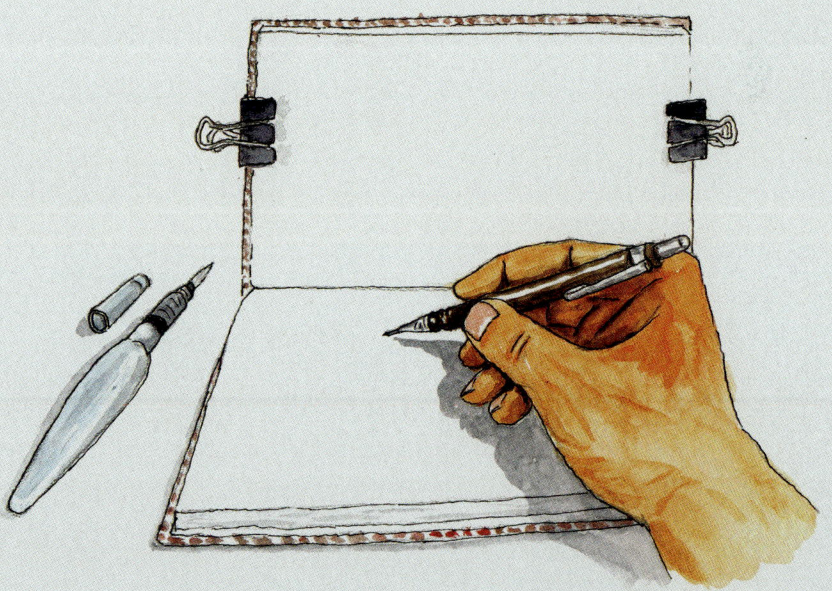

Ein Bleistift für Wartezeiten

Nehmen Sie immer ein Skizzenbuch und einen Bleistift mit, wenn Sie unterwegs sind, sie sind am einfachsten zu benutzen und helfen Ihnen, sonst langweilige Wartezeit angenehm zu verbringen. Tägliche Übung hilft Ihnen, Ihre Fertigkeiten im Zeichnen zu verbessern. Denn je mehr man zeichnet, desto besser zeichnet man.

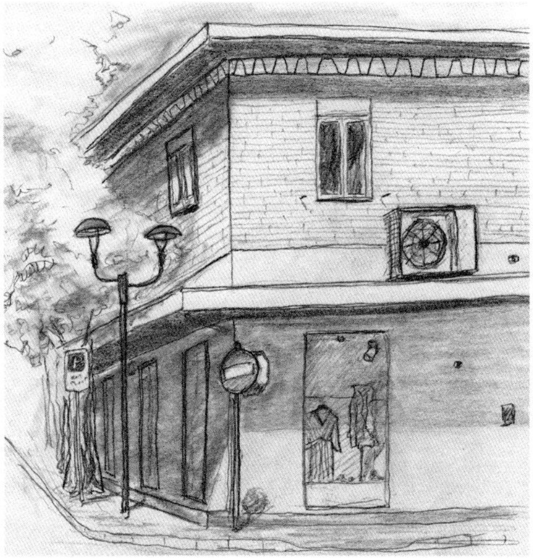

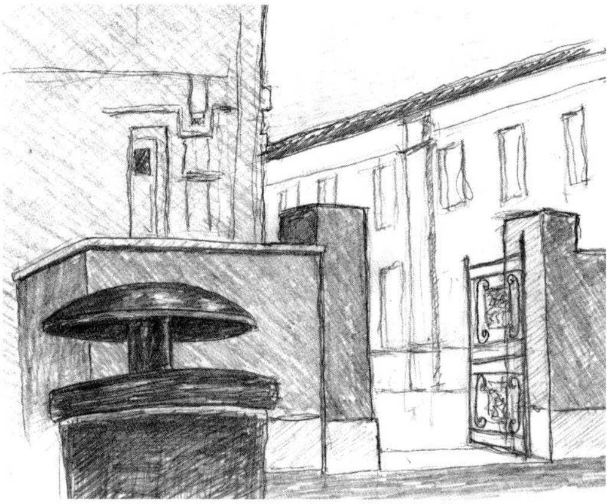

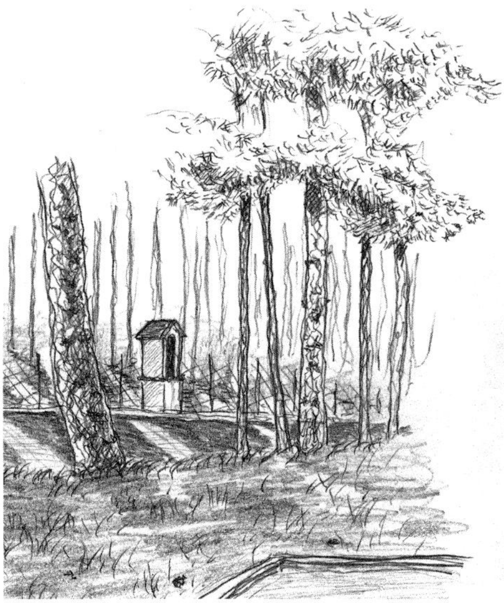

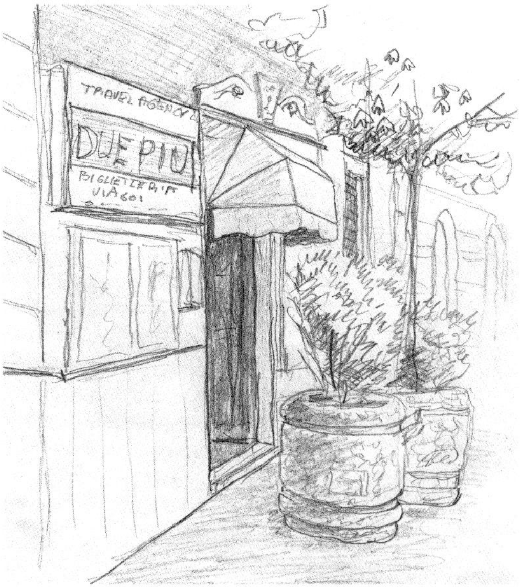

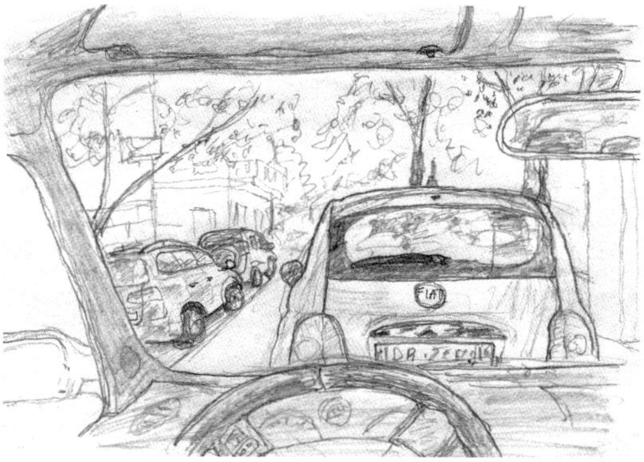

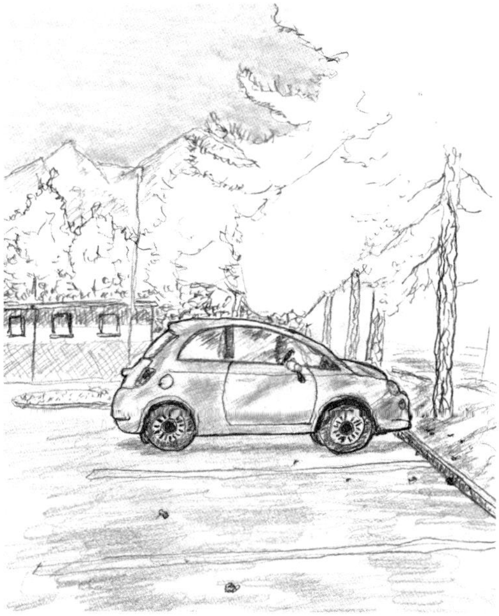

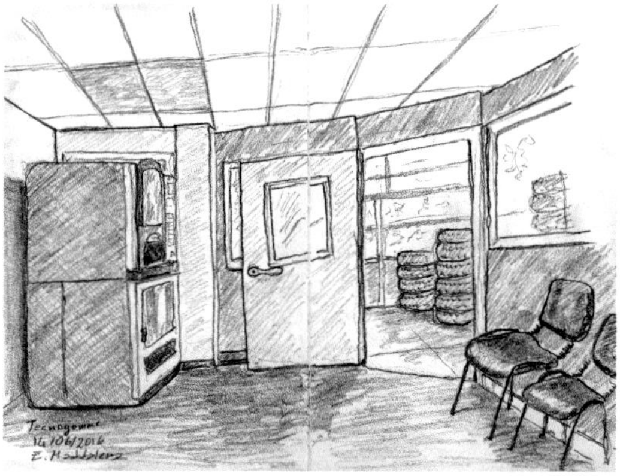

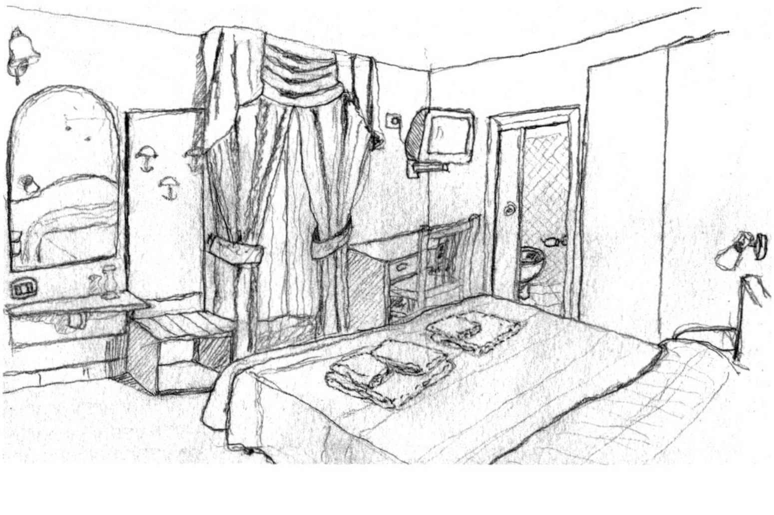

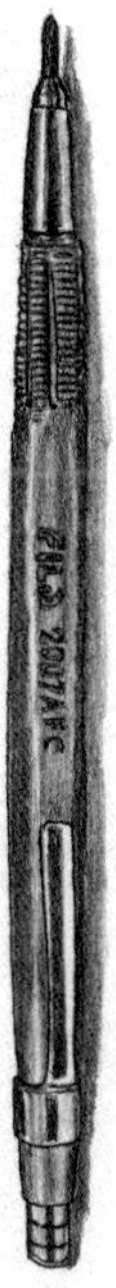

Die Kraft des Füllers

Dies ist ein fantastisches Werkzeug mit starkem, frechem Charakter und vollen, intensiven Schwarztönen, mit dem sich eine Umgebung und Atmosphäre schnell und effektiv skizzieren lässt. Mit verschiedenen Stricharten können Sie die Geschichte von Licht, Materialien und Oberflächen erzählen. Ich ziehe ihn den Filzstiften vor, aber das ist eine persönliche Angelegenheit. Wenn Sie die Zeichnung aquarellieren wollen, müssen Sie wasserfeste Tinte verwenden, was auch eine sorgfältige Pflege des Stifts erfordert, damit er nicht verstopft.
Zeichnet man direkt mit dem Füller und Tinte, ohne Bleistiftskizze, gewinnt man bald Sicherheit und überwindet jegliches Zögern, da beim Ausradieren Spuren entstehen würden.

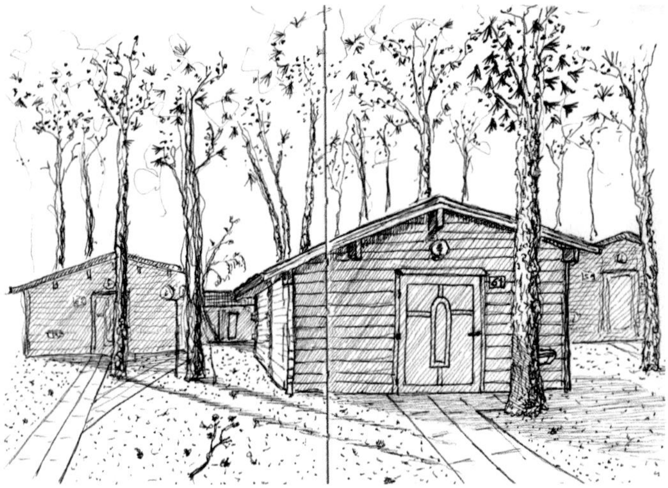

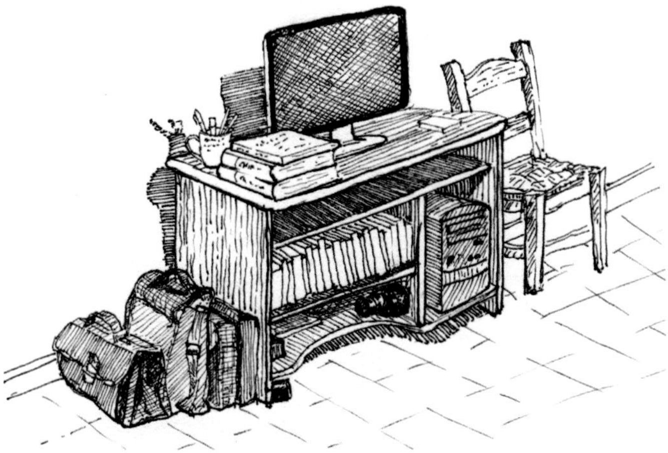

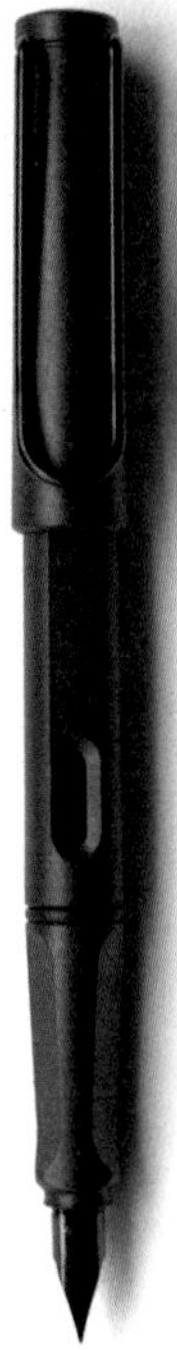

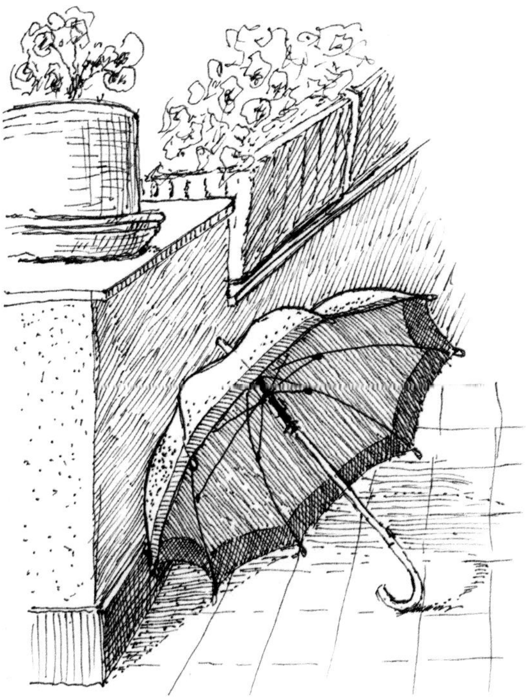

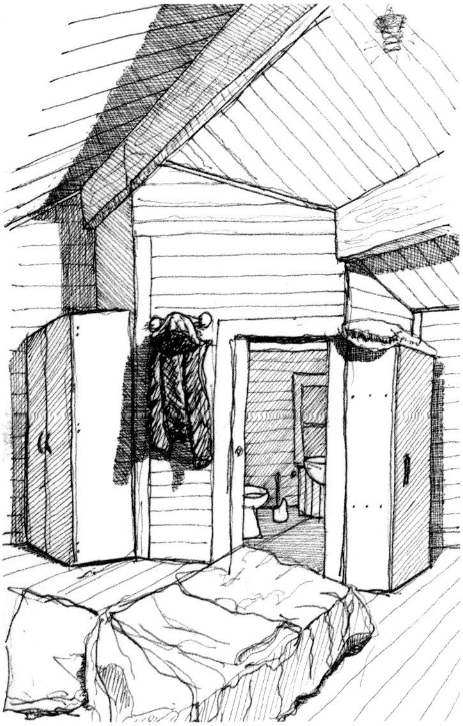

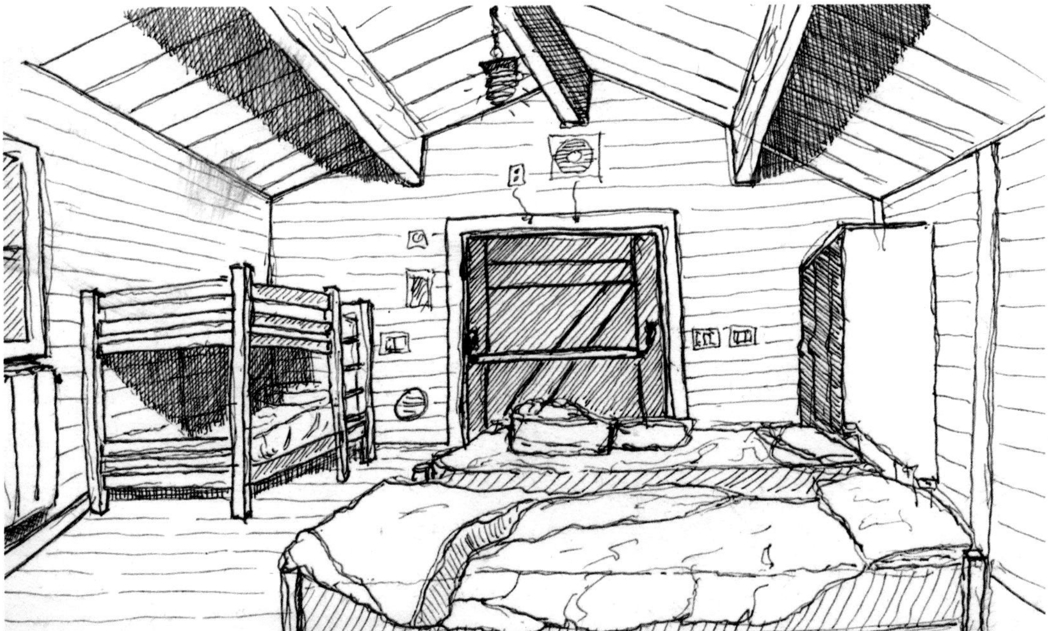

Die kleinen Alltagsgegenstände

Ich liebe es, die kleinen Dinge zu zeichnen, die einfach, aber dabei sehr wertvoll sind. Wir umgeben uns mit Hunderten davon, in der Küche, in der Garage und auf dem Dachboden. Dafür braucht man nur sehr wenig Zeit und die kleinen Probleme, auf die man dabei trifft (Lichtreflexe, Transparenzen, Oberflächenstrukturen, Schatten), helfen uns, Fortschritte zu machen und Fertigkeiten zu gewinnen, die für anspruchsvollere Motive wertvoll sind. Zudem gilt: „Im Bild wird das Einfache etwas Besonderes“.

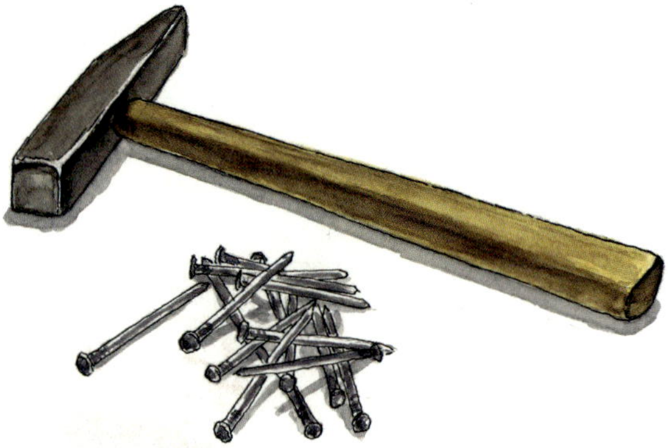

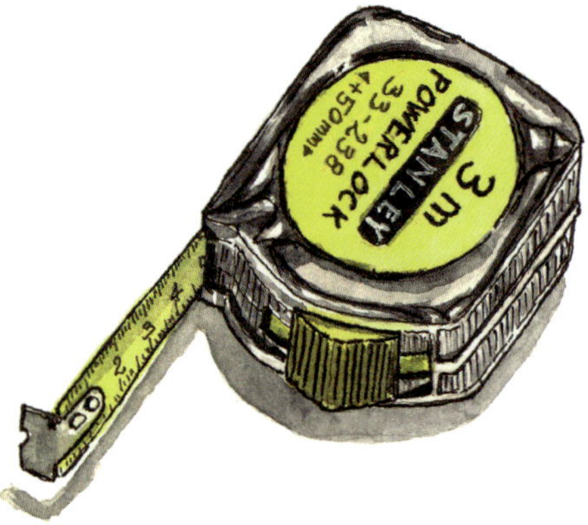

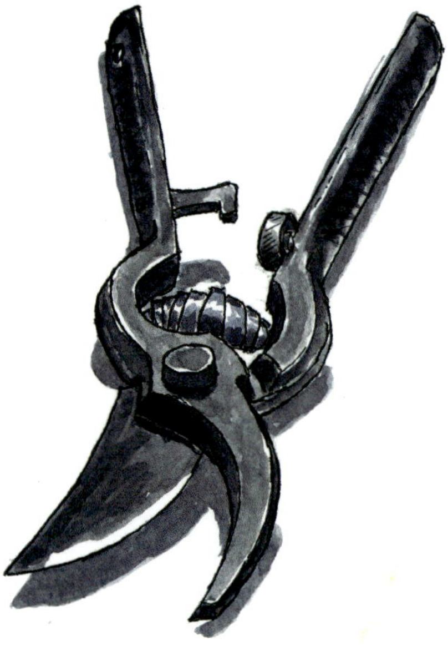

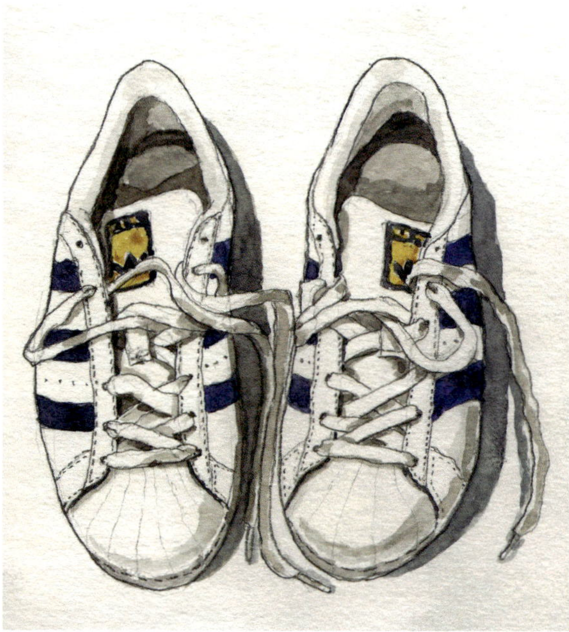

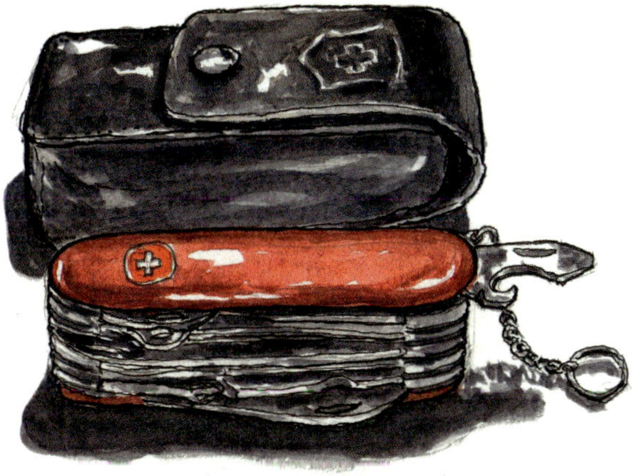
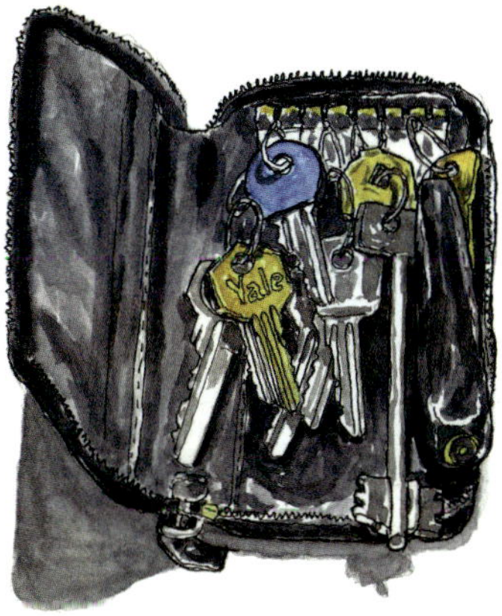
Yale
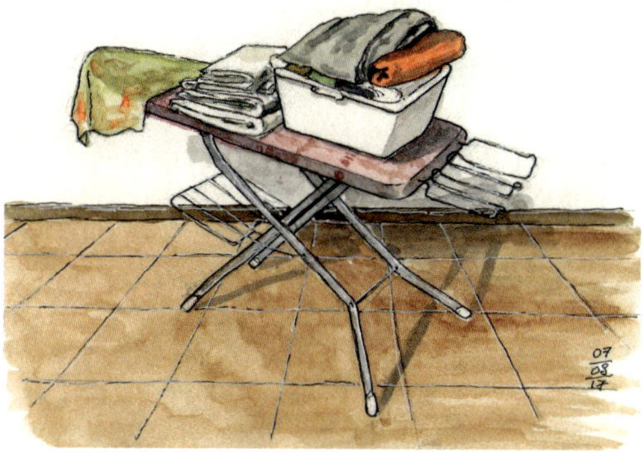
07
08
17
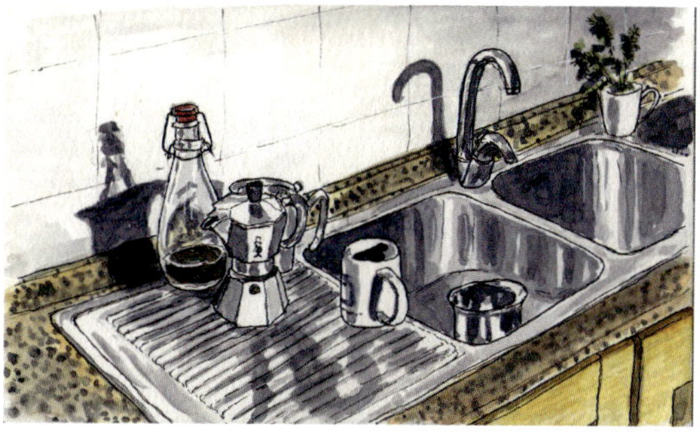
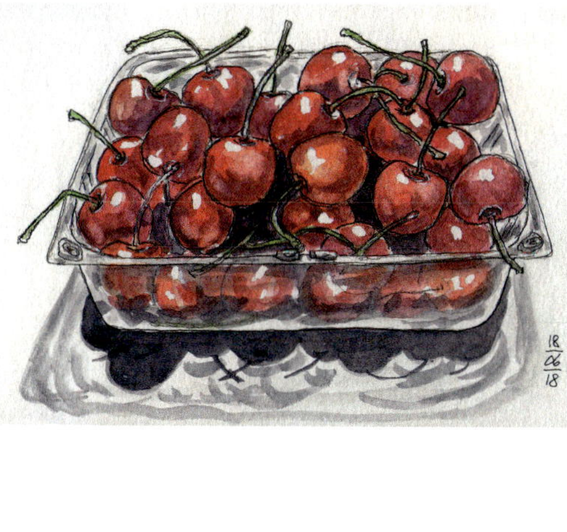
18
06
18
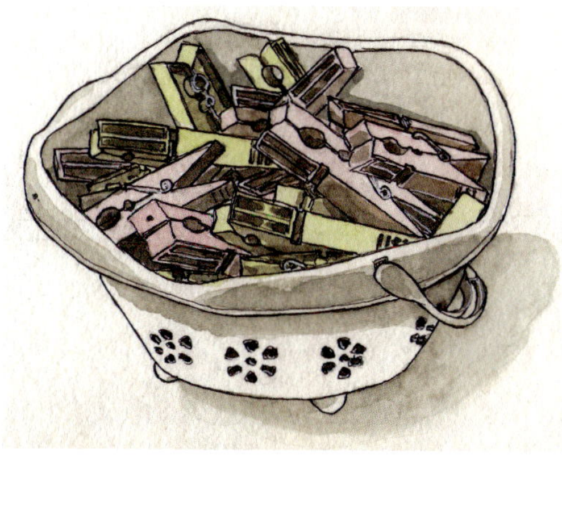

Erzählende Zeichnung

Das Skizzenbuch kann ein echtes persönliches Tagebuch werden, in das man Orte und Situationen zeichnet und in dem man durchaus auch Ereignisse, Aktivitäten und Gedanken notieren kann.

Wie kann man ohne Skizzenbuch und Aquarellfarben in den Urlaub fahren? Hier ein Beispiel vom Familienurlaub auf Santorini, ein Ort, in den ich mich verliebt habe.

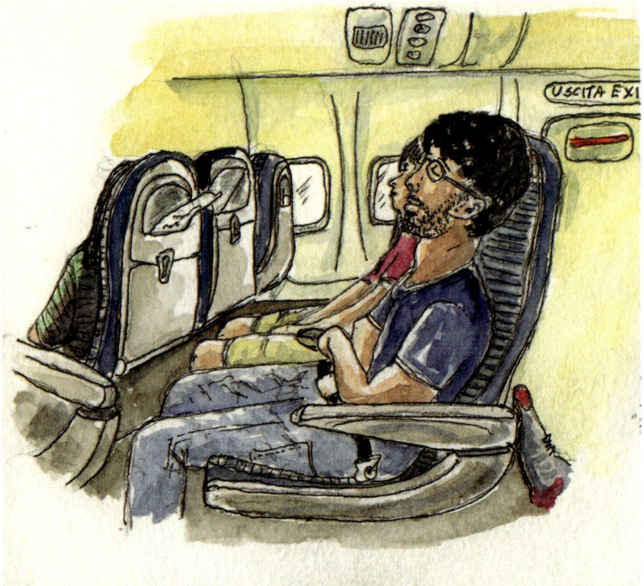

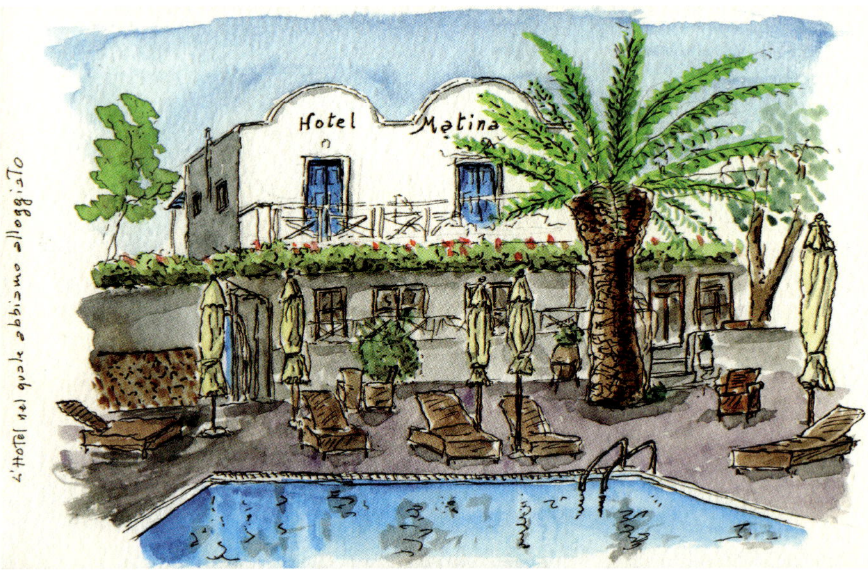

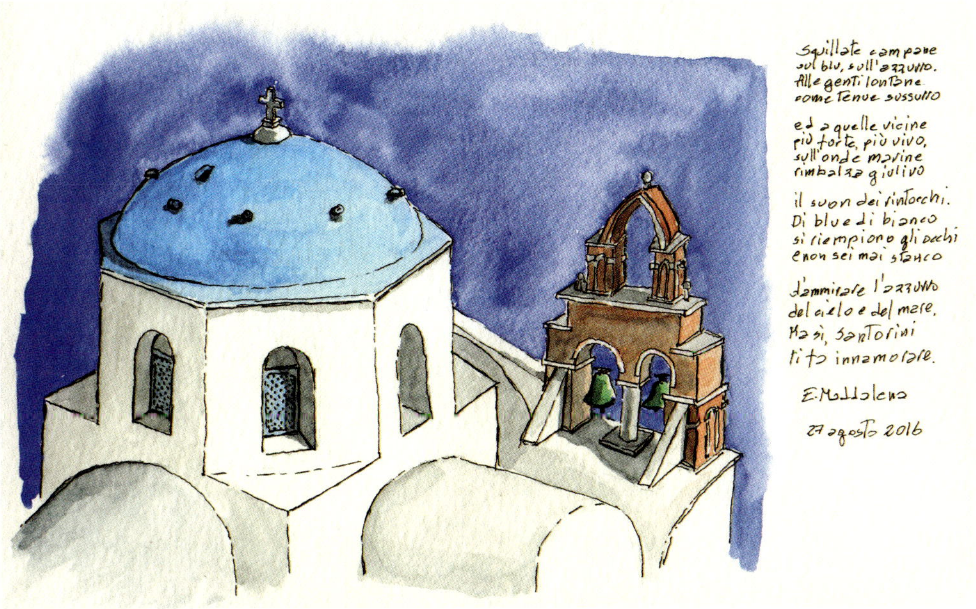
Squillate campane
sul blu, sull'azzurro.
Alle genti lontane
come tenue sussurro

ed a quelle vicine
più forte, più vivo,
sull'onde marine
rimbalza giulivo

il suon dei rintocchi.
Di blu e di bianco
si riempiono gli occhi
e non sei mai stanco

d'ammirare l'azzurro
del cielo e del mare.
Ma sì, Santorini
ti fa innamorare.

E. Maddalena

27 agosto 2016

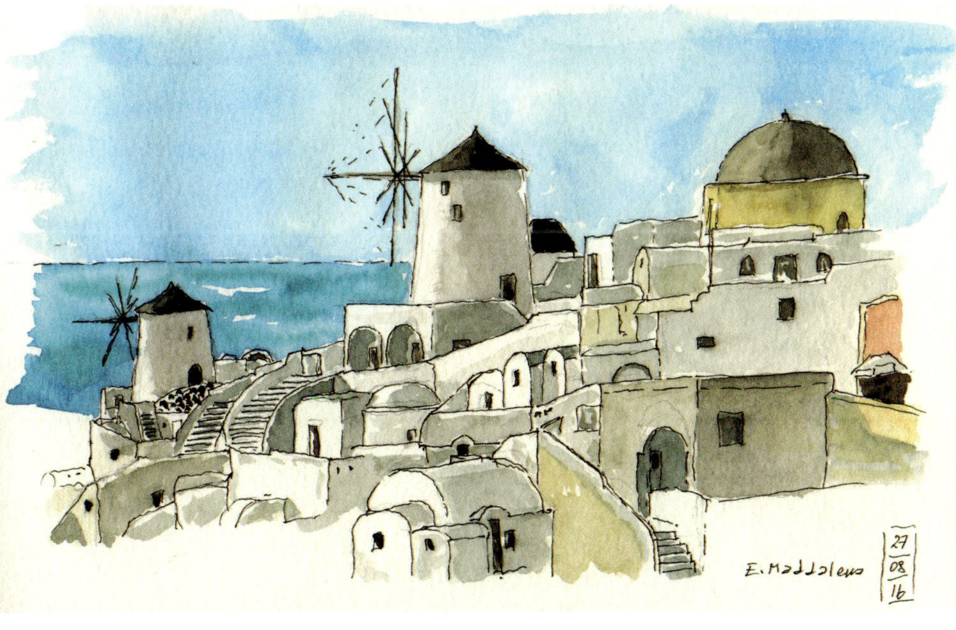
E. Maddalena
27
08
16

Die Lust, im Freien zu zeichnen

Zeichnen, um kleine und große Bereiche, kleine Winkel und Panoramen, kleine und große Geschichten zu beschreiben. Beim Durchblättern der Skizzenbücher erleben Sie Momente, Episoden und Emotionen wieder, die sich dank des intensiven und langen Kontakts mit den Dingen und der Natur unauslöschlich in die Seiten eingeprägt haben. Sie erinnern sich nicht nur an Bilder und Farben, sondern auch an Düfte, Klänge und Empfindungen. Wunderschöne Episoden mit Menschen, die Sie neugierig und bewundernd beobachten, die von sich erzählen, Ihnen Fragen stellen und vielleicht auch Ihnen, so wie mir, einen Kaffee bringen.

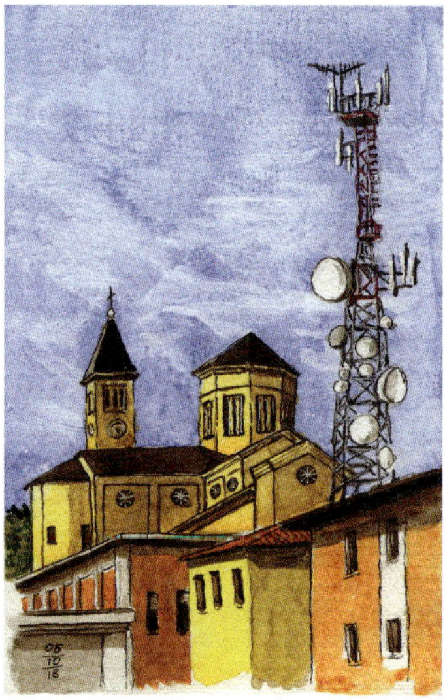

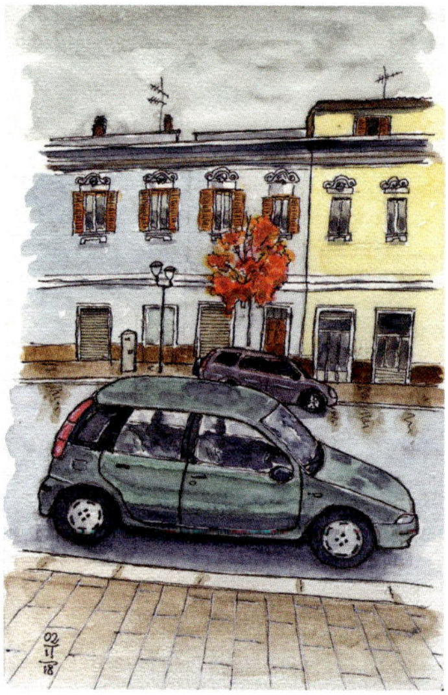

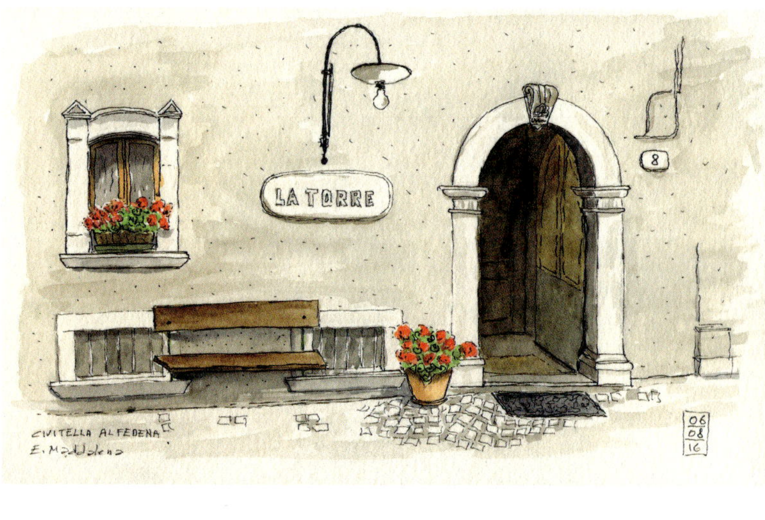

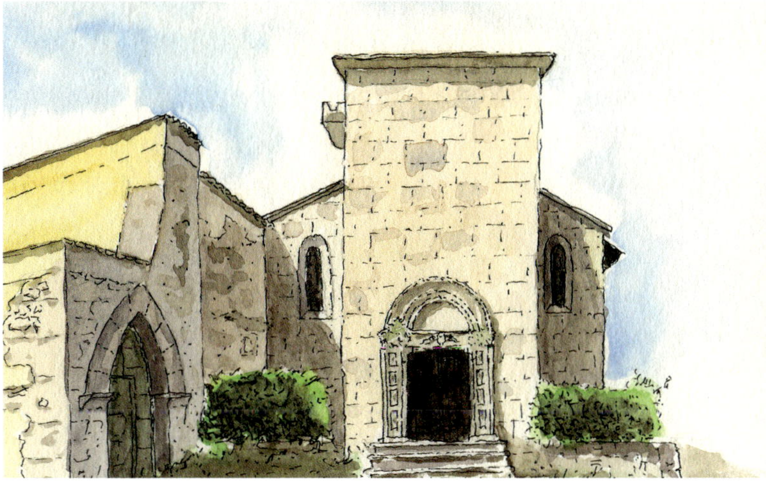

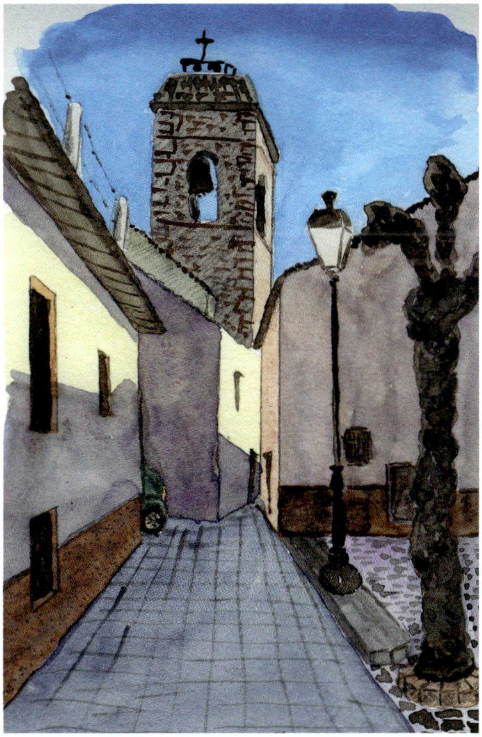

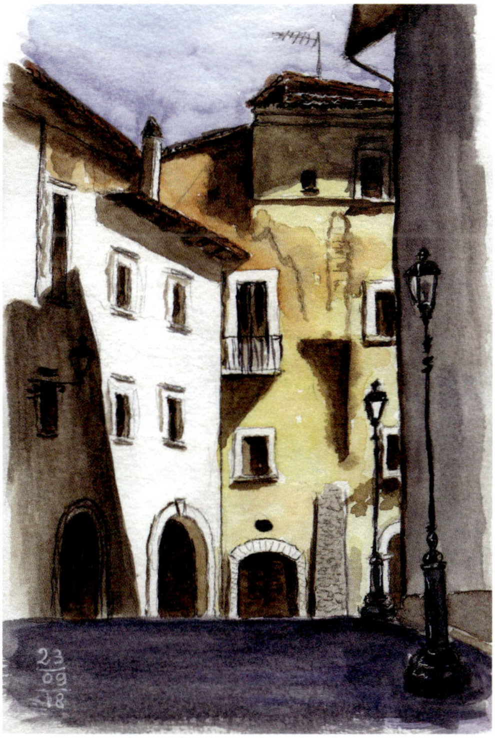
23
09
18

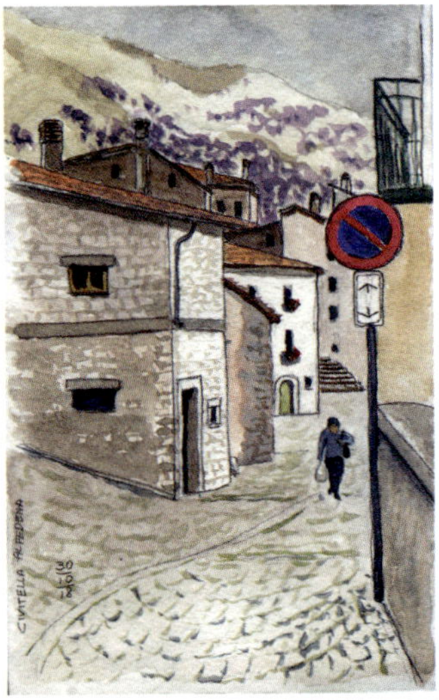

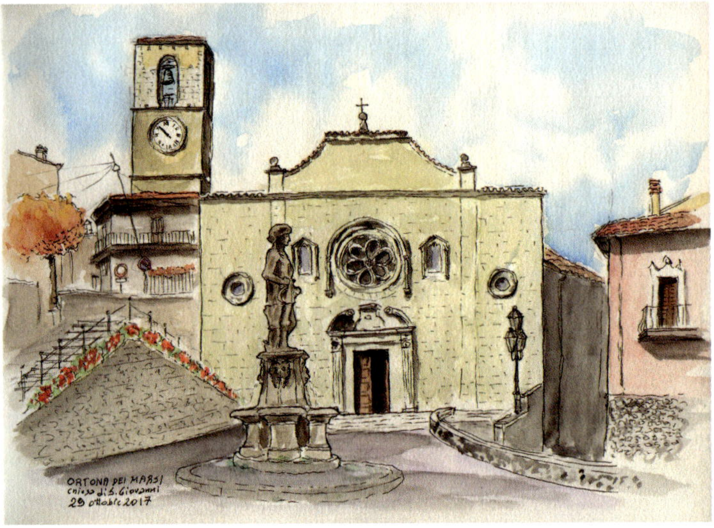
ORTONA DEI MARSI
chiesa di S. Giovanni
29 ottobre 2017

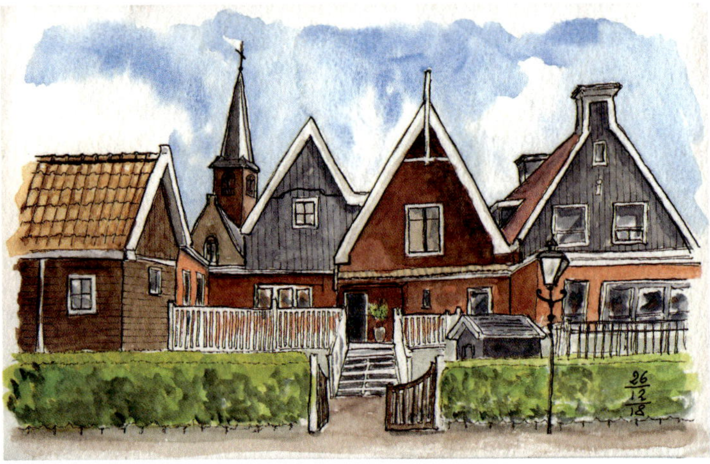
26
12
18

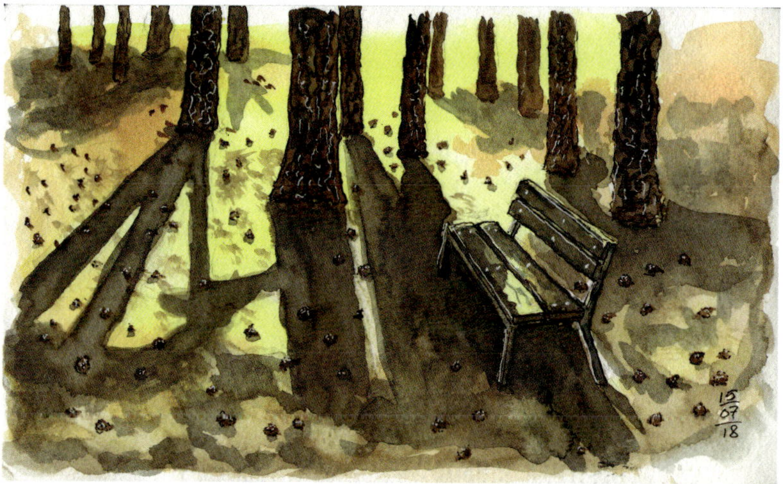
15/07/18

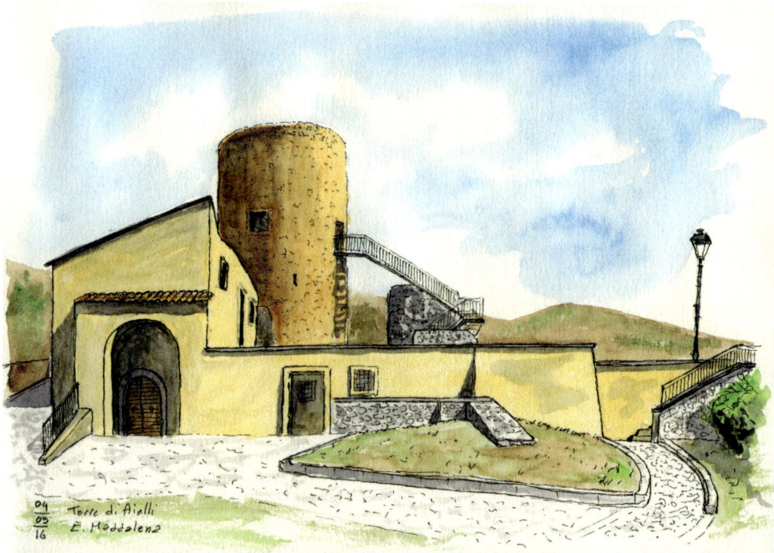
04/09/16
Torre di Aielli
E. Maddalena

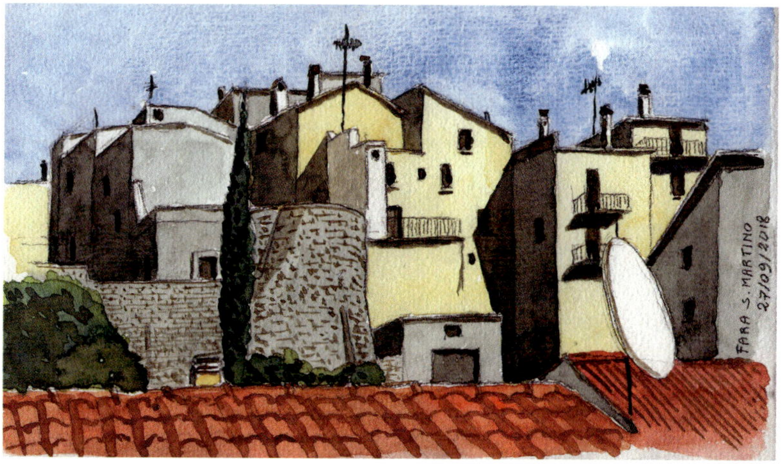
FARA S. MARTINO
27/09/2018

Anhang

a

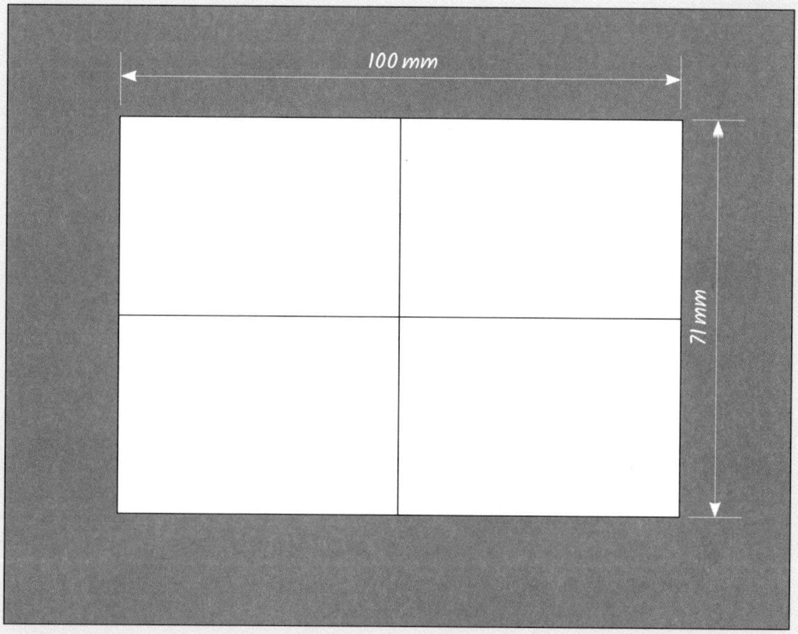

Dies kann ein guter Ausschnittsucher sein. Die Seitenverhältnisse entsprechen dem Format DIN A4. Man kann ihn aus einer dickeren Pappe oder aus zwei Karten, zwischen die man ein Stück durchsichtiger Folie legt, herstellen. Die Fläche unterteilt man mit einem Kreuz, bei der dicken Pappe aus zwei gespannten Fäden, bei der Folie mit zwei aufgezeichneten Linien. Das erleichtert das korrekte Zeichnen von Mustern, denn damit findet man leichter die horizontalen und vertikalen Mittellinien. Beim Zeichnen teilt man sich die Szene in zwei vertikale und zwei horizontale Hälften auf, so ist es einfacher, sie korrekt wiederzugeben (siehe Abschnitt „Die Mittellinie bestimmen" auf Seite 75).

Auf der nächsten Seite sehen Sie einen ausgefeilteren Sucher, den ich selbst erfunden habe. Er ist variabel und mit den gängigsten Papier- und Skizzenbuchformaten beschriftet. Die beiden äußeren „Ls" werden auf dicken Karton gedruckt, ausgeschnitten, gefaltet und geklebt. Die beiden Zeichnungen in der Mitte verdeutlichen, wie es funktioniert.

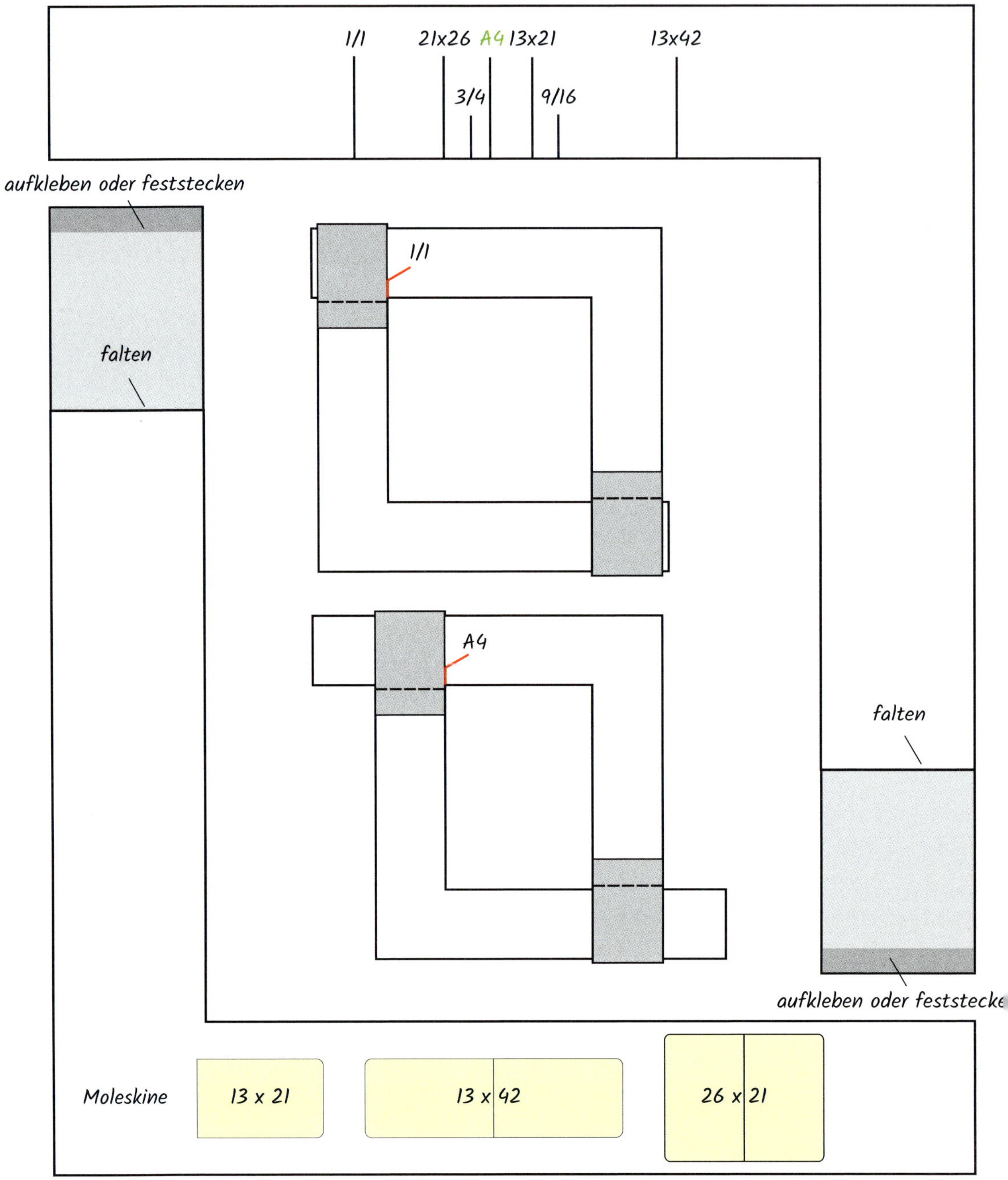
1/1
21x26
A4
13x21
13x42
3/4
9/16
aufkleben oder feststecken
falten
1/1
A4
falten
aufkleben oder feststecke
Moleskine
13 x 21
13 x 42
26 x 21

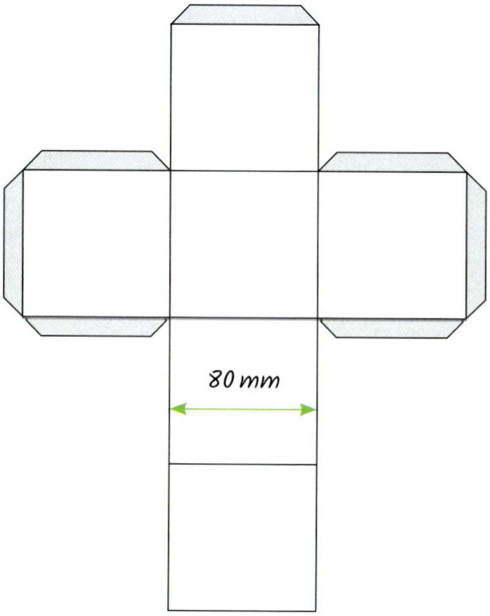

Würfel

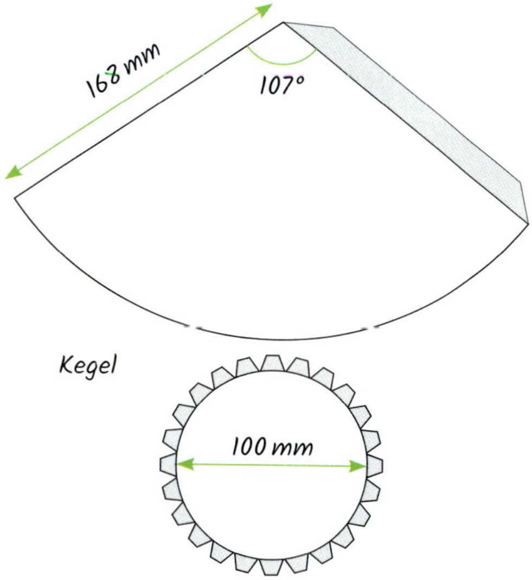

Kegel

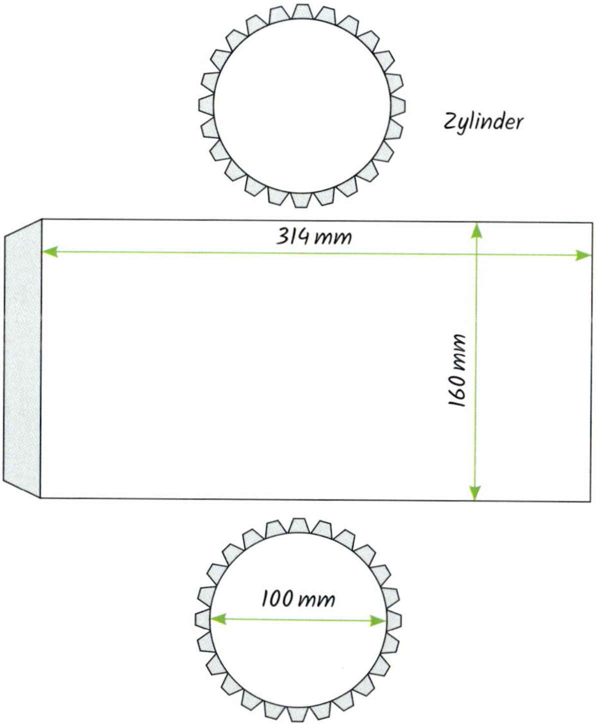

Zylinder

Pyramide

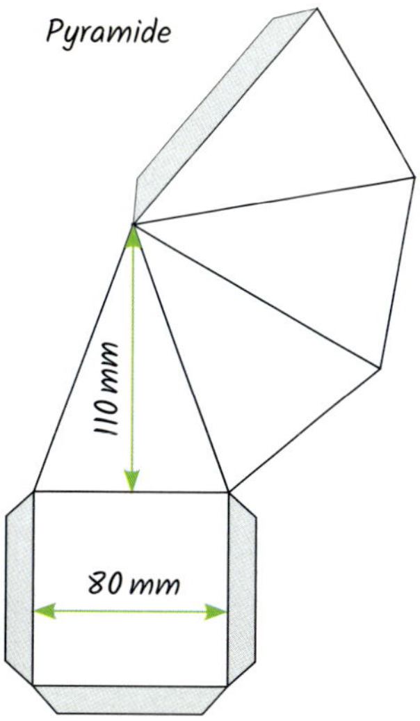

Vorlagen für geometrische Körper. Sie müssen vergrößert werden.
Anschließend ausschneiden, die Falze mit einem Falzbein ausarbeiten und festkleben.

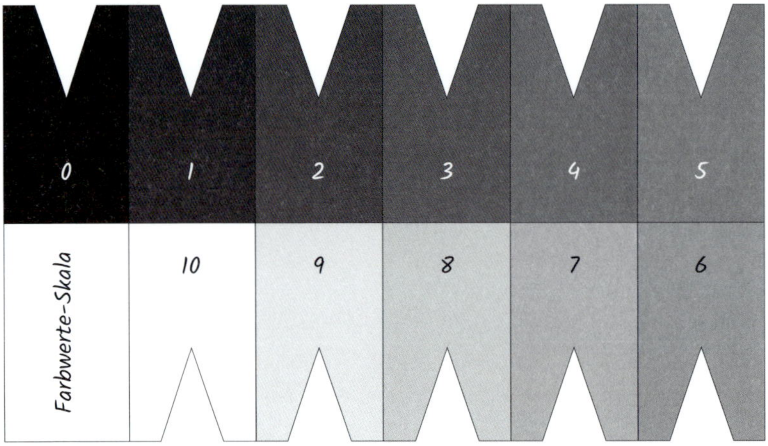

Farbwerte-Skala: zum Ausschneiden oder Kopieren.

Bevor Sie diesen Abschnitt lesen, machen Sie den auf Seite 6 beschriebenen Test.

Wie haben Sie den Bleistift gezeichnet?
Die Version „a“ ist falsch (das wäre richtig, wenn der Bleistift rund wäre). Aus Erfahrung wissen wir, dass die allermeisten Menschen ihn wie in „b“ zeichnen. Selbst erfahrene Künstler verfallen diesem Fehler.
Die richtige Version ist „c“, was auch daran zu erkennen ist, dass die Klinge des Anspitzers zuerst die Rippe des Bleistifts berührt, die weiter hervorsteht.
Aber das Besondere ist, dass man ihn nicht richtig zeichnet, obwohl es sich um einen Gegenstand handelt, der direkt vor einem liegt und den man vielleicht gerade für diesen Test benutzt hat. Das liegt daran, dass die meisten von uns nicht zeichnen, was sie sehen, sondern was sie wissen (oder zu wissen glauben). Man sollte üben zu zeichnen, „was man sieht“, und nicht, „was man weiß“.

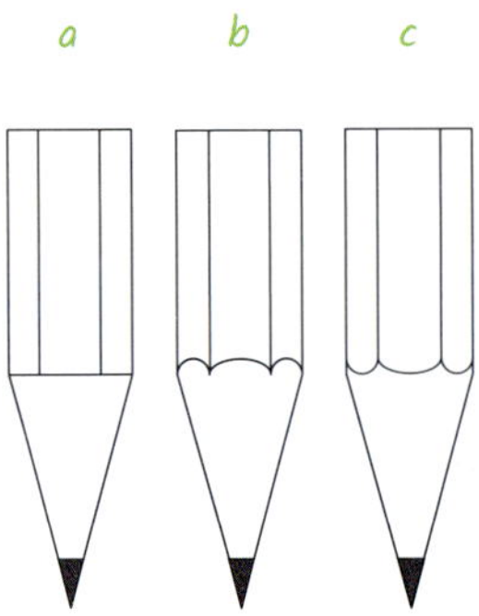

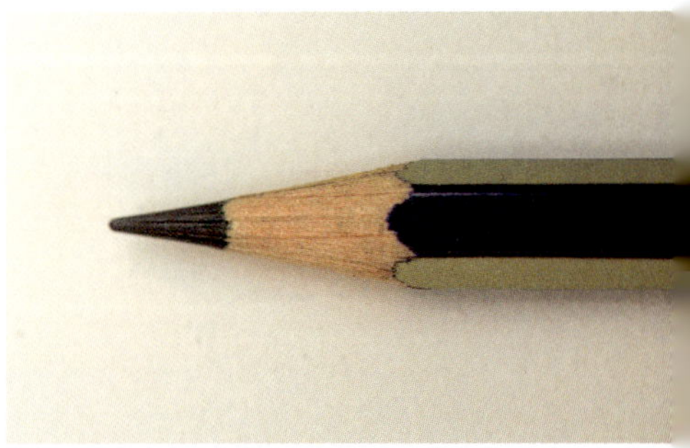

Inhalt

DIE BILDKOMPOSITION 127

FIGUREN ZEICHNEN 141

FARBE 161

BILDERGALERIE 189

ANHANG 203